RETRO-MOMENTE
genießen

HEUTE SO SCHÖN WIE DAMALS

Legendäre Urlaubsorte in

Frankreich

BONJOUR, MON AMOUR!

Ob Dinard in der Bretagne oder Antibes im tiefen Süden – die legendären französischen Urlaubsorte ziehen sich wie eine Perlenkette durch das Land. So erholte sich die Pariser Bohème schon Ende des 19. Jahrhunderts an der normannischen Küste, Künstler wie Picasso oder Matisse erlagen ab den 1930er-Jahren dem Charme der Côte d'Azur, und in Kurorten wie Vichy oder Dax versprach sich die feine Gesellschaft schon früh mittels Wunderwassern Genesung. Dieses Buch entführt ins Ferien-Frankreich von einst, zeigt Fundstücke aus der Zeit, als Reisepioniere wie Simone de Beauvoir oder Robert Stevenson »La douce France« erkundeten und sich Brigitte Bardot am Strand von St. Tropez in der Sonne aalte. Viele der einstigen Spuren lassen sich dabei auch heute noch entdecken: Wunderbare französische Urlaubsmomente, die den Reisenden mit einem Hauch von Nostalgie umwehen und Lust machen, Cabourg, Cassis & Arcachon endlich mal wieder einen Besuch abzustatten. Alors, on y va!

Bild: Touristen blicken vom Dach des Arc de Triomphe auf Paris, Ostern 1950.

FRANKREICH
0 25 50 75 100km
UNITED KINGDOM
SOUTHAMPTON
Crawley
DOVER
Calais
BRIGHTON
Hastings
BOURNEMOUTH
PORTSMOUTH
Boulogne-sur-Mer
English Channel
La Manche
Channel Islands
(U.K.)
Golfe de St-Malo
Dieppe
3
Étretat
4
Forges-les-Eaux
2
Cherbourg-en-C.
LE HAVRE
Honfleur
5
Deauville
ROUEN
7
6
Cabourg
9
8
Trouville-sur-Mer
CAEN
10
Villers-sur-Mer
1
Pays d'Auge
Giverny
Ploumanac'h
Île-de-Bréhat
Granville
11
19
17
Roscoff
21
20
18
Saint-Malo
13
Normannische Schweiz
Trégastel
Perros-Guirec
15
16
14
BREST
Dinard
Le Mont Saint-Michel
12
Bagnoles-de-l'Orne
Quimper
RENNES
25
Pont-Aven
Vitré
Laval
LE MANS
22
Lorient
Quibéron
23
24
ANGERS
Blois
TOURS
Belle-Île-en-Mer
St-Nazaire
26
Nantes
Cholet
Châteauroux
FRA
Poitiers
Niort
Île de Ré
78
La Rochelle

Dunkerque
GENT
Mechelen
Genk
KÖLN
LEVERKUSEN
Marburg
Kortrijk
Leuven
SIEGEN
BRUXELLES
BRUSSEL
MAASTRICHT
AACHEN
BONN
Roubaix
Gießen
LILLE
LIÈGE
Verviers
Lens
Douai
Mons
NAMUR
KOBLENZ
CHAR-
LEROI
B E L G I Ë
B E L G I Q U E
FRANKFURT A.M.
Arras
OFFENB. A.M.
MAINZ
D E U T S C H L A N D
LËTZE-
BUERG
DARMST.
AMIENS
St-
Quentin
LUXEM-
BOURG
Charleville-
Mézières
TRIER
MANNHEIM
Luxembourg
LUDWIGSHFN. A.RH.
Laon
HEIDELBERG
Beauvais
REIMS
METZ
SAARBRÜCKEN
KARLSRUHE
Auvers-sur-Oise
27
Paris
28
Châlons-
en-Champ.
Baden-
Baden
Versailles
29 Nancy
30
Strasbourg
Offenburg
Troyes
Colmar
Villingen-
Schw.
FREIBURG I.BR.
ORLÉANS
Mulhouse
31
Belfort
B o u r g o g n e
BASEL
ZÜRICH
32 Dijon
BESANÇON
Biel/
Bienne
Luzern
Bourges
BERN
S C H W E I Z
N C E
Chalon-
sur-Saône
LAUSANNE
34 Genfersee
Montluçon
Vichy
33
GENÈVE

Niort
Montluçon
Vichy
33
78
Île de Ré
La Rochelle
F R A N
LIMOGES
CLERMONT-FERRAND
Golf de Gascogne
Brive-la-Gaillarde
Saint-Émilion
73
76
Bordeaux
75
Küste des Médoc
77
Les Landes
72
Agenais
Agen
57
Gorges du Tarn
Montauban
74
Dax
Biarritz
TOULOUSE
DONOSTIA
S. SEBASTIÁN
71
70
69
Salies-de-Béarn
Pau
BILBAO
BILBO
Saint-Jean-de-Luz
Tarbes
Carcassonne
60
Béziers
Pyrénées
PAMPLONA
IRUÑEA
VITORIA-GASTEIZ
Pirineos
Perpignan
61
LOGROÑO
ANDORRA
Céret
63
62
Collioure
Huesca
ESPAÑA
Girona
ZARAGOZA
Manresa
LLEIDA
TERRASSA
Granollers
MATARÓ
SABADELL
BARCELONA

FRANKREICH
SCHWEIZ
ITALIA
ALPS
Cévennes
GENÈVE
Roanne
Annecy 36
35 Chamonix
VILLEURBANNE
38 Lyon
37 Aix-les-Bains
ST-ÉTIENNE
GRENOBLE
Lugano
Varese
Como
BERGAMO
MONZA
MILANO
NOVARA
Pavia
Asti
ALESSANDRIA
PIACENZA
GENOVA
Cuneo
Savona
LA SPEZIA
54 Montelimar
55 Gorges de l'Ardèche
Anduze
58
56 Uzès
Avignon
NÎMES
39 Digne-les-Bains
Menton
MC 40
Sanremo
Nizza
42 41 Beaulieu-sur-Mer
Grasse 44
43 Antibes
45 Cannes
MONT-PELLIER
Arles
Aix-en-Provence
52
Camargue
53
59
Sète
MARSEILLE
Cassis
51
La Ciotat
50
49
47 Hyères
48 Îles d'Hyères
46 Saint-Tropez
Golfe du Lion
Sanary-sur-Mer
Mare Ligure
Cap Corse 64
Balagne 65
66 Girolata
Corse (Fr.)
Ajaccio
Porto-Vecchio 68
Bonifacio 67
0 25 50 75 100km

Oben: Warum nicht endlich mal wieder die französischen Momente im Leben genießen? Also Koffer packen und ab nach Belle France. Ein Land, so schön und nostalgisch wie eben nur Frankreich sein kann.

»An schönen Sommerabenden sind die breiten, mit Asphalt belegten Fußstege vor den Kaffeehäusern der Boulevards mit Kaffeetischen und Stühlen so bedeckt, dass der Verkehr dadurch fast gehemmt wird. Nichts ist unterhaltender als mit der Cigarre bei einer ›demi-tasse‹ hier die Menge an sich vorüberwogen zu lassen.«

(Baedeker's Paris, 1862)

KORSIKA 253

WESTFRANKREICH 273

»Cannes, der jüngste unter den größeren Winterkurorten der französischen Riviera, wird wegen seines vorzüglichen Windschutzes und seiner warmen sonnigen Lage von Engländern, Franzosen und Deutschen viel besucht. Der sandige Strand eignet sich hervorragend zu Seebädern.«

(Baedeker's Riviera und Südost-Frankreich, 1913)

ZWISCHENSTOPPS

»Der Korse selbst vermeidet das Fußwandern nach Möglichkeit. Das gewöhnlichste und praktischste Verkehrsmittel außerhalb der Straßen ist ein Pferd oder Maultier. Für Radfahrer sind die Straßen zwar gut und staubfrei, aber wegen der vielen Steigungen anstrengend.«

(Baedeker's Riviera und Südost-Frankreich, 1913)

Ganz links: Das idyllische Urlaubsstädtchen La Ciotat in Südfrankreich ist nicht nur wegen des ältesten Kinos der Welt in die Annalen eingegangen, auch seinen schönen Strand wussten Reisende schon um 1960 zu schätzen.

Links: Frankreich kann sich einer 4800 Kilometer langen Küste rühmen. Entsprechend zahlreich werden Fisch und Meeresfrüchte in allen Variationen verspeist. Was kann es aber auch Schöneres geben als nach nach einem Ferientag am Meer ein Teller Muscheln mit frischem Baguette zu genießen. Ein echter Savoir-vivre-Moment!

NORDFRANKREICH

Als das Meeresbaden im 19. Jahrhundert in Mode kam, erlebte die französische Atlantikküste einen regelrechten Boom. Neue Eisenbahnverbindungen trugen das Ihrige dazu bei, dass Sommergäste aus Paris ins nahe Dieppe reisten, nach Trouville oder Cabourg. Auch Künstler wählten die Côte Normande und die Landschaften der Bretagne immer häufiger als Ziel. In Le Havre etwa begründete Claude Monet den Impressionismus. Die spektakulären Klippen von Étretat, Honfleur oder der Mont-Saint-Michel zogen aber nicht nur Maler und Schriftsteller an, sondern auch eine betuchte Klientel. Ihr zu verdanken sind die herrlichen Belle Époque-Villen ebenso wie die noblen Grandhotels. Das Pays d'Auge, Wiege von Cidre, Camembert und Calvados, die bretonischen Häfen, Fischerdörfer und Inseln – sie alle bezaubern den Besucher auch heute noch.

Bild: Reges Strandtreiben herrschte im normannischen Deauville bereits im Jahr 1890.

Giverny

IM GARTEN VON MONET

Weder der Besitz zweier mittelalterlicher Abteien noch der frühe Weinbau auf ihren Ländereien verhalfen dem Dorf zwischen Paris und Rouen zu großer Bekanntheit. Erst als der Pariser Maler Claude Monet sich hier niederließ, wurde Giverny schlagartig berühmt.

Als am 15. Juli 1869 nördlich von Paris die Bahnlinie von Gisors nach Vernonnet eingeweiht wurde, hielten die Züge bald auch in Giverny-Limetz. Etwa zwei Jahrzehnte später kaufte Claude Monet (1840–1926) in dem kleinen Ort drei Parzellen Land und begann darauf zunächst einen Clos Normand voller Blumen anzulegen, dann den Wassergarten mit dem berühmten Seerosenteich. Beide Motive bannte er immer wieder auch auf die Leinwand. Monets Gegenwart in Giverny lockte rasch eine Reihe von Malerkollegen an – vor allem aus den Vereinigten Staaten. Ihr von Monets Stil inspiriertes Schaffen dokumentiert inzwischen das Musée des Impressionnismes. Auch das Lokal, in dem sich die Künstler trafen, ist erhalten. Ebenso wie Monets zwischen 1911 und 1918 erbautes Wohnhaus. Seine Schwiegertochter Blanche Hoschedé lebte dort zeitweise mit ihm und malte ebenfalls. Wie Monet wurde sie auf dem örtlichen Friedhof bestattet.

FONDATION CLAUDE MONET

Mehr als vier Jahrzehnte, von 1883 bis zu seinem Tod 1926, lebte der Meister des Impressionismus in seinem Haus in Giverny. Dessen Gärten konzipierte er wie Gemälde; Farben und Formen – die berühmte japanische Holzbogen-Brücke etwa und die Seerosen – finden sich immer wieder in seinen Gemälden wieder. Bis heute sorgt die Fondation Claude Monet dafür, die prächtige, florale Inspirationsquelle des großen Malers zu bewahren. *fondation-monet.com*

MUSÉE DES IMPRESSIONNISMES

In einem zeitgenössischen Bau, umgeben von einem zauberhaften Hecken- und Blütengelände, liegt diese kleine Kunstkollektion, die vor allem Werke aus dem Umfeld von Monet zeigt, etwa von Pierre Bonnard, Maximilien Luce, Maurice Denis oder Gustave Caillebotte. Die Wechselausstellungen widmen sich Varianten des Impressionismus z.B. von amerikanischen Künstlern, die mit Frankreich verbunden waren, sowie dem impressionistischen Einfluss auf die Kunst der Moderne. *www.mdig.fr*

Claude Monet Alles begann in Le Havre, wohin die Familie Monet 1845 von Paris aus zog. Claude erhält dort seinen ersten Zeichenunterricht, stellt Karikaturen aus – und entdeckt die Werke seines künftigen Lehrers Eugène Boudin. 1872 malt Monet mit fleckigen Pinselstrichen den »Sonnenaufgang in Le Havre« – und gibt durch diese Art der Komposition einer jungen Kunstrichtung ihren Namen: dem Impressionismus.

Links: Von Glyzinien umrahmt – der Garten von Claude Monet schaut auch in natura bei so manchen Lichtverhältnissen wie ein Gemälde aus.

»Für mich existiert eine Landschaft niemals an und für sich, denn ihre Erscheinung verändert sich mit jedem Augenblick.«

(Claude Monet)

Das gibt's heute noch

Ancien Hôtel Baudy *In dem Lokal, das früher ein Imbiss und ein Lebensmittelgeschäft war, verkehrten einst Künstler wie Renoir, Rodin, Sisley, Cézanne und die amerikanische Impressionistin Mary Cassatt. Im großzügigen Garten steht noch ein Maleratelier von 1887, das besichtigt werden kann.*
www.restaurantbaudy.com

Forges-les-Eaux

BLACK JACK IM KURPARK

Mit der Entdeckung seiner eisenhaltigen Quellen Ende des 16. Jahrhunderts entwickelte sich der einstige Bergbauort in der üppig grünen normannischen Landschaft zwischen Paris und Dieppe bald zu einer angesagten Kurdestination. Sogar gekrönte Häupter kosteten von den besonderen Wässern.

Es war Nicolas de Moy, seinerzeit Herr von Gisors, der im Jahr 1573 am Rand von Forges-en-Bray, nachdem die dort zuvor abgebauten Eisenvorräte erschöpft waren, auf »les eaux« stieß und feststellte, dass sie Spuren derselben enthielten. Als Julien Le Paulmier, Physiker und Leibarzt von König Charles IX., die Quellen nach gründlicher Prüfung für heilkräftig befunden hatte, kamen zunächst viele Kapuzinermönche, um von ihnen zu trinken. 1630 errichteten sie dann vor Ort ein Kloster, denn die Kuren dauerten gut drei Monate. Wenig später kam auch der kränkliche Louis XIII, gefolgt von seiner Gattin und Kardinal Richelieu nach Forges, dessen Wässern Erfolge bei Anämie und Sterilität attestiert worden waren. Doch erst im 19. Jahrhundert wurden in Forges-les-Eaux, wie der Ort nun hieß, in der Nähe der drei eisenhaltigen Quellen die erste Thermalanlage und das Grand Casino gebaut.

KURPARK & CASINO

Drei Grazien, geschaffen von dem normannischen Künstler Jean-Marc de Pas, setzen den optischen Akzent im alten Kurpark. Sie symbolisieren die drei eisenhaltigen Quellen la Reinette, la Royale und la Cardinale, die den Ort berühmt machten. Glanzstück des Parks ist das Casino, das 1903 eingeweiht und ein halbes Jahrhundert später aufwändig restauriert wurde. Das erste Casino wurde bereits 1872 abgerissen, der prächtigere, nur auf alten Postkarten noch präsente Nachfolger fiel 1896 einem Brand zum Opfer.

FAYENCEN-MUSEUM

Die Töpferindustrie von Forges entstand bereits zur Römerzeit. Jahrhundertelang wurde grobes Steingut hergestellt, dann produzierte man Pfeifen. Mit den »weißen« Tonerden von Forges arbeiteten im 18. Jahrhundert u.a. auch die großen Steingutfabriken von Douai und Boulogne. Die Collection de Faïences im Rathaus erhellt die bis ins 20. Jahrhundert andauernde Geschichte der besonderen, feineren und dickeren, aus grauem statt aus cremefarbenem Ton hergestellten Keramik des Ortes.

Links: Das Casino von Forges-les-Eaux zählt zu den führenden Spielpalästen Frankreichs.

Das gibt's heute noch

Hotel Le Continental *Seit 1870 empfängt die im typisch normannischen Stil erbaute Herberge zahlende Gäste. Damals war es nicht nur das erste Hotel des Ortes, sondern auch eines seiner modernsten Gebäude – ausgestattet mit Gasbeleuchtung und Warmwasser auf allen Etagen.*
www.hotel-lecontinental.com

Heute so gut wie damals

Kurschatten *Nicht auf Schritt und Tritt, aber doch ab und an teilen zwei Menschen während einer Zeit fern der Heimat und des Alltags ihre Aktivitäten und Gedanken – und versüßen so einander die Einsamkeit, etwa während wochenlanger Sanatoriums-Aufenthalte, wie sie schon der Schriftsteller Thomas Mann beschrieb.*

Dieppe

GRANDE DAME AM ÄRMELKANAL

Stadt der vier Häfen und Metropole der Jakobsmuschel: mit diesen Attributen kann sich Dieppe heute schmücken. Aber schon im 19. Jahrhundert, als das Baden im Meer in Mode kam, gaben sich große Persönlichkeiten in dem Küstenort ein Stelldichein – denn sein Strand lag von Paris aus gesehen am nächsten.

Seinen Ruf als Modeziel verdankt das älteste Seebad der französischen Kanalküste vor allem Marie Caroline, der verwitweten Herzogin Berry. Lebens- und reiselustig besuchte die begeisterte Schwimmerin Dieppe bereits 1824 zur Eröffnung des ersten Bade-Etablissements. Schon ein Jahr später tauchten am Diepper Strand unter Aufsicht englischer Bademeister Hunderte von Gästen zu therapeutischen Zwecken ins kühle Nass. Als 1848 auch noch die Eisenbahnverbindung Paris-Dieppe eingeweiht wurde, kamen immer mehr Gäste zum Meeresbaden. Die Saison dauerte von Juni bis September – und man feierte Feste aller Art, besuchte Bälle, Konzerte, Theateraufführungen. Aber schon lange vor der Belle Époque machte Dieppe von sich reden: Seine Seefahrer und Korsaren kamen bereits im 15. und 16. Jh. bis zu den Kapverdischen Inseln und nach Brasilien. Und der Ruf der Elfenbeinschnitzer von Dieppe war so legendär, dass Ludwig XIV. ihnen fast alle entsprechenden Arbeiten an seinem Hof übertrug.

ALTSTADT

Zwischen dem Place du Puits Salé, dem Salzbrunnenplatz mit seinem einst bei Malern und Schriftstellern wie Oscar Wilde beliebten Café des Tribunaux, und der Kathedrale Saint-Jacques schlägt das historische Herz der Stadt. Zwar zerstörte ein Brand 1694 einen Großteil der mittelalterlichen Architektur von Dieppe, doch sowohl die Hauptkirche aus dem 13. bis 15. Jahrhundert ist erhalten als auch einige ältere Steinhäuser sowie das Maison Miffant. Das Stadtbild prägen indes Bauten des 18. und 19. Jahrhunderts.

HAFEN

Bassin de Paris, Bassin Ango, Bassin Duquesne – Dieppes Hafen umfasst gleich mehrere Becken. Jachten ankern hier ebenso wie Fischerboote, die fast jeden Tag mit ihrer frischen Fracht den Fischmarkt am Quai Trudaine bestücken. Einige Fischer verkaufen ihren Fang auch direkt; auch jene, die zwischen Oktober und Mai das »weiße Gold« von Dieppe, die Jakobsmuscheln, aus dem sandigen Meeresboden bergen. Ganzjährig verkehrt übrigens vom Hafen eine Fähre in Richtung des britischen Newhaven.

»Am Strand sind an die 200 Zelte aufgespannt, in welchen die Badenden ihre Badekleidung anlegen, Frauen weite Gewänder, Männer kurze Beinkleider und dann zum Bad in's Meer sich begeben. Je nach Bedürfnis von Badewärtern begleitet.«

(Baedeker's Paris und Nordfrankreich, 1867)

Links: Schon um 1900 zog es die Menschen an den Strand von Dieppe – auch um in der Nebensaison einfach nur aufs Meer zu blicken.

Unten: Nostalgische Umkleidekabinen.

VIEUX CHÂTEAU

Imposant thront das Schloss aus dem 15. Jahrhundert gut 30 Meter über den Klippen des Ärmelkanals. Erbaut aus Ziegeln, Hau- und Feuersteinen auf den Resten einer alten Burg, diente es dem Schutz der Stadt. Seit den 1920er-Jahren beherbergt es ein Museum. Dessen Sammlung ist breit gefächert: Sie umfasst eine der reichsten Kollektionen von Elfenbeinskulpturen Frankreichs ebenso wie Kunstwerke des Impressionismus, historische Seekarten und Schiffsmodelle sowie weitere Objekte zur marinen Geschichte von Dieppe.

Drachenfest Seepferdchen, Tintenfische, ein Hai mit aufgerissenem Maul, aber auch Hunde, Bären, Feuerdrachen und Comicfiguren lenken alle zwei Jahre den Blick Zehntausender am Strand von Dieppe himmelwärts. Mit Teilnehmern aus inzwischen mehr als 40 Ländern gilt das Drachenfestival an der normannischen Alabasterküste als größtes seiner Art weltweit. Neun Tage lang präsentieren Konstrukteure und Piloten ihre farbenfrohen Flug- und Lenkdrachen, gerahmt von vielfältigen Mitmach-Aktivitäten. **www.dieppe-cerf-volant.org**

VARENGEVILLE-SUR-MER

Monet malte den Küstenort Varengeville-sur-Mer gleich mehrfach; Miró griff hier ebenfalls zum Pinsel. Und Georges Braque ließ sich gar mehr als drei Jahrzehnte lang für Monate in der Ärmelkanal-Idylle nieder, gestaltete ein Fenster für das Kirchlein Saint-Valéry – und fand auf ihrem Gottesacker an der Klippe seine letzte Ruhestätte. Jüngeren Datums ist der nahe gelegene Jardin Shamrock mit seiner großartigen Hortensiensammlung; ein »Must« auch der Renaissance-Sommersitz Manoir d'Ango eines Reeders aus Dieppe mit prächtigem historischen Taubenturm.

Oben: Die Landschaft rund um Varengeville-sur-Mer ist spektakulär, liegt der Küstenort doch direkt an den berühmten Alabasterklippen.

Heute so gut wie damals

Marmite Dieppoise *Die edle normannische Variante der Bouillabaisse entstand erst in den 1950er-Jahren. Sie basiert auf Atlantik-Fischen wie Knurrhahn, Seeteufel oder Steinbutt, diversen Muschelarten sowie Garnelen und Hummer. Wichtige Zutaten sind aber auch Butter, frische Sahne und Cidre!*

Retro-Moment

Auf dem Herings- und Jakobsmuschelfest frischen Fisch genießen
Stets am dritten November-Wochenende duftet es köstlich in den Straßen von Dieppe. Zahlreiche Restaurants stellen dann ihren Grill auf die Straße, um mit fangfrischem, über dem Feuer gebratenen Fisch und Muschelspießen an die uralte Verbindung der Stadt zum Meer zu erinnern.

Souvenir, Souvenir

Auf dem größten Bauernmarkt der Normandie einkaufen *Käse in Herz- oder Zylinderform, regionaler Honig, Cidre und Lebkuchen, Körbe wie einst: mehr als 200 Erzeuger bieten samstags in der Grande Rue und auf dem Place Nationale neben Obst, Gemüse, Kräutern und Meereserzeugnissen auch Waren an, die sich bestens als Mitbringsel eignen.*

Étretat

LIEBELEI AM FELSENKAP

Spektakuläre Alabasterklippen prägen die steile Küste des einstigen Fischerdorfs. Das einzigartige Szenarium lockte schon Maler wie Monet und Degas, faszinierte aber auch Schriftsteller. Neben seinen bizarren Felsen bezaubert das Seebad zudem mit prächtiger historischer Architektur.

Fachwerkbauten im typisch normannischen Stil, ein alter Markt, das Herrenhaus Manoir de la Salamandre, einzigartige Gärten, eine prächtige Kirche und eine Autorenvilla, die inzwischen dem Versteck des literarischen Meisterdiebs Arsène Lupin gleicht: Étretat beeindruckt nicht nur durch seine von Wasser und Wind geschaffenen Attraktionen, sondern auch durch jene, die menschlicher Kunst zu verdanken sind. Freilich regen die Felsformationen um die Bucht – in der im 18. Jahrhundert Austern für den Königshof in Versailles gezüchtet wurden – bis heute die menschliche Fantasie an. So meinte etwa Guy de Maupassant, die Porte d'Aval gleiche einem Elefanten, der seinen Rüssel in das Wasser taucht. Ein anderer Felsturm trägt den Namen »Chambre des Demoiselles« (Zimmer der Fräulein). Um ihn rankt sich die schaurig-schöne Legende eines hübschen, als weiße Tauben ihrem steinernen Gefängnis entkommenen Schwesterntrios.

KLIPPEN

Mit ihrer riesigen Arkade und der 50 Meter hohen Hohl-Nadel zählen die Felsen von Étretat zu den bizarrsten Gesteinsformationen der Alabasterküste. Viele Maler und Schriftsteller ließen sich von ihnen inspirieren. Weltberühmt wurden auch die beiden Flugpioniere Charles Nungesser und François Coli, deren Doppeldecker »Oiseau Blanc«, mit dem sie 1927 als erste nonstop den Atlantik von Paris nach New York überqueren wollten, hier letztmalig gesichtet worden ist. Ein Denkmal auf den Klippen ehrt die verschollenen Piloten.

JARDINS D'ÉTRETAT

Hecken wie Skulpturen – als Wogen, Schnörkel, Kreise, eingerollte Schlangen oder mit Steingesichtern, umgeben von weichen Pflanzenkrägen, dazu andere Formen von Landschaftskunst und blühender Natur: Madame Thébault, eine berühmte Schauspielerin der Belle Époque, Orchideenliebhaberin und befreundet mit Monet, ließ den ersten Baum zu diesen magischen Gärten auf dem seinerzeit unberührten, steilen Amontfelsen pflanzen. *etretatgarden.fr*

»Ich habe diese Gegend sehr gern und es freut mich, dass ich hier leben kann, weil ich in diesem Land verwurzelt bin.«

(Guy de Maupassant)

Links: In Reih und Glied – schmucke Fischerboote am Strand von Étretat.

Das gibt's heute noch

Le Clos Lupin *Mehr als 20 Jahre wohnte der Schriftsteller Maurice Leblanc von 1918 an in dieser normannischen Villa, die er – als Hommage an seinen Romanhelden, den Gentleman-Einbrecher Arsène Lupin – in »Clos Lupin« umbenannte. Inzwischen ist das Anwesen ein Museum im Stil von Lupins Versteck.* **www.leclos-lupin.com**

CRÊPE – KÖSTLICHKEIT AUS FRANKREICHS NORDEN

Schon die alten Römer buken Fladen aus Wasser und Getreidemehl, vor allem zum winterlichen Fest von Lupercus, dem Gott der Fruchtbarkeit. Auch die Kelten bereiteten in der kalten Jahreszeit runde, flache Teigscheiben zu – als Symbol für die Rückkehr von Sonne und Wärme zur neuen Aussaat. In Frankreich gibt es zwei Varianten der Kornköstlichkeit. Zum einen die herzhafte bretonische Galette, entwickelt aus den Resten von Buchweizen-Suppe und gebacken auf einem flachen heißen Stein. Als Belag dien(t)en Käse, Fisch oder Speck. Die jüngere Schwester ist die feine Crêpe, ganz aus hellem Weizenmehl. Ihr recht flüssiger Teig wird auf einer heißen gusseisernen Rundplatte ausgestrichen und vorwiegend süß belegt: mit Zucker, Nougatcreme, Konfitüre oder frischen Früchten. In der Bretagne kommt mitunter auch Salzbutter auf den hauchdünnen Eierteigfladen. Bei der Crêpe Suzette spielen das Aroma frischer oder eingekochter Orangen und – brennender – Alkohol eine wichtige Rolle.

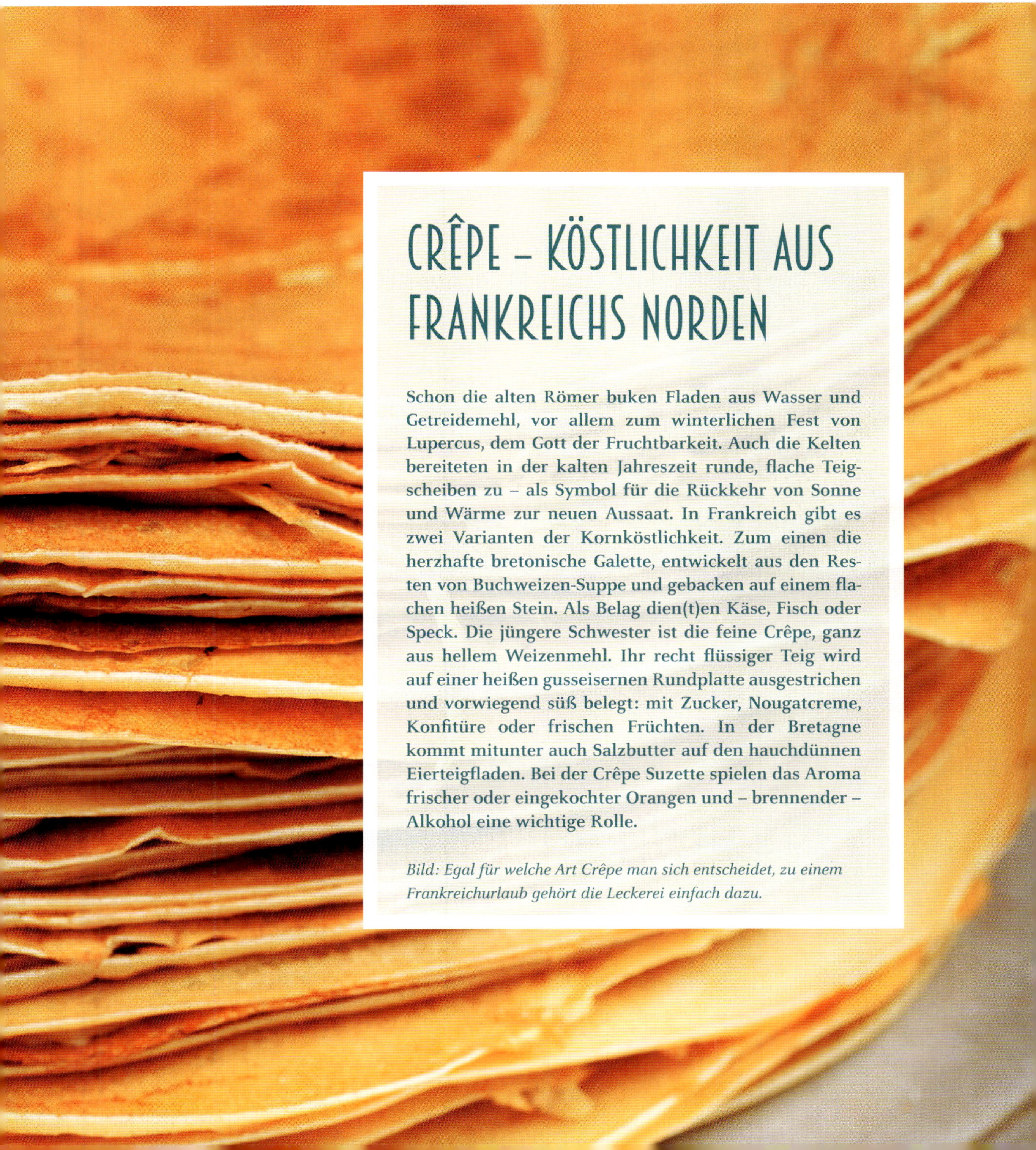

Bild: Egal für welche Art Crêpe man sich entscheidet, zu einem Frankreichurlaub gehört die Leckerei einfach dazu.

Honfleur

JUWEL DER NORMANDIE

Sowohl Fischerromantik als auch künstlerisches Flair prägen die traditionsreiche Hafenstadt an der Côte Fleurie. Eugène Boudins Küstengemälde sind hier ebenso zu bewundern wie Frankreichs größte Holzkirche und das Vieux Bassin mit den schmucken Fassaden historischer Handelshäuser.

Vieles hat sich erhalten vom Flair des 19. Jahrhunderts in diesem Highlight-Ort der Normandie. Es ist nicht nur die Heimatstadt des Malers Eugène Boudin, der sich mit Malerkollegen wie Courbet, Sisley, Monet, Pissarro, Renoir und Cézanne oft in der nahen Ferme St. Siméon traf und dem in dem steilen, von der gleichnamigen hölzernen Seefahrerkirche geprägten St.-Catherine-Viertel heute ein eigenes Museum gewidmet ist. Gleiches gilt für den multitalentierten Komponisten Erik Satie. Er erblickte 1866 am heutigen Boulevard Charles das Licht der Welt und arbeitete mit den großen bildenden und Tonkünstlern seiner Zeit zusammen. An die bis ins Mittelalter zurückreichende große Handels- und Seefahrerzeit von Honfleur erinnert neben dem alten Hafen mit seiner pittoresken Kai-Architektur auch das Marine-Museum. Modernes Wahrzeichen der Stadt ist die gut 2000 Meter lange, filigrane Normandie-Brücke über die Seine-Mündung.

VIEUX BASSIN

Bereits zu Zeiten des Sonnenkönigs angelegt, ersetzte das etwa einen Hektar große Becken den engen, befestigten Landungshafen. Einzig La Lieutenance, der Wohnsitz des Statthalters, zeugt noch von dieser Ummauerung des 17. Jahrhunderts. In seiner Nähe stehen auch die ältesten der dicht am Quai Sainte-Catherine aneinandergedrängten, bis zu sechs Stockwerke aufragenden historischen Handelshäuser. Ihr malerisches Ensemble bannten bereits die Impressionisten auf ihre Leinwände.

MUSÉE EUGÈNE BOUDIN

Gemeinsam mit seinem ebenfalls aus Honfleur stammenden Maler- und Kaufmannsfreund Louis-Alexandre Dubourg gründete Eugène Boudin 1868 im Herzen seiner Heimatstadt ein Haus für die Werke all jener Künstler, die sich im 19. Jahrhundert von der Normandie inspirieren ließen. Bis heute bewahrt es den Geist der beiden Initiatoren, birgt neben ihren Arbeiten jene etwa von Courbet und Monet, aber auch der den Im-

Eugène Boudin und die Wurzeln des Impressionismus Sohn eines Hafenlotsen aus Honfleur, Druckergehilfe in Le Havre, dann dort Assistent einer Papier- und Rahmenhandlung: Beeinflusst von seiner Umgebung, beginnt Eugène Boudin (1824–1898) selbst bald zu malen. Als Schüler im Pariser Atelier Isabey stoßen seine luftigen Ansichten der normannischen Küste rasch auf großes Interesse. Wie Monet, mit dem er sich angefreundet hat, arbeitet Boudin plein air, also mit seiner Staffelei im Freien. 1874 nimmt er in Paris an der ersten Exposition Impressioniste teil.

Links: Ein Hauch von Nostalgie umweht Honfleur von Haus aus. Mit dem historischen Pferdekarussell von 1900 wird die Szenerie noch ein Stück romantischer.

Unten: Auch dieses Gemälde vom Meister höchstpersönlich, ist im Musée Eugène Boudin zu sehen.

»Honfleur ist eine hübsche, in der malerischsten Umgebung gelegene Fischerstadt und bietet einen reizenden Sommeraufenthalt.«
(Baedeker's Paris und Nordfrankreich, 1867)

pressionisten nachfolgenden Fauvisten wie Raoul Dufy, der 1877 in Le Havre das Licht der Welt erblickte. *www.musees-honfleur.fr/musee-eugene-boudin*

SAINTE CATHERINE

Nur einen Steinwurf vom Vieux Bassin beeindruckt seit 1468 die größte Holzkirche Frankreichs. Auf den ersten Blick wirkt das mit Kastanienschindeln verkleidete Gotteshaus allerdings eher wie eine große Lagerhalle – vor allem, wenn sich an seinen Flanken noch die Stände des Wochenmarktes drängen. Zudem reckt sich kein Glockenturm über dem Dach; er steht vielmehr eigenständig der Frontseite gegenüber. Im Innern bezaubert das Gebäude jedoch u.a. durch seine Form eines umgekehrten Schiffsrumpfs.

SALZSPEICHER

Bis zu 100 000 Tonnen Salz zur Konservierung von Hering und Kabeljau konnten in jedem dieser ursprünglich drei, 1670 erbauten »greniers à sel« gelagert werden. Ihre hölzerne Deckenkonstruktion gleicht wie jene der Kirche St. Catherine einem umgestülpten Schiffsrumpf. Heute dienen die beiden verbliebenen je rund 500 Quadratmeter großen Steinhallen kulturellen Zwecken.

Rechts: Die betagte Holzkirche Sainte Catherine erhält durch den quirligen Wochenmarkt, der regelmäßig zu ihren Füßen abgehalten wird, eine jugendliche Verjüngungskur.

Heute so gut wie damals

Croissant *Es gehört zu Frankreich wie der Eiffelturm zu Paris, dabei hat das knusprige Blätterteiggebäck eigentlich österreichische Wurzeln. Wiener Bäcker brachten es ab 1830 mit nach Paris, ab da trat es seinen Siegeszug durch das Land an. Nicht weniger gut ist die süße Variante, das »pain au chocolat«, mit seiner verlockenden Schokoladenfüllung.*

Das gibt's heute noch

La Ferme Saint Siméon *Wenn Boudin und seine Malerfreunde Urlaub nahmen von Paris, trafen sie sich oft bei »Mutter Toutain«. So entstand bereits ab 1850 um die »pension à 40 francs« von Catherine und Pierre-Louis Toutain, der Ferme Saint-Siméon, eine kleine Künstlerkolonie. Heute ist die reizende Auberge ein Luxushotel.* ***fermesaintsimeon.fr***

Retro-Moment

Spaziergang auf den Mont Joli *Eine halbe Stunde etwa braucht es zu Fuß vom Hafen hinauf zum »hübschen Berg«, entlang des Chemin de la Côte de la Grâce und über das 1615 erbaute Seemanns-Kapellchen Notre-Dame-de-Grâce. Aus gut 50 Metern Höhe bietet sich dann ein Panorama über Honfleur bis nach Le Havre und zur Seine-Mündung.*

Trouville-sur-Mer

SOMMERMÄRCHEN

Zum Rendezvous mit dem charmanten Seebad kamen sie alle: Künstler und Konstrukteure, Adelige und Autoren. Viele von ihnen ließen sich in dem anfangs noch kleinen Ort ein prächtiges Sommerdomizil errichten; denn zur Zeit der Belle Époque galt Trouville als Place to be.

Alles begann 1825, als sich Charles Mozin, ein junger Pariser Maler, in den pittoresken kleinen Fischerhafen verliebte. Sein einzigartiges Licht und die vielfältige authentische Umgebung bezauberten ihn. Nachdem er seine in Trouville gemalten Werke im Salon Carré des Louvre ausgestellt und sein zweites Domizil, den Tour Malakoff, bezogen hatte, beeilten sich viele, die Gelassenheit des Küsten-Paradieses am Saum der »Schwarzen Felsen« ebenfalls zu entdecken. Es kamen Kollegen wie Monet, Corot, Isabey, Caillebotte, Huet und Boudin ebenso wie der Schriftsteller Alexandre Dumas oder sein Kollege Marcel Proust. Auch Gustave Flaubert war mit von der Partie, der hier bereits 1838 seine »Mémoires d'un Fou« schrieb und später die »Education sentimentale«. Aber auch die Witwe des Komponisten Georges Bizet und die Prinzessin von Saba erlagen dem Charme Trouvilles. Karl Baedeker klagte jedoch in seinem Reiseführer von 1867: »Trouville hat seinen Kursaal mit Tanz- und Concert-, Lese- und Spielzimmer, doch trägt die Bevölkerung der Pariser Boulevards, welcher man hier im Sommer wohl zu begegnen pflegt, nicht zu den Annehmlichkeiten des Bades bei.«

GRANDE PLAGE & PROMENADE

Über fast einen Kilometer zieht sich die Grande Plage von Trouville mit ihrem feinen Muschelsand und der schicken Holzpromenade die Küste entlang. Gesäumt und an den Hängen überragt wird sie von einer Vielzahl herrlicher Belle Époque-Bauten im typisch normannischen Fachwerkstil, wie etwa der Villa des Frémots oder dem Clôs des Muriers. Die Atmosphäre beider Häuser inspirierte Marcel Proust beim Schreiben seines Werks »Auf der Suche nach der verlorenen Zeit«, teilweise dienten sie sogar als Vorbild für einige Szenenbilder des Romans.

»Jedes Mal, wenn ich mich von Trouville entferne, habe ich den Eindruck, dass mir das Licht verloren geht.«

(Marguerite Duras)

HÔTEL DE VILLE & CASINO

Nahe dem Fischmarkt erhebt sich seit 1913 das imposante neue Rathaus der Stadt mit seiner Rotunde. Der alte Backstein-Vorgänger von 1859/60 musste 1912 dem Bau des Casinos weichen, das bis heute hinter seiner eindrucksvollen Fassade die Glücksspieltradition von Trouville aufrechterhält. Im Eingangshalle des »neuen« Rathauses sind die Concierge-Loge und die historische Polizeiwache noch original erhalten.

Links: Höhepunkt der Bädermeile an der Côte Fleurie ist das schöne Trouville-sur-Mer.

Unten: Mit Schirm, Charme und Melone – schon um 1900 herrschte an der Strandpromenade reges Treiben.

Oben: Direkt an der Promenade liegt die Brasserie »Les Voiles«.

Rechts: Passendes Vehikel in Trouville ist natürlich ein 2CV.

MUSÉE VILLA MONTEBELLO

Die Anfänge der normannischen Badegeschichte und die von der Region inspirierte Kunst sind das große Thema dieser Sammlung, die standesgemäß in der 1865 erbauten Villa Montebello zu finden ist. Gemälde, Plakate, Lithografien, Zeichnungen, Manuskripte aber auch Alltags-Objekte lassen die Vergangenheit von Trouville lebendig werden. Der Bogen spannt sich dabei von den romantischen Entdeckern bis zu den Künstlern des 20. Jahrhunderts, darunter auch der international renommierte Plakatdesigner und Wahl-Trouvillais Raymond Savignac (1907–2002).
www.trouville.fr/MuseeVillaMontebello

FISCHMARKT

Die Quais, an denen bereits 1840 eine hölzerne Fischmarkthalle stand, waren Ausgangspunkt für die Entwicklung von Trouville. Seine aktuelle Gestalt erhielt der Marché au Poisson im frühen 20. Jahrhundert – und seit geraumer Zeit lassen sich die fangfrischen Fische und Meeresfrüchte nicht nur einkaufen für den Lunch oder das Diner zuhause, sondern direkt vor Ort genießen. Gern arrangieren die Händler einen individuellen Teller; Wein und Brot gibt es ebenfalls dazu.

Heute so gut wie damals

Liegestuhl *In der Horizontalen entspannen; sich räkeln; in die Sonne blinzeln. Aber nicht direkt auf dem Boden. Sondern schwebend, in einem, bequemen, praktischen Fauteuil. Ursprünglich wurden solche Exemplare für Reisende von Liniendampfern an Deck aufgestellt. Heute gehören Liegestühle zur Strandausstattung.*

Das gibt's heute noch

Hotel Cures Marines *Im linken Flügel des Casino-Palastes lädt die noble Herberge zur Reise in die große Ära der eleganten Seebäder des 19. Jahrhunderts ein. Das Meer und die frühe Klientel aus Kunst und Aristokratie inspirierten Ambiente und Angebot sowohl im Spa wie in der Brasserie.* ***www.lescuresmarines.com***

Retro-Moment

Sich mit einem Retro-Badeanzug in die Fluten stürzen *Es gibt sie wieder, die mit Schleifen und Schößchen verzierten, mit Polka-Dots oder Marinestreifen bedruckten Nostalgie-Badeanzüge – ebenso wie Opas Ringeldress für die Meeresfluten. Wo würden sie besser hinpassen als an die Strände der normannischen Côte Fleurie.*

Deauville

EIN KÖNIGREICH DER ELEGANZ

Aus einem kleinen Bauerndorf auf dem Rücken des Mont-Canisy, umgeben von Sumpf und Dünen, entstand Mitte des 19. Jahrhunderts in nur vier Jahren jenes »Königreich der Eleganz«, das mit seiner Pferderennbahn und bald auch einem Grandhotel und Casino nicht nur die Pariser Aristokratie anzog.

Es war Napoleons Halbbruder, Herzog von Morny, der im Sommer 1858 bei seinem Besuch in »Dosville« mit seinem Arzt Joseph Olliffe, dem Bankier Armand Donon und dem Architekten Desle F. Breney die Idee gebar, den Paris am nächsten liegenden, seit dem Sommer 1836 auch direkt mit der Eisenbahn erreichbaren Küstenort zu einem mondänen Badeziel auszubauen. Wo einst Rinder und Schafe weideten, wetteiferten daher bald edle Rennpferde um Platz und Sieg; edle Belle Époque-Villen im normannischen Stil und nach der Jahrhundertwende auch erste Luxushotels gesellten sich zu den bäuerlichen Katen. Deauville wurde zum Inbegriff des mondänen Badeorts. Coco Chanel eröffnete hier ihre erste Boutique, am Strand wurde die legendäre Holzpromenade angelegt – und seit die Filmindustrie das Seebad entdeckte, kommen jeden Sommer zahlreiche Leinwand- und Regiestars zum Kino-Festival. Jeweils fünf der 450 historischen Strandkabinen werden dann mit ihren Namen geschmückt.

CASINO

Baulich inspiriert vom Grand Trianon in Versailles, birgt das 1912 eröffnete Casino-Gebäude hinter seiner eleganten Fassade nicht nur Tische für Roulette oder Blackjack und moderne Spielautomaten. Zu seinen inneren Werten zählen unter anderem auch ein Theater im italienischen Stil, ein Kino, Restaurants und Bars. Geschmückt mit Kristallkronleuchtern, Vergoldungen, Marmor, Samt und Stuck erinnern die Räumlichkeiten mit ihren bis zu 20 Meter hohen Decken mehr an einen historischen Palast.
www.casinosbarriere.com

LES PLANCHES

Von Port Deauville gut 650 Meter nach Westen zieht sich die berühmte Holzplanken-Promenade. Sie entstand Anfang der 1920er-Jahre, im Zuge der Errichtung des neuen Badehauses, nach Plänen von Charles Adda. Mit den »planches« wollte der Architekt es den Damen ermöglichen, das Meer zu genießen, ohne ihre langen Kleider im Sand zu beschmutzen. Ab den 1960er-Jahren avancierte der edle Brettersteg zum Kinostar – und seit dem ersten »Festival du Cinéma américain« wandeln auf ihm Berühmtheiten.

Coco Chanel Eigene Hutkreationen verkauft Gabrielle Chasnel (1881–1971), wie der Taufname der Wäscherinnen-Tochter lautet, schon im Alter von 20 Jahren erfolgreich in Paris. 1913 eröffnet sie ihren ersten Modesalon – aber nicht an der Seine, sondern in der Rue Gontaut-Biron in Deauville. Hier, wo die Damen meist noch in enger Stadtkleidung die Seeluft genießen, ist Coco Chanel die Erste, die ihren Kundinnen vor allem bequeme Kleidung anbietet: Matrosenblusen, weite Hosen, Strandpyjamas – inspiriert vom Stil der Fischer.

Links: Ob Timothy Dalton oder Douglas Fairbanks – auf der Promenade Les Planches geben sich Stars und Sternchen ein Stelldichein.

Das gibt's heute noch

Villa Strassburger *Baron Henri de Rothschild ließ den prächtigen Fachwerkbau ab 1907 errichten. Zuvor stand an gleicher Stelle die Ferme du Coteau, ein bäuerliches Anwesen, das der Familie des Schriftstellers Gustave Flaubert gehörte. 1924 erwarb der amerikanische Milliardär Ralph B. Strassburger die – heute städtische – Villa.*

Villers-sur-Mer

LIEBLING AN DER CÔTE FLEURIE

Schon in den 1840er-Jahren zog der charmante kleine Küstenort Künstler wie den Maler Paul Huet und den Schriftsteller Alphonse Karr an. Im Jahr 1856 begann dann schließlich die Geschichte des einstigen »Sanctus Martinus de Villaribus« als Strand- und Badedestination.

Seine Besiedlung reicht zurück bis in die Zeit vor Christi Geburt, aber schon seit der Französischen Revolution wählte so manch Prominenz Villers-sur-Mer als Lebensmittelpunkt – darunter die Musikerin und Komponistin Anne Boyvin d'Hardancourt de Jouy Brillon, eine enge Freundin von Luigi Boccherini und Benjamin Franklin. Im 18. Jahrhundert entstanden erste Gehöfte um den Ort – und das Schloss wurde gebaut. Einen zweiten Aufschwung erlebte die Gemeinde mit dem Aufkommen des Meeresbadens, der Ankunft der Eisenbahn, aber vor allem mit dem Bau eines Dutzends von Villen, eine extravaganter als die andere. Die neue St.-Martin-Kirche mit ihren herrlichen Glasfenstern entstand ebenfalls im 19. Jahrhundert. Filmemacher Georges Méliès urlaubte nicht nur in Villers, sondern drehte 1896 sogar eine Hommage an dessen Strand. Sein jüngerer Kollege Claude Lelouch hat im Ort bis heute einen Zweitwohnsitz.

STRAND

Belle Époque-Villen im normannischen Fachwerkstil säumen das lange Sandband von Villers zuhauf – mit Türmchen, geschnitzten Erkern, überkragenden Dächern. In Ortsnähe indes prägen nostalgische, hölzerne Badekabinen in strahlendem Weiß den Strand – und die Deichpromenade, die auch zum Nullmeridian-Punkt führt. Promenade und Strand sind traditionell Kulisse für sommerliche Feste und Sportaktivitäten. Frühmorgens indes teilen sich das 2 Kilometer lange Sandband Jogger und Spaziergänger.

BRASSERIE MERMOZ

Er flog als Erster vom Senegal nonstop nach Brasilien und von Frankreich nach Buenos Aires. Doch kurz vor seinem 36. Geburtstag verschwand Jean Mermoz (1901–1936) mit seiner Maschine über dem Atlantik. Der strandnahe Platz und die Dekoration der Brasserie »Mermoz« sind eine Hommage an den französischen Flugpionier. Genießen kann man hier nicht nur Fisch- und Fleischgerichte, sondern auch Gemüse aus Pennedepie und handwerklich gerösteten Kaffee aus dem Pays d'Auge. *www.le-mermoz.fr*

Nullmeridian von Greenwich Am 13. Oktober 1884 einigten sich 25 Länder in Washington DC auf eine Vereinheitlichung bei der Zählung der Längengrade. Denn bislang hatte fast jedes Land seinen eigenen Nullmeridian. Nach langen Diskussionen einigten sich die Delegierten auf das Königliche Observatorium von Greenwich als weltweitem Bezugspunkt. Villers-sur-Mer markiert exakt die Stelle, an der der 20 003,9 Kilometer lange universelle Nullmeridian auf Kontinentaleuropa trifft.

Links: Um 1900 machte man sich anlässlich des Sonntagsausflugs nach Villers noch schick – mit Streifenkleidern, Sonntagsanzug und Hüten mit Blumenbouquet.

Retro-Moment

An der Abbruchkante der Falaises des Vaches Noires spazieren gehen *Bei Ebbe kommen sie zum Vorschein und im Licht der Abendsonne wirken sie dann tatsächlich beinahe wie eine Herde schwarzer Kühe: die Felsbrocken am Strand der Jahrmillionen alten und bis zu 100 Meter in den Himmel ragenden Steilküste zwischen Houlgate und Villers-sur-Mer.*

Cabourg

TÊTE-À-TÊTE MIT MARCEL PROUST

In Fächer-Form 1853 auf dem Reißbrett geplant, zog das einstige Fischerdorf als Cabourg-Les-Bains bald eine illustre Seebad-Klientel an. Mit dem Bau von Casino, Grandhotel und Pferderennbahn schuf die neue Stadt wichtige Akzente. Marcel Proust setzte Cabourg als »Balbek« ein literarisches Denkmal.

»Zum Reisen gehört in erster, zweiter und dritter Linie Geld. Mit Geld pflegen die meisten sonstigen Mängel sich ausgleichen zu lassen.«

(Baedeker's Paris und Nordfrankreich, 1867)

Prächtige Belle Époque-Villen mit phantasiereichem Dekor, ein kilometerlanger Strand und das traditionsreiche Hôtel de la Plage, das bald dem Neubau eines mit modernstem Komfort ausgestatteten Grandhotels im italienischen Stil wich und zu dessen illustren Gästen neben Marcel Proust später auch Filmstars, Staatsmänner, Maler, Komponisten oder der Autokonstrukteur Ferdinand Renault zählten: Cabourg hat einiges zu bieten an nostalgischem Flair. Selbst die Markthalle, der Golfplatz neben dem Hippodrom und der traditionreiche Tennisverein Le Garden gehen zurück auf das junge 20. Jahrhundert. In seiner zweiten Hälfte traten dank Bruno Coquatrix, »Vater« des Pariser Olympia-Theaters, Stars wie Edith Piaf oder Gilbert Bécaud auch im Casino von Cabourg auf. Inzwischen richtet das einst vornehm gediegene Seebad jeden Sommer auch ein Filmfestival aus – zu dem sich reichlich Leinwandprominenz ein Stelldichein gibt.

PROMENADE MARCEL PROUST

Europas längste Fußgänger-Promenade verheißt – ohne auch nur ein einziges Sandkorn in den Schuhen zu spüren – einen einzigartigen Spaziergang zwischen Belle Époque-Villen und einem Strand mit unendlichem Horizont. Stolze 3,6 Kilometer zieht sich die Ufermauer fast so weit wie das feine Sandband, das viele auch »Strand der Romantiker« nennen. Tatsächlich bieten sich hier zu jeder Jahreszeit eindrucksvolle Panoramen und die Möglichkeit – wie es schon der Namensgeber der Promenade einst tat –, die Meeresluft unter einem rosa-orangenen Abendhimmel zu genießen.

LA VILLA DU TEMPS RETROUVÉ

Als ein Haus voller Geschichte und Geschichten gibt sich das neue Museum in einer noblen Stadtvilla der Belle Époque. Und ebendiese Zeit – die goldene Ära von Cabourg und anderer Seebäder an der Côte Fleuri – lassen Kunstwerke, Fotos, Filme, Plakate und Mobiliar des einstigen Familiendomizils wieder lebendig werden. Proust, Monet, Debussy und viele weitere Berühmtheiten prägen das Ambiente der von einem Garten umgebenen, von dem Architekten Clément Parent in den 1860er-Jahren erbauten »Villa der wiedergefundenen Zeit«. *villadutemps retrouve.com*

Großes Bild: Eine Tafel an der Promenade von Cabourg erinnert an die Begegnung von Marcel Proust mit der geheimnisvollen Lucy Gérard, über die er 1908 schrieb: »Ich traf Lucy Gérard auf dem Deich von Cabourg. Es war ein bezaubernder Abend. Ihr Kleid war ganz rosa und brachte aus großer Entfernung die Komplementärfarbe der Abenddämmerung auf den orangefarbenen Himmel.«

Links: Reiseplakat des Künstlers Jean de Paleologu, 1895.

Oben: »Les jardins du casino« heißt die schöne, rosenbestückte Parkanlage vor dem Casino und dem altehrwürdigen Le Grand Hôtel passenderweise.

HIPPODROM

Schon seit den 1920er-Jahren widmet sich das Hippodrom von Cabourg ganz dem Trabrennsport. Rund 20 Rennen finden hier immer noch jährlich statt. Berühmt ist die Pferderennbahn vor allem für ihre Sommerläufe. Dann wetteifern die edlen Rosse und ihre Jockeys auf der 1275 Meter langen Sandpiste Tag und Nacht. Vor allem die prestigeträchtigen Abendrennen erfreuen sich großer Beliebtheit. Außerdem bezaubern die »Estivals« mit Konzerten und Feuerwerk.
www.hippodrome-cabourg.com

CASINO

Ganz aus Holz war Cabourgs erstes Casino. Bereits 1854 errichtet, bildete es mit dem benachbarten Luxushotel aus dem Jahr 1861 den zentralen Ausgangspunkt der Straßen des historischen Cabourg-les-Bains. 1867 wurde das Casino in Stein umgebaut, exakt vier Jahrzehnte später erhielt es durch die Architekten Lucien Viraut und Émile Mauclerc seine neue Gestalt. Lounge-Bar und Brasserie, beide mit Meerblick, machen das Glücksspiel-Vergnügen komplett.
casino-cabourg.partouche.com

Retro-Moment

Le Méridien de l'Amour *Um den Dialog zwischen den Völkern, den Frieden, die Solidarität und die Brüderlichkeit zu feiern, ließ Cabourg 2016 zum 30. Geburtstag seiner Filmfestspiele 104 goldene Nägel in den Boden der Uferpromenade ein. Sie symbolisieren die vielen Varianten des Wortes Liebe auf den fünf Kontinenten.* ***www.meridiendelamour.com***

Heute so gut wie damals

Normannische Butter *Normannische Kühe sind berühmt für ihre Milch. Die Rinderrasse steht fast ganzjährig auf den saftigen Weiden der Region. Seit dem 18. Jahrhundert trägt auch die normannische, oft leicht salzige Butter bei zum kulinarischen Ruf der Normandie. Und natürlich »Le beurre normand« – ein Apfelkuchen mit Calvados-Rosinen.*

Das gibt's heute noch

Le Grand Hôtel Cabourg *Wie das Casino erlebte auch das Grand Hôtel im Jahr 1907 seine prächtige architektonische Wiedergeburt. Gleich nach der Eröffnung mietete sich Marcel Proust zum ersten Mal in der luxuriösen Belle Époque-Herberge ein. Bis 1914 war er regelmäßiger Gast, wechselte dabei aber oft das Zimmer.* ***all.accor.com***

AUF DER SUCHE NACH DER VERLORENEN ZEIT

Dreimal Schwarz: Zylinder, Schnurrbart, Fliege. So begrüßt das Konterfei des Pariser Schriftstellers Marcel Proust (1871–1922) aus dem noblen Auteuil-Viertel heute alle jene, die Cabourg zunächst einmal nur online besuchen. Aber natürlich gibt es in dem Küstenstädtchen auch eine Statue des Verfassers des Opus Magnum »A la recherche du temps perdu« (»Auf der Suche nach der verlorenen Zeit«). Schließlich kam der Asthma geplagte Literat sieben Sommer lang in das elegante Seebad, das er schon als Zehnjähriger mit der Großmutter kennengelernt hatte. Hier, im damals neuen Grand Hôtel, schrieb er einen Großteil seines siebenbändigen Schlüsselwerks über die Belle Époque. Zimmer 414 ist bis heute Proust gewidmet. »Seit ich hier bin, und seit vielen Jahren zum ersten Mal, habe ich mich angezogen und bin ausgegangen«, notierte der Autor, der aus Cabourg das »Balbek« seines Romanzyklus formte. Anhand von mehr als 200 Protagonisten schildert er darin das Leben des Fin de Siècle um 1900. Zu Recherchezwecken beobachtete Proust dabei besonders gerne die feine Pariser Gesellschaft am Strand beim Vertrödeln der Zeit.

Bild: In Cabourg ist der aus Paris stammende Marcel Proust an vielen Orten anzutreffen, u.a. an der Fassade des Grand Hôtel.

Pays d'Auge

WIE AUS DEM BILDERBUCH

Sanfte Hügel, weite Graslandschaften, blühende Apfelbäume und schmucke Fachwerkdörfer. Vereinzelte Gehöfte und Gestüte, edle Rosse und rot oder schwarz geflecktes Milchvieh: das Pay d'Auge ist eine Bilderbuchlandlandschaft im Herzen der Normandie. Und die Heimat von Cidre, Calvados und Camembert.

Zwischen den Flüsschen Touques und Dives scheint die Zeit ein wenig zum Stillstand gekommen zu sein. Nur wenige Sträßchen durchziehen das schier unendliche, fruchtbare Grün, das sich sowohl auf Teile des Départements Calvados als auf das Terrain von Orne und Eure erstreckt. Am Saum seiner Route du Cidre lassen sich die handwerklichen Varianten des berühmten normannischen Apfelweines (und Schnapses) sowie des Pommeau (aus Calvados und Cidre) verkosten. Allerdings werden nur 48 der 120 normannischen Apfelsorten, deren Blütenmeer im Frühling ein wahres Fest für die Augen ist, zur Herstellung der flüssigen Köstlichkeiten genutzt. Begrenzt in ihrer Zahl, aber umso eindrucksvoller, sind auch die Trab- und Hindernisrennen der edlen Rösser aus normannischer Zucht. Für regelmäßigen Pilgeransturm hingegen sorgt Lisieux mit seiner prächtigen Wallfahrts-Basilika.

BEAUMONT-EN-AUGE

In bester Panoramalage thront das pittoreske Dorf auf einem »schönen Hügel« (daher der Name) fast 100 Meter über dem Tal der Touques. Fachwerk- und Klinkerbauten prägen das Ortsbild; unter den rund 400 Bewohnern sind zahlreiche Künstler. Beaumonts Kirche Saint-Sauveur geht zurück auf das 9. Jahrhundert, die Gründung des Priorats auf das Jahr 1060. In der Geschichte Frankreichs spielte die kleine Gemeinde eine wichtige Rolle u.a. dank ihres königlichen (Militär-)Collegiums.

BEUVRON-EN-AUGE

Eingebettet in die Sümpfe der Dives, bezaubert dieses winzige Dorf, das zu den schönsten Frankreichs gehört, mit wunderbaren Fachwerkbauten. Viele sagen, die ehemalige Hochburg der Familie Harcourt sei ein Épinal im Kleinformat. Beim Flanieren auf dem Dorfplatz lassen sich einige Künstlerateliers entdecken und über den ganzen Ort verstreut finden sich die Lädchen von Antiquitätenhändlern. Selbstverständlich lassen sich auch die regionalen Produkte des Calvados in Beuvron erwerben und genießen.

Nicht nur die Landschaft im Pays d'Auge ist idyllisch (links), sondern auch die Ortschaften wie hier Beuvron-En-Auge (oben).

»Eine kleine Reise-Apotheke (doppelkohlensaures Natron, Rhabarberwein, Opiumtinktur, Chininpillen und dergl.) kann sich unter Umständen nützlich erweisen.«

(Baedeker's Paris und Nordfrankreich, 1867)

Oben: Ein wahres kunsthistorisches Highlight erwartet den Reisenden in Lisieux. Im Inneren der Basilika zieht die prächtig ausgemalte Kuppel alle Blicke auf sich.

BASILIKA VON LISIEUX

Mehr als zwei Millionen Pilger besuchen jährlich das neobyzantinische, in seiner Architektur von der Pariser Sacré-Cœur-Kirche inspirierte Gotteshaus des 20000-Seelen-Städtchens am Ufer der Touques. Nach Lourdes ist Lisieux somit Frankreichs zweitwichtigster Wallfahrtsort. Verehrt wird dort die 1897 jung verstorbene und 1925 heiliggesprochene Karmeliter-Ordensfrau Thérèse Martin, besser bekannt unter dem Name Thérèse de l'Enfant Jésus et de la Sainte Face. Die Basilika fasst gut 4000 Personen.

CAMEMBERT

Nur rund 170 Einwohner zählt das wohl berühmteste Dorf nicht nur der Normandie, sondern wohl ganz Frankreichs. Schon 1702 erwähnen Chronisten, dass die Bauern aus der Gegend »exzellenten Livarot und Camembert« zum Markt des benachbarten Vimoutiers brachten. Dort steht inzwischen auch das Musée du Camembert – während man sich in Camembert selbst mit einem Maison du Camembert zufriedengibt. Beide widmen sich der Geschichte und Herstellung des cremigen Käses – inklusive Verkostung.

Heute so gut wie damals

Camembert *Seinen Namen verdankt der berühmte normannische Käse wohl Napoleon III., der nach der Herkunft der neuen normannischen Köstlichkeit auf seiner Hoftafel fragte. Das Rezept soll von einem Priester aus der Region Brie stammen, der im Dorf Camembert während der Revolution Unterschlupf fand und es dort weitergab.*

Retro-Moment

Durch den Jardin Conservatoire in Saint-Pierre-sur-Dives streifen *Seifengras, das Rosengewächs Argantina, der als »Lilie der Schränke« bekannte echte Waldmeister: mehr als 450 Arten von Blumen, Kräutern und Gemüsepflanzen, die traditionell im Pays d'Auge wachsen und angebaut werden, umfasst der Museumsgarten von Saint-Pierre.* ***www.saint-pierre-en-auge.fr***

Das gibt's heute noch

Taubentürme *Ob rund, quadratisch oder mehreckig: schon im 17. Jahrhundert waren »colombiers« in Frankreich weit verbreitet. Sie sollten Reichtum und Macht des Grundbesitzers unterstreichen. Eines der schönsten normannischen Beispiele für die Zuchtorte der Tauben birgt der Manoir du Bais in Cambremer.*

Souvenir, Souvenir

Cidre & Calvados *Mit dem Siegel A.O.C für kontrollierte Herkunft dürfen schon seit geraumer Zeit nur noch die Produzenten um Beuvron, Cambremer, Bonnebosque und Saint-Ouen-Le-Pin ihre Cidre- und Calavados-Flaschen schmücken. Auch für die Altersbezeichnung des normannischen Apfelbrandes gelten strenge Regeln.*

Normannische Schweiz

LANDPARTIE

Jahrmillionen alte Felswände. Wälder, Heckenlandschaften und sanfte Hügel. Ruhige Städtchen und tiefe Täler: La Suisse Normande, die normannische Schweiz, hat auf kleiner Fläche viel zu bieten. Ihr Kern liegt zwischen Thury-Harcourt mit der eindrucksvollen Hom-Schleife und Mortain mit Frankreichs höchsten Wasserfällen.

Stolze 400 Meter ragen die Felswände der Normannischen Schweiz in den Himmel. Über Millionen von Jahren habe die Flüsse Orne und Rouvre sich hier ins Gestein des armorikanischen Massivs gegraben. Dank ihrer blühte später auch das Spinnerei-Gewerbe sowie die Färber- und Emaille-Industrie in der schon 1821 erstmals mit ihrem schmeichelnden »Spitznamen« Normannische Schweiz bedachten Gegend. Seither ist die von den Heckenlandschaften des Pays Virois und Ornias, von der Ebene von Caen sowie von der Pré-Bocage geprägte Region als Sommerfrische beliebt. Ihr genauer Grenzverlauf ist indes bis heute nicht exakt definiert. Clécy freilich gilt seit fast 100 Jahre als ihre unumstrittene Hauptstadt; Bagnoles-de-l'Orne kann sich bereits seit dem 17. Jahrhundert ihrer einzigartigen Thermalquellen rühmen – und die Höhen von Falaise, von Saint-Clair, von Athis beeindrucken ebenso wie der Roche d'Oëtre.

CLÉCY

Hauptstadt der Normannischen Schweiz nennt sich die bereits im 10. Jahrhundert erwähnte, heute gut 1300 Seelen zählende Gemeinde am Ufer der Orne. Spinnereien prägten ihre Geschichte ebenso wie zahlreiche Künstler, darunter die Maler Paul Émile Pissarro und André Hardy, dem auch ein kleines Museum gewidmet ist. Die Kirche Saint-Pierre setzt ebenso einen baulichen Akzent wie das Viadukt von 1866, zu dem inzwischen ein 250 Meter langer Felsweg hoch über dem Fluss führt.

CHÂTEAU THURY

Vom einstigen »Versailles der Normandie« blieben nach der Zerstörung durch die Nationalsozialisten nur die verkohlte Fassade des alten Entrées, die Kapelle sowie einige Nebengebäude übrig. Ursprünglich umfasste das prächtige Ensemble der Familie d'Harcourt, das seit dem 17. Jahrhundert den Lauf der Orne überblickte, eine Hauptgalerie und zehn aufeinanderfolgende Salons. Wiederhergestellt ist der berühmte Park von 1760; an seiner Hauptallee werden mitunter Ausstellungen gezeigt.

ROCHE D'OËTRE

Mehr als 100 Meter ragt der Aussichtsfelsen über dem Tal der Rouvre auf. Vor mehreren Millionen Jahren wurden in dieser atemberaubenden Flusslandschaft die ältesten Reliefs Frankreichs geschaffen. Die Steingesichter auf halbem Weg zwischen Thury-Harcourt und Écouch verschmelzen mit Steilhängen und idyllischem Wald- und Wiesengrün. Vier Wanderpfade erschließen diverse außergewöhnliche Panoramen.

Links: Ruhe und gute Landluft erwarten den Reisenden in Clécy, auch wenn der Ort offiziell als »Hauptstadt« der Normannischen Schweiz gilt.

Retro-Moment

Eine Schifffahrt, die ist lustig *Mit dem Nachbau einer typischen Peniche, eines kastenförmigen Kanalschiffs, geht es ab Putanges gemütlich auf der Orne mit Kurs Nordwest – bis sich der Fluss ausdehnt zu einem sechs Kilometer langen See, dem aufgestauten Lac de Rabondage, mit Enten, Graureihern und Fischottern.*

DAS VERSAILLES DER PFERDE

Ihre Weiden haben die Normandie berühmt gemacht. Neben Rindern grasen auf ihnen seit altersher aber auch Pferde. »Eine Stute für sechzehn Kühe« hieß es einst auf den Höfen vor allem der Region Orne – gut 80 Kilometer südlich des Küstensaums. Zwischen Argentan, Vimoutiers und Alençon leben hier bis heute – meist in diskreter Zurückgezogenheit – zahlreiche private Züchter edler Rosse. Öffentliches Aushängeschild der Gegend ist hingegen der »Haras national du Pin«, Frankreichs ältestes Nationalgestüt. Schon 1715 gab Sonnenkönig Ludwig XIV. die Anlage in Auftrag – nachdem sein Hofstallmeister, François Gédéon de Garsault, ein Jahr zuvor den Landstrich inspiziert und rasch dessen Wert erkannt hatte. Auf gut 1000 Hektar erstrecken sich die Wiesen, Wälder und Bauten des »Versailles der Pferde«, mit seinem Schloss, weitläufigen Höfen, Stallungen, Reitplätzen, Museum und einer eigenen Sattlerei. Jedes Jahr organisiert der Haras du Pin diverse Rennen oder Pferdeshows. *www.haras-national-du-pin.com*

Bild: So edel wie das Ross, so auch ihr Reiter. Tête à tête zwischen Mensch und Tier auf dem Haras national du Pin.

Bagnoles-de-l'Orne

KUREN IM GRÜNEN

Quasi eine »neue Stadt« mitten im Wald erwartete im 19. Jahrhundert die Besucher des bis heute einzigen Thermalbades in Frankreichs Grand Ouest. Villen, Hotels und sogar ein Casino lockten zur Belle Époque-Zeit die feine Gesellschaft Europas ins Herz der normannischen Bocage-Landschaft.

In großen Lettern warb Bagnoles-de-l'Orne bereits 1890 mit den Wohltaten seiner Thermalwässer – und mit seiner Lage. »Die Schweiz in der Normandie« steht auf einem kunstvollen Plakat aus dieser Zeit zu lesen, »nur 5 Stunden 30 von Paris Montparnasse« entfernt. Der örtliche Bahnhof ist im Hintergrund abgebildet, genauso wie das Spielcasino und die Pferderennbahn; im Vordergrund prangen der Pavillon des Thermes sowie weitere vornehme Gebäude. Kutschen, Reiter, Flaneure vervollständigen das Bild; zudem schwärmt der Schöpfer des Farbdrucks schriftlich von »40 Hektar Park«. Viele der glanzvollen historischen Bauten, teils mit bunten Steingutfliesen verziert oder Maskaronen (Fratzengesichtern), sind noch erhalten am Saum des legendenumrankten Roc du Chien, des eiszeitlichen Hundefelsens. Der Andaines-Wald, in dem sich einst die Ritter der Tafelrunde auf die Suche nach dem Heiligen Gral machten, lädt heute zum Joggen, Wandern und Biken.

HEILQUELLEN

Zahlreiche Legenden ranken sich um die Entstehung und Entdeckung der Quelle, die bereits im 17. Jahrhundert, damals nur geschützt von einer Hütte aus Astwerk, Menschen anzog, die sich von ihr neue Kräfte oder gar Heilung ihrer Gebrechen versprachen. Aber erst im 19. Jahrhundert stellten wissenschaftliche Studien die Wirksamkeit der warmen Wässer von Bagnoles bei Kreislauferkrankungen und Venenentzündungen unter Beweis. Danach begann der Thermalbadetourismus zu florieren.

ARBORETUM

Bereits während des Baus ihres neuen Domizils in Tessé-la-Madeleine, oberhalb des damals bereits angesagten Thermen-Ensembles von Bagnoles, ließ Anne-Marie Goupil einen besonderen Garten anlegen. So wurden ab 1855 Bäume und Pflanzen aus aller Welt herbeigeschafft. Heute umfasst der Schlosspark auf einer Fläche von gut 18 Hektar mehr als 160 Baumarten, darunter auch Libanonzeder und Mammutbaum.

Links, großes Bild: Steht hier wie einst – das legendäre Hôtel des Thermes.

Links: Casino, Schwimmbad, schöne Natur. Bagnoles-de-l'Orne wusste schon früh von sich reden zu machen.

Das gibt's heute noch

Casino *Prächtige Art-déco-Architektur trifft vielfältigen Nervenkitzel: Lichterfüllt präsentieren sich die diversen Salons des von Albert Bluysen 1927 erbauten, außergewöhnlichen Glücksspiel-Palastes am Seeufer – und seine großen Fenster bieten einmalige Ausblicke in die Natur.*
www.joa.fr/casinos/bagnoles-de-l-orne

Granville

VOM PIRATENNEST ZUM BADEORT

Im »Monaco des Nordens« lebte man lange nur von Austernzucht und Kabeljau-Fang. Aber schon Ende des 19. Jahrhunderts kam das Hafen- und Seeräuberstädtchen mit prächtigem Blick auf die Bucht des Mont-Saint-Michel als Seebad in Mode. Und wenig später wurde hier der berühmte Couturier Christian Dior geboren.

Als Mischung aus mittelalterlicher Stadt und Fischerdorf zeigt sich Granville bis heute. Die beeindruckende Altstadt liegt hoch oben auf einem Felsen. Zu den bekanntesten Gebäuden zählt das 1910 eröffnete neue Casino (das Vorgängermodell stammte aus dem Jahr 1860). Um die immer größere Zahl an Sommerfrischlern zu unterhalten, wurden wenig später die Pferderennbahn und der Golfplatz gebaut und eine Regatta-Gesellschaft gegründet. Bereits 1908 eröffnete ein erstes Tourismusbüro in Granville sowie eine neue Bahn- und Tram-Verbindung in die Umgebung. Etwa um die gleiche Zeit entstand hoch über der Küste die Villa Rhumbs, in der Christian Dior (1905–1957) aufwuchs und die heute ein Museum zum Wirken des französischen Modemachers beherbergt. Ebenfalls erhalten ist das legendäre Ensemble des Normandy Hotels – allerdings dient das Belle Époque-Gebäude heute als Rehabilitationszentrum.

ALTSTADT

En bas, also ganz unten, am Saum seines Küstenfelsens, schmückt sich Granville mit Hafen und Casino. Nach oben, in die Hautville, die komplett von einer mittelalterlichen Stadtmauer umgeben ist, führt die Rue des Juifs. Heute ist sie ein charmantes Sträßchen mit Kunstgalerien, Buchhandlungen und Antiquitätenhändlern. Vom historischen Stadtkern führt ein schöner Spaziergang zum Pointe du Roc mit Leuchtturm und kleiner Aussichtspromenade.

MUSÉE D'ART MODERNE RICHARD ANACRÉON

In den 1980er-Jahren schenkte der Buchhändler und Kunstsammler Richard Anacréon seiner Heimatstadt seine Sammlung von rund 280 Kunstwerken und mehr als 500 bibliophilen Editionen. Die Kollektion umfasst Gemälde illustrer Künstler des jungen 20. Jahrhunderts wie Claude Derain, Maurice Vlaminck, Maurice Utrillo und Paul Signac. Die seltenen Widmungen und anderen Schriftzeugnisse in den Büchern stammen u.a. von Guillaume Apollinaire, Blaise Cendrars, Jean Cocteau, Camille Claudel, Colette und Paul Valéry. Neben der ständigen Sammlung werden regelmäßig Wechselausstellungen gezeigt.

Links: Das prächtige Gebäude des Casinos schließt sich fast nahtlos an den schönen Sandstrand an.

Das gibt's heute noch

Villa Dior *Vom Erbauer nach den Unterteilungen der Windrose »Les Rhumbs« genannt, verzauberte die kleine Villa Madeleine Dior sofort. Ihr Sohn Christian wächst hier auf mit viel Grün und Kultur und lässt sich später als Modemacher vom Facettenreichtum des Hauses, das heute ein Museum ist, inspirieren.*

www.dior.com

AB AUF DIE BLUMENINSELN!

Die fünf bewohnten Kanalinseln Jersey, Guernsey, Sark, Alderney und Herm verbinden das Beste zweier Nationen: französisches Savoir-vivre gepaart mit britischer Eleganz und Gartenbaukunst. Die fünf Eilande liegen zwar nur einen Steinwurf von Frankreich entfernt, gehören aber zur britischen Krone. Besonders gut von Granville zu erreichen ist Jersey. Die Insel ist nur eine Bootsstunde vom französischen Seebad entfernt. Die mit 118 Quadratkilometern größte und mit rund 100 000 Einwohnern bevölkerungsreichste Kanalinsel bietet alles, was das Herz begehrt: einsame Strände, dramatische Klippenformationen, ein durch den Golfstrom bedingtes mildes Klima und Großstadtflair in der Inselhauptstadt St. Helier, die trotz alledem klein genug ist, um sie zu Fuß zu erkunden. Jersey war bereits zu viktorianischer Zeit Ziel französischer Emigranten und berühmt ob seines feinen Strickstoffs, den Coco Chanel einst salonfähig machte. 1880 erschien der erste gedruckte Reiseführer über die Kanalinseln (in englischer Sprache), etwa zur gleichen Zeit warb die französische Eisenbahngesellschaft Chemin de Fer de l'Ouest auf einem Plakat für Schiffsausflüge nach Jersey.

Bild: Der Blumenkarneval in Jerseys Hauptstadt St. Helier wird schon seit 1902 gefeiert, hier eine Aufnahme von 1951.

Le Mont-Saint-Michel

HEILIGER BERG

Eine »Pyramide im Meer« nannte der Schriftsteller Victor Hugo den Klosterberg vor der normannischen Küste. Inzwischen wieder umgeben von der Wattlandschaft des Golfs von Saint-Malo, bezaubert das über Jahrhunderte erbaute Ensemble vor allem in klaren Vollmondnächten.

Erzengel Michael höchstpersönlich, so die Legende, befahl dem Bischof von Avranches im 8. Jahrhundert den Bau eines Heiligtums auf der kleinen Felseninsel im Ärmelkanal, knapp einen Kilometer vor der normannischen Küste. Tatsächlich ließen sich 966 die ersten Benediktinermönche auf dem ehemaligen Mont Tombe (Grabberg) nieder und begannen bald danach mit dem Bau eines Gotteshauses. Mit der Ankunft der ersten Pilger entwickelte sich am Saum des Granitkegels ein Dorf. Im 11. Jahrhundert wurden dann vier Krypten um die Bergspitze gebaut – als Fundament für eine neue große Kirche, um der zunehmenden Schar der Wallfahrer Rechnung zu tragen. Anlässlich des Hundertjährigen Kriegs befestigt (Relikte der Bastion sind noch auf der Vogelschutz-Insel La Tombelaine erhalten) und nach der Französischen Revolution kurzzeitig als Gefängnis genutzt, leben inzwischen wieder Benediktinermönche auf dem Klosterberg. Und dank moderner Techniken steht er bei Flut auch wie einst in den Wellen.

KLOSTER

Drei Ebenen und acht Jahrhunderte: das Bauprojekt Mont-Saint-Michel war ebenso umfangreich wie schwierig. Allein die 1023 begonnenen Arbeiten für die ursprüngliche Klosterkirche dauerten gut 60 Jahre. Bis ins 18. Jahrhundert wurde sie immer wieder umgebaut. Das Refektorium aus dem 13. Jahrhundert mit seinen 50 Fenstern zählt – wie der Rittersaal und der Kreuzgang – zu den architektonischen Höhepunkten der Abteigebäude.

COUESNON-STAUDAMM

Ein Fels im Wattenmeer: In dieser Gestalt kannte die Menschheit den Mont-Saint-Michel von Anbeginn. Doch der Bau eines Straßendamms im 19. Jahrhundert und die Kanalisierung des Flüsschens Couesnon förderten das Anlagern von Sedimenten und der Klosterberg wuchs mit dem Festland zusammen. Der neue Couesnon-Staudamm, der die natürlichen Strömungsverhältnisse wiederherstellte, sowie eine Brücke statt des Straßendamms sorgten inzwischen wieder für die Entsandung der Bucht. Die Folge: Der Mont-Saint-Michel wurde wieder zu einer Insel.

»Der Mont-Saint-Michel ist für Frankreich das, was die Pyramide für Ägypten ist.«

(Victor Hugo)

Links: Pilgerstätte seit Jahrhunderten – Le Mont-Saint-Michel.

Unten: Eine viktorianische Dame und ihre Zofen beim Besuch des Wallfahrtsberges, Aufnahme um 1900.

Rechts: Die schönste Art zum Mont-Saint-Michel zu gelangen, ist barfuss per Wattwanderung.

Unten: Die kostbaren Manuskripte der Abtei befinden sich im ca. 30 Autominuten entfernten modernen Bau des Scriptorial d'Avranches.

WATTWANDERUNG

»Wie ein Pferd im Galopp«, heißt es, komme die Flut in der Bucht des Mont-Saint-Michel. Tatsächlich herrschen hier die stärksten Gezeiten Europas. Also Achtung beim Watt-Spaziergang zum Klosterberg. Oder besser noch: sich leiten lassen von einem erfahrenen Guide. Der kennt sich auch aus mit dem tückischen Treibsand. Und weiß, wie schon die frühen Pilger, dass man in ihm am besten barfuß wandert. Gut drei Stunden dauert das vom Parkplatz am Bec d'Andaine bis an den Saum der architektonischen Majestät.

SCRIPTORIAL D'AVRANCHES

Bereits seit der Revolution von 1789 verwahrt das nahe gelegene Avranches die kostbaren Manuskripte der Abtei Mont-Saint-Michel. Inzwischen wurde innerhalb der mittelalterlichen Befestigungsanlagen der Stadt ein neues Domizil für die Schätze geschaffen. In seiner Dreiecksgestalt ist es dem Klosterberg nachempfunden, in seiner Materialität – Beton und Glas – ist es jedoch radikal modern. Zugleich erinnert es an die Nüchternheit der Abtei. Eine originelle Museografie erhellt die Geschichte der mönchischen Schrift- und Buchkunst.
www.scriptorial.fr

Das gibt's heute noch

Chemin de Ronde Abbatial *Nicht nur die Grand Rue führt hinauf zum Mont-Saint-Michel. Auch längs der Wehrmauern lässt sich die Klosterpforte erreichen. Und auf dem alten Abteipfad. Von ihm bietet sich zudem ein wunderschöner Blick auf die mittelalterlichen Fassaden und das Grün der Abtei, darunter die Gärten der Heiligen Katharina.*

Heute so gut wie damals

Austern *Ob frisch oder gratiniert – les huîtres sind ein kulinarisches Aushängeschild der gesamten Normandie. Je nach Küstenstrich schmecken sie unterschiedlich – jene um Granville werden im offenen Meer gezüchtet, erlangen dadurch ihren vollmundigen Geschmack und den von Kennern geschätzten jodigen Duft.*

Retro-Moment

Les Imaginaires du Mont-Saint-Michel *Den Mont-Saint-Michel in einem anderen Licht entdecken – phantasievoll erleuchtet bei Dunkelheit. Immer im Juli und August wird der Klosterberg mittels Lichter, Videos und Klangeffekte neu inszeniert – spannend bei nächtlichen Touren durch das Labyrinth der Treppen und Gänge.* ***nocturnes-abbaye.fr***

Saint-Malo

STADT DER SEERÄUBER

Von mächtigen Wehrmauern umgeben, lange unabhängig, stolze Wiege von mutigen Entdeckern und wilden Korsaren – wie ein großes, steinernes Schiff liegt Saint-Malo an der Mündung der Rance in den Ärmelkanal. Römer schufen ihre Keimzelle, dem Einsiedlermönch Mac Low verdankt die Hafenstadt ihren Namen.

Schmale Gassen, prächtige Steinhäuser, eine Markthalle, Bistros, die Kathedrale: Saint-Malos Altstadt, die Ville Close, ist eine Welt für sich. Von Granitmauern umgürtet, erwuchs in ihr Seefahrergeist und Unabhängigkeitsstreben. La Demeure de Corsaire, das prächtige Haus eines Freibeuters, also eines vom König gebilligten Piraten, erinnert daran ebenso wie die berühmte Segelregatta »Route du Rhum«, die von der bretonischen Hafenstadt bis auf die Karibikinsel Guadeloupe führt. Von der Blütezeit des Bädertourismus in Saint-Malo zeugt die Grande Plage mit dem Grand Hôtel des Thermes und den erhaltenen Bädervillen. Ein herrlicher Blick bietet sich von diesem Strand auf das von Vaubans geplante Fort Nationale. Im Fort des Saint-Malo vorgelagerten Inselchens Grand Bé ruht ein berühmter Sohn der Stadt: François-René Vicomte de Chateaubriand (1768–1848), Schriftsteller, Diplomat – und Namensgeber für eine französische Steakzubereitung. Er nannte seine, dem großem Gezeitengefälle ausgesetzte Geburtsstadt eine »Steinkrone auf Wellen«.

STADTMAUER

Gut zwei Kilometer misst der steinerne Ring, der die Keimzelle St.-Malos seit dem Mittelalter umschließt. Seine heutige Gestalt erhielt er jedoch vor allem im 18. Jahrhundert. An jedem der acht Tore führen Treppen und Rampen hinauf zum »chemin des remparts«. Etwa eine Stunde dauert der Spaziergang auf dem historischen Mauerweg rund um die Altstadt. Prächtige Aus- und Einblicke bieten sich von seiner Höhe – und an der Bastion de la Hollande grüßt die Statue des großen Kanada-Entdeckers Jacques Cartier.

MUSÉE JACQUES CARTIER

Vor seiner letzten Reise nach Kanada, wo er bereits 1534 erstmals über den St.-Laurent-Strom an Land gegangen war, erwarb der aus Saint-Malo stammende Entdecker Jacques Cartier (1491–1557) zusätzlich zu seiner Stadtresidenz einen Bauernhof in Rothéneuf. Wenig später baute er ihn zum herrschaftlichen Zweitwohnsitz aus. Ab dem 17. Jahrhundert wieder landwirtschaftlich genutzt, birgt der Manoir de Limoëlou nun Exponate zu Cartiers Reisen und Entdeckungen in Kanada, zum Alltag seiner Zeit und den damaligen Navigationsmethoden auf See. *www.musee-jacques-cartier.fr*

Links: »Steinkrone auf den Wellen«, »Steinerne Zitadelle« – die Hafenstadt Saint-Malo hat viele Beinamen.

Unten: Wer schon immer mal auf einer Stadtmauer spazieren gehen wollte – in Saint-Malo ist das kein Problem.

»Ohne einen Paß sollte sich niemand auf Reisen begeben. Es ist leicht möglich, dass man ihn zehnmal nicht gebraucht, fehlt er aber zum elften Mal, so sind unangenehme Erörterungen mit Polizeibeamten unvermeidlich.«

(Baedeker's Handbuch für Schnellreisende)

GRAND AQUARIUM

Mangroven, Korallenriffe, ein 360-Grad-Haifischbecken: auf einer Fläche von 4000 Quadratmetern präsentiert das Große Aquarium die faszinierenden Unterwasserwelten der Ozeane. In riesigen Schauaquarien, die ein Gesamtfassungsvermögen von 2,5 Millionen Liter Wasser besitzen, leben mehr als 600 Arten von Meeresbewohnern. Der gestreifte Clownfisch ist ebenso darunter wie das Seepferdchen und die spektakuläre Drachenmuräne, der wie einem Fabelwesen zwei Hörner aus dem Kopf wachsen.
www.aquarium-st-malo.com

GRANDE PLAGE

Saint-Malos größter Strand, den die Einheimischen schlicht auch »Plage de Sillon« nennen, zieht sich über rund drei Kilometer die Küste entlang. Akzentuiert wird das Sandband von einem auf einer alten Sandbank (sillon) im Jahr 1883 begonnenen und 1913 vollendeten, fast 1700 Meter langen Damm. An seiner Landseite beeindrucken zahlreiche Villen der Belle Époque sowie das Grand Hôtel des Thermes. Ein schönes Spazierpanorama – nach oder alternativ zu diversen nautischen bzw. maritimen Aktivitäten oder einfach nach dem Lunch oder Dinner.

Unten: Wie eh und je erhebt sich das Grand Hôtel des Thermes am Grande Plage von Saint-Malo.

Muschelnsammeln am Strand *Flach, turbanartig, schnecken- und lanzenförmig, glatt oder geriffelt, grau, weiß oder roséfarben gebändert – je nach Beschaffenheit von Strand und Küste locken Muscheln aller Art im Sand, im Wasser, an den Klippen. Da kommen schnell zwei Hände voll zusammen …*

Weekender *Ursprünglich zylinderförming und aus Canvas, bietet die handliche Tasche gerade genug Platz, um Kleidung, Toilettenartikel und andere notwendige Kleinigkeiten für ein langes Wochenende aufzunehmen. Einst Seefahrer- und Surfergepäck, ist sie heute ein ebenso praktisches wie stylisches Reiseutensil für jeden.*

Paramé-Viertel *Zwischen 1860 und 1870 entstanden östlich von Saint-Malo am langen Strand der Pointe de Rochebonne, die ersten großen Bädervillen. Wenig später wurde der lange Schutzdeich gebaut. Gesäumt von Belle Époque-Bauten, ist dies bis heute die beliebteste Flaniermeile des einstigen Seeräuberdorfs.*

Dinard

BRIGHTON DER BRETAGNE

Nizza des Nordens, Brighton der Bretagne – es fehlt nicht an ruhmvollen Vergleichen für das elegante Strandstädtchen an der Smaragdküste mit seinen wunderbaren Jugendstilvillen, seiner von mediterraner Pflanzenpracht gesäumten Küstenpromenade und seinem von internationaler Prominenz begleiteten Filmfestival.

Mit der Ankunft der ersten Badegäste um 1850 erlebte das bescheidene Fischerdorf an der Mündung der Rance eine tiefgreifende Veränderung. Es waren vor allem Briten, die Dinard und seine Strände für sich entdeckten, zuweilen mehr als ein paar Sommerwochen an diesem außergewöhnlichen Flecken verbrachten und für einen neuen »englischen Touch« sorgten – vom Schwimmsport bis zur Architektur. Die Strand-Umgebung Dinards verwandelte sich dank der neuen Gäste rasch in einen Raum für Unterhaltung und Freizeit – mit Badebereichen für Männer und Frauen, mit noblen Bauten und aristokratischem Flair wie an der Plage de l'Écluse oder eher familiär geprägt wie an der Plage de Prieuré. Eine internationale High Society erfreute sich bereits Ende des 19. Jahrhunderts an den modernen Annehmlichkeiten ihrer Unterkünfte, an einem Schiffsservice nach Saint-Malo – und manch einer wagte sogar die Reise vom ältesten Seebad der Bretagne bis zum berühmten Mont-Saint-Michel.

PROMENADE DU CLAIR DE LUNE

Wasser auf der einen Seite mit Booten, Möwen und Ausblicken hinüber nach Saint-Malo. Auf der anderen Seite prächtige Fin-de-Siècle-Architektur, blumengesäumt und oft eingebettet in das üppige Grün steiler Felshänge: Der befestigte und weitgehend geschützt verlaufende Küstenweg um die Halbinsel von Dinard trägt zwar den Namen »Mondenschein«, bezaubert aber auch im Licht des frühen oder späten Tages. Ab dem Quai de la Perle ertönt im Sommer jeden Abend Musik.

VILLA LES ROCHES BRUNES

Warum die herrschaftliche Villa im Louis-XIII.-Stil so heißt wie sie heißt, ist bereits auf den ersten Blick klar. Thront sie doch spektakulär am Rand der Klippen (roches). Fast hat man Sorge, das prächtige Gebäude drohe jeden Moment in die Fluten zu stürzen, doch die Villa steht hier schon seit 1893 und wird dies hoffentlich noch viele weitere Jahre tun. Ursprünglich in Auftrag gegeben vom Pariser Modedesigner Émile Poussineau, der sich hier regelmäßig zur Sommerfrische einfand, dient sie heute Veranstaltungen und Kulturevents. Von der Villa hat man einen herrlichen Blick auf Dinard und Saint-Malo.

Links: Dinards Plage de l'Écluse liegt direkt an der Promenade vor dem Casino. Feinsandig und flach zieht er sich hinab zum Meer – noch immer akzentuiert von den traditionellen blau-weißen Sonnenzelten.

Das gibt's heute noch

Hôtel Barrière *Noch ohne eigenes Badezimmer eröffnete Dinards erstes Hotel 1858 seine Pforten – zeitgleich mit der ersten Dampferlinie nach Saint-Malo. Bald erweitert und modernisiert, zog es Prominente aus aller Welt an – von Churchill über Picasso bis zu Kirk Douglas, nach dessen Lieblingscocktail das hoteleigene »Café 333« benannt ist.*
www.hotelsbarriere.com

Île de Bréhat

PALMEN IM ÄRMELKANAL

Fast mediterran wirkt das vom Golfstrom umspülte Inselchen vor der Küste von Paimpol. Auf seinen knapp 3,5 Quadratmetern überrascht es mit üppiger südländischer Fauna ebenso wie mit markanten Klippen.

»L'île des fleurs et des rochers roses« nennen die kaum 400 Einwohner von Bréhat stolz ihre Heimat. Denn tatsächlich wachsen im lieblichen Südteil des Eilands pflanzliche Exoten wie Mimosen, Kamelien, Agapanthus, Feigen und sogar Palmen. Zudem prägt der am Festland weit verbreitete roséfarbene Granit auch große Teile des insularen Landschaftsbildes. Enez Vriad, wie Bréhat auf Bretonisch heißt, ist eigentlich ein Zwilling, denn das Eiland setzt sich aus einer Nord- und einer Südinsel zusammen, die durch eine Brücke, den Pont Vauban, verbunden sind. Wer Nostalgie sucht, ist hier richtig: Denn auf der Île de Bréhat gibt es keine Autos; man geht zu Fuß oder nimmt das Fahrrad, um etwa die Gezeitenmühle Moulin à Marée du Birlot zu entdecken, die Renaissancekapelle oder den Pfauen-Leuchtturm. Da Bréhat das Herz und der Namensgeber eines weitläufigen Archipels ist, empfiehlt es sich zudem, ins Boot zu steigen, um vom Wasser aus den Reiz des Inselreiches zu erkunden.

LE BOURG

Aus rosa Granit gebaute Häuser und Platanen säumen den Dorfplatz von Le Bourg, dem einzigen Ort auf der Doppelinsel. Wie der Hafen Port-Clos mit seinen drei Quais und die Windmühle Crec'h Tarec liegt er im südlichen Bereich. In der Zitadelle am Rand von Le Bourg sind heute Glasbläser am Werk. Schon von Weitem ist die über rund 40 Stufen zu erreichende Kapelle Saint-Michel (1852) auf ihrem kleinen Felshügel zu sehen. Von hier bietet sich ein großartiger Blick über die gesamte Insel.

PLAGE DE GUERZIDO

Aufgrund ihrer stark zerklüfteten Küste gibt es auf der Île de Bréhat nur wenige Strände. Zu den beliebtesten zählt die weitgehend sandige Plage de Guerzido, von der bei hoher Flut nur noch die rosafarbenen Granitkiesel sichtbar sind.

> ***»Die Auster hat, wenn sie aus dem Meer kommt, einen fettigen, scharfen Geschmack, der sie in diesem Zustand ungeniessbar macht; sie bedarf vor ihrem Eintritt in die Welt einer dreimonatlichen Erziehung, ›travailler‹ nennt es der Austernwächter.«***
>
> *(Baedeker's Paris und Nordfrankreich, 1867)*

LEUCHTTÜRME

Gleich mehrere Seezeichen gehören zum Insel-Gebiet. Eines der schönsten ist der Phare du Paon (Pfauenturm). Um ihn rankt sich eine uralte Legende: Junge Frauen sollten hier einen Kiesel in die Bucht werfen; die Zahl der Hüpfer, die dieser vollführt, entspreche den Jahren bis zur Ehe.

Links: Wäre da nicht das typisch bretonische Bruchsteinhaus, könnte man angesichts der üppigen Vegetation meinen, man wäre irgendwo im tiefen Süden gelandet.

Souvenir, Souvenir

Bretonenshirt

Coco Chanel führte die bretonischen Streifen schon 1919 als Mode-Item in ihrem Stil marinière ein. Ursprünglich trugen vor allem Seeleute der französischen Marine die blau-weißen tricots rayés. Dank ihrer, so hieß es, ließen sich über Bord gegangene Matrosen rasch im Meer wiederfinden.

DIE FERIEN DES MONSIEUR HULOT

»Es ist keine heitere Komödie, sondern eine Komödie der Erinnerung, der Nostalgie, der Liebe und der guten Laune.« Mit diesen Worten verneigte sich ein zeitgenössischer Kritiker der »Sunday Times« vor dem Film »Die Ferien des Monsieur Hulot« aus dem Jahr 1953. In diesem verbringt der liebenswert-exzentrische Monsieur Hulot (gespielt von Jacques Tati, der hier auch Regie führte) seinen Urlaub in einem Strandhotel in der Bretagne. Während die anderen Feriengäste schwimmen, Tennis spielen oder Gesellschaftsabende veranstalten, sorgt Monsieur Hulot immer wieder für Aufsehen, da ihm ein unbeabsichtigtes Missgeschick nach dem anderen passiert. Tati (1907–1982) nimmt mit der von ihm entwickelten Figur des Monsieur Hulot eine eigenständige künstlerische Rolle in der Filmgeschichte ein. Denn geredet wird hier nicht viel. Vielmehr bedient sich Tati der Pantomime und des visuellen Humors und agiert gleichzeitig als unermüdlicher Zivilisationskritiker. Viele folgende Komiker wie Loriot oder Rowan Atkinson (»Mr. Bean«) nahmen das Filmwerk Tatis als Inspirationsquell für ihr eigenes Œuvre.

Bild: Eine Statue erinnert heute am Drehort in Saint-Marc-sur Mer an den Filmklassiker. Der Strand trägt inzwischen den Namen »La Plage de Monsieur Hulot«.

Perros-Guirec

SEEBAD MIT AUSBLICK

Im Herzen der Côte de Granit Rose auf einem hügeligen Kap mit chaotischem Felsenspiel gelegen, kann sich das kleine Penn-Roz, wie es auf Bretonisch heißt, dank seiner drei Strände seit mehr als einem Jahrhundert großer Beliebtheit als Badeort rühmen.

Als hätten Riesen übermütig mit ihnen gespielt und sie wie Bauklötzchen willkürlich aus ihren Händen fallen lassen, wirken die kreuz und quer aufgetürmten, von Wind und Wellen über die Jahrtausende bizarr geformten Felsen am Saum von Perros-Guirec. Schon die ersten Sommerfrischler erfreuten sich an ihrem Anblick; Gustave Eiffel etwa und seine Familie. Oder Maurice Denis, Gründungsmitglied der rebellischen Pariser Künstlergruppe Les Nabis. Er malte jedoch auch die Regatten und Prozessionen in dem kleinen Küstenort – und die Badenden an seinen Stränden: als nackte Nymphen oder in den für die Zeit typischen langbeinigen Badeanzügen, beäugt von Frauen in bretonischer Tracht. Mit ihrem feinen weißen Sand und dem Panoramablick auf die Sept Îles, die Sieben Inseln, zählen die Strände von Perros-Guirec zu den schönsten der Region Côtes-d'Armor: Trestraou vor allem und Trestrignel, der kleinere, windumtoste unterhalb der Pointe du Château.

ALTSTADT

Rund um die gedrungene Église St. Jacques, eines der wenigen erhaltenen Exemplare romanischer Architektur in der Bretagne, lässt sich die ursprüngliche Anlage des Ortes noch gut erkennen. Noch Ende des 19. Jahrhunderts drängten sich um das Gotteshaus kleine Wohnhäuser, heute haben in einigen der Gebäude hübsche Geschäfte ein neues Zuhause gefunden. Zwischen diesem Kern von Perros-Guirec und der Küste im Norden entstanden in der ersten Hälfte des 20. Jahrhunderts viele stilvolle Bädervillen und neue Siedlungen wie 1926 in der Rue Saint-Yves.

PLAGE DE TRESTRAOU

Ein breites Sandband, himmelblaues Wasser und zuweilen ideale Surfer-Wellen: Trestraou ist ein echter Bilderbuchstrand. Schon im 19. Jahrhundert erfreute er sich großer Beliebtheit als Malermotiv. 1886 ließ ein Pariser Hotelier eine erste Herberge errichten: das kleine Hôtel de la Plage. Bald genügte es der Flut der Sommergäste nicht mehr und so eröffnete 1914 das Grand Hôtel, in dessen Casino später Stars wie Edith Piaf gastierten. Inzwischen prägt edle Moderne den Stil hinter seiner historischen Fassade.
www.hotelsaint-guirec.com

Links: Hübsche bretonische Steinhäuser und dahinter gleich das Meer – in Perros-Guirec erwarten den Reisenden viele Aussichten wie diese.

Unten: Im Hotel aufgewacht, ein frisches Croissant verspeisen und am Stadtstrand von Perros-Guirec ein Morgenbad nehmen – das ist Frankreich-Urlaub par excellence.

KIRCHE ST. JACQUES

Aus dem für die Region typischen Rosengranit auf einer kleinen Anhöhe Ende des 11. Jahrhunderts als Kapelle für Pilger auf ihrem Weg nach Santiago de Compostela errichtet, erfuhr das Gotteshaus im Laufe der Zeit zahlreiche Erweiterungen. In seiner südlichen Vorhalle beeindruckt vor allem der einzigartige Krakenfries über den zehn romanischen Säulen-Kapitellen. Diese zeigen unter anderem der Kampf von König Arthur gegen den Drachen.

AUSFLUG ZU DEN SIEBEN INSELN

Sie heißen Rouzic, Malban, Bono, l'Île-aux-Moines, l'île Plate, Les Costans und Les Cerfs und beherbergen auf ihren zusammen rund 40 Hektar das größte Seevogelreservat Frankreichs. Zudem lebt auf und um den felsigen Archipel eine große Population von Kegelrobben. Besichtigen kann man das alles nur vom Boot aus; lediglich auf der l'Île-aux-Moines mit ihrem Leuchtturm, ihrer Vauban-Festung – und zahlreichen frei lebenden Hasen – ist das Anlanden möglich.

Zöllnerpfad Zwischen dem Mont-Saint-Michel und Saint-Nazaire lädt dieser fast 2 Kilometer lange Wanderweg zum Erkunden der bretonischen Küste ein. Seinen Namen verdankt der »Sentier des douaniers« den Zollbeamten, die schon zu Zeiten des Sonnenkönigs Ludwig XIV. auf diversen Pfaden in den fjordähnlichen Buchten mit Karsthöhlen und sich meterhoch türmenden Klippen im Einsatz waren, um das Binnenland vor Schmugglern, Plünderern und Zollbetrügern zu schützen. Auch in Perros-Guirec lockt ein schöner, kurzer Wanderabschnitt.

Unten: Schon um 1920 herrschte am beliebten Plage de Trestraou trubeliges Strandleben.

Souvenir, Souvenir

Fleur de Sel *Schon vor mehr als 1000 Jahren leiteten im Süden der Bretagne erste Salzbauern das Meerwasser zum Verdunsten durch ein System von Kanälen und Becken. Übrig blieben die Salzkristalle; grobe graue (gros sel marin) und blütenblätterfeine weiße (fleur de sel). Beide werden bis heute per Hand »geerntet«.*

Retro-Moment

Segelausflug auf der Sant C'hireg *In den 1920er-Jahren lebte das Hafenstädtchens Camaret hautpsächlich vom Langustenfang. Die dafür typischen, fast 25 Meter langen Boote trugen vier unterschiedlich große Segel. Heute lässt sich auf der Sant C'hireg, einem Nachbau dieser hölzernen Kutter, die bretonische Küstenwelt erleben.* **www.santguirec.com**

Heute so gut wie damals

Moules et Frites *Belgiens Nationalgericht erfreut sich auch in Nordfrankreich großer Beliebtheit. Zwar begleitet die »Muscheln bretonischer Art« – sie werden im Gemüse-Weißweinsud gekocht – in der Regel nur frisches Baguette. Aber frittierte Kartoffeln passen auch zu den Schalentieren von der bretonischen Küste.*

Das gibt's heute noch

Villa Ker Avel *Nomen est omen: Allen Winden ausgesetzt ist tatsächlich das 1903 von Gustave Eiffel für seinen Sohn Albert am nördlichsten Punkt der Bucht von Saint Guirec erbaute Domizil. Albert Eiffel selbst entwarf den Garten mit seinem Wegelabyrinth zwischen den Felsen.*

Ploumanac'h

PRETTY IN PINK

Ursprünglich ein reines Fischerdorf, zogen die umliegenden Strände und die eindrucksvolle Küstenlandschaft der felsenreichen Côte de Granit Rose schon im 19. Jahrhundert Prominente aus Kunst, Kultur und Wissenschaft an.

»Teich der Mönche« bedeutet das bretonische Poull Manac'h wortwörtlich. Und tatsächlich gleicht der Naturhafen des Örtchens fast einem See. Entstanden durch das Zusammentreffen des kleinen und große Traouïero und nur durch eine schmale Passage mit dem Ärmelkanal verbunden, zählt er zu den bestgeschützten Häfen an der bretonischen Küste. Der Legende nach ging hier im Mittelalter ein walisischer Mönch an Land, um den Menschen der Region den rechten Glauben zu bringen. Um die Jahrhundertwende kamen dann regelmäßig Künstler wie der Pariser Szenograph und Maler Henri Rivière, ein Freund Paul Signacs, sowie der in Ägypten geborene Syro-Libanese Georges Sabbagh nach Ploumanac'h. Und im Château de Costaérès schrieb der spätere polnische Literaturpreisträger Henryk Sienkiewicz seine berühmte Novelle »Quo Vadis« (1895). Wahrscheinlich bestaunten sie alle die in diesem Abschnitt der Côtes de Granit Rose besonders bizarren Gesteinsformationen.

SCHLOSS COSTAÉRÈS

Mathematiker, Ingenieur und Erfinder: Bruno Abakanowicz (1852–1900) war ein Multitalent. Um 1890 erwarb der gebürtige Litauer ein Inselchen zwischen Ploumanac'h und Trégastel, das einst zum Fischetrocknen diente, und ließ dort eine neogotische Villa errichten. Zu den illustren Gästen des «Château de Costaérès« zählten u.a. Colette, André Gide und besagter Literaturnobelpreisträger Henryk Adam Sienkiewicz. Heute kann das Schloss leider nur noch von außen bewundert werden.

ORATORIUM

Bei Ebbe lässt sich gefahrlos hinübergehen zu dem rosa Granitfelsen, den seit dem 12. Jahrhundert ein Oratorium zu Ehren des walisischen Mönchs Guirec ziert, der hier anlandete, um die Bretagne zu evangelisieren. Die Legende besagt, dass die Frauen der Seefahrer zur – einst hölzernen – Statue des Heiligen kamen, um für die Rückkehr ihrer Männer zu beten. Und junge Mädchen auf der Suche nach einem Verlobten ihm eine Nadel in die Nase stachen. Hielt das Metall der Flut stand, stand bald die Hochzeit an.

Links: Die markanten rosafarbenen Felsen gaben der Côte de Granit Rose einst ihren Namen.

Das gibt's heute noch

Castel Beau Site *Ihre ersten Gäste begrüßte die Strandherberge in den 1920er-Jahren – damals noch als schlichte Familienpension. Das blieb sie, mit zeitgeschichtlich bedingten Unterbrechungen, bis kurz nach der Jahrtausendwende. Damals verliebte sich Morgane Le Meur, Tochter des Radrennfahrers Jean-Claude Daunat, in das Ensemble und kaufte es. Inzwischen ist sein Dornröschenschlaf beendet und es erhielt sukzessive seinen alten Glanz zurück – sowie den neuen Namen Castel Beau Site.* ***www.castelbeausite.com***

Heute so gut wie damals

Baguette *Weder Napoleons Bäcker noch ein Wiener Kollege hoben die »Stange« erstmals aus dem Ofen. Vielmehr sollten durch ein »Brot, das man brechen kann«, die oft auch zum Kampf genutzten Proviantmesser von Bauarbeitern überflüssig gemacht werden. Zudem ließ sich das Baguette rascher backen als Hefeteig-Laibe.*

Trégastel

ZIMMER FÜR SCHWIMMER

Eindrucksvolle Menhire und Dolmen prägen den strandreichen Küstenort, dessen Badekultur bereits auf die 1870er-Jahre zurückgeht. Wie verzaubert wirkende, bewaldete Täler nähren hier ebenso die Fantasie wie die bizarren Felsformationen.

»Saphir und Koralle, blaues Meer, rosa Felsen: das ist Trégastel an sonnigen Sommertagen.« So schwärmte der bretonische Poet und Romancier Charles-Henri Le Goffic schon im 19. Jahrhundert über den kleinen Ort, den er seit Kindheitstagen kannte, später zu seinem Sommersitz erkor – und auf dessen Kirchhof er auch seine letzte Ruhestätte fand. Sicher hörte der Knabe schon früh die Legende vom Schatz des Traouïéro-Tals, wo sich das Granitchaos unter Moosteppichen und Farnen im Unterholz dichter Baumtunnel verbirgt. Vielleicht führten ihn seine Wege bald auch nicht nur in eine der abwechslungsreichen Buchten zum Baden, sondern ebenso zu der überdachten Dolmen-Allee von Kerguntuil oder der l'Île Renote. Denn schon ab 1872 begannen die Einheimischen Zimmer an die »Schwimmer« zu vermieten – mit Meerblick, versteht sich. Als 1928 dann der erste gedruckte Touristenführer des Ortes erschien, listete er immerhin elf Hotels (mit Restaurantbetrieb) auf.

STRANDPARADIES

Ein gutes halbes Dutzend Sand- und Kieselstrände liegen auf dem buchtenreichen Gebiet der kleinen Gemeinde. Sie tragen mitunter kuriose Namen wie Plage des Curés (Strand der Pfarrer) oder Plage Quo Vadis, Plage Ti Al Lia oder Plage Ty Nēouis. Der etwas abseits gelegene Plage de Toull Bihan ist bei Ebbe mit seinem breiten, geschützten Sandband ideal für Familien mit Kindern.

AQUARIUM

Eingebettet in eine natürliche Ansammlung mächtiger Granitfelsen lädt das Meerwassergehege zur Entdeckung der – in die drei Tiefenzonen des Ärmelkanals gegliederten – lokalen Unterwasserfauna ein. Animateure sorgen zusätzlich immer wieder für leuchtende Kinderaugen, wenn sie den kleinen Besuchern die Möglichkeit geben, Seesterne, Krebse oder andere Meeresbewohner der Region nicht nur anzuschauen, sondern auch sacht zu berühren.
www.aquarium-tregastel.com

»Ein Vorzug sind die angenehmen, meist roten Landweine, die vom Faß verzapft werden und in Frankreich in den Preis der Mahlzeit eingeschlossen sind.«

(Baedeker's Paris und Nordfrankreich, 1867)

Links: Das hübsche Trégastel pocht auf seine langjährige Tradition als Urlaubsort.

Heute so gut wie damals

Sonnencreme *Die erste Sonnencreme wurde bereits in den 1930er-Jahren vom L'Oréal-Gründer Eugène Schueller entwickelt. Die damals noch sehr teuren Hautprodukte wurden allerdings nur sehr sparsam verwendet und Sonnenbrände waren häufig. Erst im Laufe der Zeit wuchs das Wissen um die Risiken des exzessiven Sonnenbadens.*

Retro-Moment

Spaziergang durch das Traouïéro-Tal *Magische Felsen, hölzerne Brückchen, majestätische Eichen und anderes, sich wie ein Tunnel über schmale Wasserläufe wölbendes Pflanzengrün: Kein Wunder, dass sich die Einheimischen erzählen, ein von Zwergen geschützter Goldschatz liege in einer Höhle dieses vier Kilometer langen Tals des Kerougant.*

Roscoff

VERY BRITISH

Er gilt als der britischste der bretonischen Häfen. Der Handel mit Tuch, Holz, Salz und sogar Zwiebeln brachte ihm seinen Reichtum, von dem bis heute prächtige Reeder- und Kaufmannshäuser zeugen. Zudem begann in Roscoff die Geschichte der Thalassotherapie.

Im Mittelalter lediglich ein Außenhafen von Saint-Pol-de-Léon, begann die eigene maritime Geschichte von Roskogoz 1560 mit dem Bau des heutigen Vieux Port. Seine Finanzierung erfolgte durch Spenden sowie durch Liegegebühren für jedes in der Bucht ankernde Schiff und Steuern auf den Verkauf von Alkohol. Bereits in dieser Zeit entstanden auch die ersten der oft reich verzierten Wohnsitze wohlhabender Reeder und Händler sowie die Kirche Notre-Dame mit ihrem prächtigen Glockenturm. Die Entdeckung und Produktion von Jod ab 1811 aus den an der Küste reichlich vorhandenen Algen, die Eröffnung der Eisenbahnlinie Paris-Brest 1865 und die Idee des Arztes Louis Bagot, 1899 am Strandort Roc'h Kroum eine Praxis für Hydrotherapie gegen Rheuma zu eröffnen, sorgten für weitere Blütezeiten der auf einer Halbinsel am Ärmelkanal gelegenen Stadt. Als Wiege der Thalassotherapie und dank regelmäßiger Fährverbindungen nach England ist das traditionsreiche Roscoff ein beliebtes Sommerziel sowohl von Briten wie von Franzosen.

KIRCHE NOTRE-DAME

Ihr filigraner Glockenturm mit seinen sich verjüngenden, von fein gemeißelten Steinbalkonen und Granithauben geprägten Spitzenplattformen, stammt aus der Renaissancezeit (1575/1576) und gilt als der schönste clocher der Bretagne. Die Église Notre-Dame de Croas-Batz selbst wurde bereits 1520, dank der Initiative örtlicher Reeder, auf einem einstigen Dünenhügel errichtet. Ihr im gotischen Stil gehaltenes Ensemble umfasst auch zwei Beinhauskapellen sowie ein Grabdenkmal.

MAISON DE L'OIGNON

In einem typischen alten Bauernanwesen veranschaulicht das Musée des Johnnies et de L'Oignon de Roscoff die Geschichte der pinkfarbenen Zwiebeln, die ab dem 19. Jahrhundert die Einkünfte des Städtchens bereicherten. Zu Fuß und später mit Fahrrädern verließen es die Zwiebelhändler, um ihre Ware auf der britischen Seite des Ärmelkanals zu verkaufen. Noch 1929 wurden mehr als 1500 dieser »Johnnies«, wie man die Händler nannte, gezählt.

Ausflug zur Île de Batz Eine Viertelstunde etwa dauert die Überfahrt vom Alten Hafen Roscoffs zu dem ebenso reizvollen wie geschichtsträchtigen kleinen Eiland. An einem halben Tag lässt es sich zu Fuß umrunden; allerdings locken auch viele Strände, alte Kapitänshäuser, Reste einer antiken Nekropole und eines mittelalterlichen Klosters sowie das von imposanten Granitfelsen geprägte »Schlangenloch«. Einen Halt lohnen auch die Bucht von Pors Kernoc, der begehbare Leuchtturm und der reich bestückte Tropengarten Georges Delaselle.

Links: Zwiebeln, Zwiebeln, Zwiebeln – die rote, süßlich-scharfe Knolle ist allenorts in Roscoff anzutreffen.

Retro-Moment

Die Bigoudenhauben der Einheimischen bewundern *Als wichtiges Element der bretonischen Frauentracht hat die »coiffe« eine lange Geschichte. Je nach Zeit und Region zeigen sich die Hauben mal aus Leinen, später aus Spitze, mal fein über das Haar gebreitet, mal hoch aufragend. Bei Festen kann man den traditionellen Kopfschmuck noch heute bewundern.*

UDERZO
ELIX
KREUZFAHRT
EHAPA VERLAG
ND XXI
HENK
EXT: GOSCINNY
STUTTGART
A. UDERZO
GROSSER ASTE
Asterix
EGIO
Dargaud präsentiert: GROSSER ASTERIX-BAND I
DM 7,80
S 59,-
SFr. 7,80
DER
GROSSER ASTERIX-BAND XI
Asterix
RNERSCHILD
und der
ZEICHNUNGEN: UDERZO
DM 7,20
S 52,-
SFr. 7,20
Dargaud präsentiert: GROSSER
Die g
Über
ZEICHNUNGEN: UDERZO
Dargaud präsentiert: GROSSER ASTERIX-BAND XIII
Asterix
und der
Kupferkesse
ZEICHNUNGEN: UDERZO
TEXT: G
DM 7,20
S 52,-
delta
Dargau
GROS
Die Tra

DAS DORF VON ASTERIX

»Ganz Gallien ist von den Römern besetzt. Ganz Gallien? Nein! Ein von unbeugsamen Galliern bevölkertes Dorf hört nicht auf, dem Eindringling Widerstand zu leisten.« Mit diesen Worten beginnt jeder Asterix-Band. Aber wo liegt die namenlose Heimat der Unbesiegbaren? Aremorica hieß zu Zeiten des gallischen Krieges die Region; vom Keltischen are-mor, »vor dem Meer«. Sie entspricht in etwa der heutigen Bretagne und Normandie. »Rebellisch« nennt Julius Caesar in seinen Notaten ihre Bewohner. Denkt man da nicht gleich an die Malouins, die Bürger von St. Malo, die im 16. Jahrhundert eine eigene Republik ausriefen und sich auch in der Neuzeit mitunter weder als Franzosen noch als Bretonen verstehen? Anregung für Obelix' Hinkelsteine gab den »Asterix«-Vätern indes vielleicht die Dolmen-Reihe von Carnac. Die Austern, die der Dicke und sein kleiner Freund von ihrer »tour de france« mitbrachten, könnten aus Cancale stammen. Und die Mispeln, die Druide Miraculix unbedingt für seinen Zaubertrank brauchte, wachsen die nicht zuhauf im Wald von Brocéliande bei Paimpont?

Bild: Seit 1959 das erste Asterix-Heft erschien, ist die Comicserie – nicht nur in Frankreich – Kult.

Pont-Aven

KUNSTSTÜCK

Idyllisch schmiegt sich der kleine Ort an die Ufer des Aven-Flüsschens. Bis Paul Gauguin hier im 19. Jahrhundert eine Malerkolonie etablierte, sorgten Wassermühlen für das bescheidene Auskommen der Einheimischen. Mit den Künstlern kamen bald auch die ersten Touristen.

»Vierzehn Mühlen, fünfzehn Häuser« lautete einst ein Sprichwort über Pont-Aven. Aber ab 1860 sorgen Künstler für frischen Wind am Aven-Ufer. Und bald auch der Pariser Paul Gauguin (1848–1903). »Ich liebe die Bretagne«, schreibt er, »ich finde dort das Wilde, das Einfache.« Fünf Mal reiste er in die Region, mietete sich zwischen 1886 und 1894 für viele Wochen in Pont-Aven und im Weiler Pouldu ein, freundete sich an mit dort ebenfalls logierenden Malerkollegen. Als Begründer und Mitglieder der »Schule von Pont-Aven« schrieben sie gemeinsam Kunstgeschichte. So manches Pensionshaus aus dieser Zeit ist noch erhalten, in anderer Funktion zwar wie jenes von Marie-Jeanne Gloanec, oder als Hotel mit neuem Namen. Aber die Landschaftskulisse hat sich seitdem kaum verändert: der Liebeswald Bois de l'Amour, die Kapelle von Trémalo, die Waschplätze oder die vom Flusswasser rund geschliffenen Felsen. Sogar einige der Gezeitenmühlen stehen noch, ebenso wie das Herrenhaus Manoir de Kerangosquer.

MUSÉE DES BEAUX ARTS

Mehr als 1000 Werke umfasst die Sammlung des 1985 eröffneten Musée des Beaux Arts im historischen, um einen zeitgenössischen Anbau erweiterten Hôtel Julia, dem ehemaligen »Hauptquartier« der Pont-Aven-Künstler. Ihre Werke und die bretonische Malerei des 20. Jahrhunderts nehmen eine der beiden Museums-Etagen ein; die andere ist temporären Ausstellungen gewidmet. Für eine kleine Pause eignet sich bestens der von einem Werk des Symbolisten Charles Filiger inspirierte Innengarten des Museums.
www.museepontaven.fr

KAPELLE VON TRÉMALO

Oberhalb des Liebeswäldchens »Bois d'Amour« verbirgt sich hinter Eichen und Buchen die gotische Chapelle de Trémalo. Erbaut auf Wunsch von Guillaume du Plessis, diente das markante kleine Gotteshaus und sein Interieur immer wieder auch Künstlern als Motiv. Paul Gauguin hatte es vor allem die polychrome Holzskulptur des Christus' am Kreuz angetan; er malte sie u.a. 1889 unter dem Titel »Le Christ Jaune« (Der gelbe Christus) und als Hintergrund seines »Portrait de l'artiste au Christ jaune«, 1891.

Links: Bereits 1920 wurde die Bäckerei Traou Mad in Pont-Aven gegründet.

Unten: Historisches Reiseplakat um 1900

Schule von Pont-Aven Schon ab den 1860er-Jahren kamen die ersten Künstler nach Pont-Aven. In deutlicher Abgrenzung zu den Impressionisten begannen sie mit reinen Farben und klar abgegrenzten Flächen die Atmosphäre dort einzufangen: Dorfkaten, Fischerboote, Bäuerinnen in bretonischer Tracht. Sie bildeten das Gesehene, Erlebte jedoch nicht unmittelbar ab, sondern abstrahierten und formten es um. Bis 1896 wirkten fast 50 Maler in dem Mühlenort. Der bekannteste Vertreter der »Schule von Pont-Aven« war Paul Gauguin.

NIZON

Dolmen, historische Waschhäuser, die sogenannte Ecke der alten Eichen, Relikte des Schlosses Rustéphan: das heute zu Pont-Aven zählende pittoreske Dorf blickt zurück auf eine lange Geschichte. Noch heute besticht es durch seine denkmalgeschützte Kirche in Form eines lothringischen Kreuzes und den Kalvarienberg mit seinen geschnitzten Figuren. Die Pietà des Kreuzweges inspirierte Gauguin zu seinem Werk »Le Christ Vert« (Der Grüne Christus), welches noch vor »Le Christ Jaune« entstand.

Oben: »La belle Angèle« (1889) von Paul Gauguin ist eine Hommage an Angélique Marie Satre, eine der drei damaligen Gastwirte von Pont-Aven.

Rechts: Auch die Kirche von Nizon diente Paul Gauguin als Quell der Inspiration.

MUSÉE DU POULDU

Er war schon Herbst, als sich im Jahr 1889 Paul Gauguin, begleitet von den Malerkollegen Paul Sérusier und Meyer de Haan, einmietete in der »Buvette de la plage« in Le Pouldu. Bald kamen auch andere Künstler in die Herberge von Marie Henry – und bedeckten deren Wände, vor allem im Speisesaal, mit ihren Werken. 1989 wurde die Buvette originalgetreu nahe des einstigen Standorts als Museumshaus rekonstruiert – allerdings mit Bildkopien. Maries Sammlung indes ist in Museen der ganzen Welt verstreut.
maisonmuseegauguin.blogspot.com

Retro-Moment

Auf dem Sentier Cotier nach Port Manec`h wandern *Rundgewaschene Felsen, alte Gezeiten-Mühlen, grüne Haine und blonde Felder: Der Lauf des Aven zwischen dem Bois d'Amour und Port Manec'h bietet dem Auge reichlich Futter. Gut zwölf Kilometer folgt ein Wanderpfad den Windungen des Flüsschens bis zur Mündung in den Atlantik. Kurz davor lockt ein Badestrand.*

Heute so gut wie damals

Reiselektüre *Ein gutes Buch ist wie ein guter Freund, heißt es – am besten man genießt es ganz altmodisch in Papierform, das haptische Gefühl von sich umblätternden Seiten kann kein E-Reader ersetzen. Und was kann es Schöneres geben, wenn nach dem Urlaub noch ein wenig Meeressand aus den Seiten rieselt.*

Das gibt's heute noch

Pension Gloanec *Ihre Kochkunst bescherte Marie-Jeanne Gloanec rasch Zulauf in ihrem 1860 eröffneten Gasthaus (heute Kunstbuchhandlung). Meist kamen Künstler, getafelt wurde oft auch auf der Straße, bezahlt mit Bildern. 1891 eröffnete die Wirtin am Hauptplatz dann das Hôtel Gloanec, inzwischen heißt es Les Ajoncs d'Or.*

Halbinsel Quibéron

2000 STUNDEN SONNENSCHEIN

Literaten verhalfen ihr früh zu Ruhm, auch Filmemacher wählten das schmale, einstige Eiland zur Kulisse. Halb dem Meer, halb dem Festland zugewandt, erblühte die Halbinsel von Quibéron mit ihren zahlreichen Stränden ab dem 19. Jahrhundert rasch zu einer begehrten Bäderdestination.

Erst im Mittelalter sorgte die Natur dafür, dass Quibéron nicht mehr frei im Atlantik schwebte, sondern begann, sich mit der Küste zu verbinden. Mitte des 19. Jahrhunderts kamen dann die ersten Sommergäste auf die etwa 14 Kilometer lange Landzunge, darunter auch der Schriftsteller Gustave Flaubert. Er logierte 1847 im Hafen von Port-Maria in der Auberge Penthièviere, dem Vorläufer des gleichnamigen, 1880 eröffneten Hotels auf der Düne oberhalb des Grand Plage. Sein Kollege Alphonse Daudet weilte dort ebenso wie der spätere Literaturnobelpreisträger Anatole France. Mit der Einweihung der Eisenbahnlinie 1882 begann dann der touristische Aufschwung von Quibéron. Immer mehr Badehütten sah man nun am Großen Strand, ein Boulevard wurde angelegt – und auch die windstille Ostküste lockte immer mehr Gäste in ihre feinsandigen Buchten. Die Côte Sauvage indes, die wilde, zerklüftete, meerumtoste Küste im Westen, blieb und bleibt bis heute mutigen Spaziergängern vorbehalten.

QUIBÉRON

Fischerei spielte einst eine große Rolle für das Hafenstädtchen am südlichen Ende der Halbinsel. Doch es waren mesolithische Jäger und Sammler, die sich als Erste hier niederließen, wie Ausgrabungen an der Bucht von Port-Maria ergaben. Um 1900 etablierten Lyoner Seidenfabrikanten dann den Bädertourismus. Einige Villen dieser Zeit lassen sich noch heute am Boulevard Chanard entdecken. In den 1920er-Jahren erhielt Quibéron dann das Prädikat Luftkurort. Einer der berühmtesten Gäste war Romy Schneider.

STRÄNDE

Plage de Keryves, Plage de Keraude, Plage du Rohu, Plage du Castero, Plage du Conguel – in einem guten Dutzend reihen sich die Strände auf der windabgewandten Seite der Halbinsel entlang. Weißsandig oder von bizarren Felsplatten geprägt, laden sie zum entspannten Schwimmen und Sonnenbaden ein. Ganz im Süden öffnet sich die noble Grande Plage, an der im späten 19. Jahrhundert der örtliche Bädertourismus seinen Anfang nahm.

Ausflug nach Carnac Felsenaustern, Thalasso-Angebote, fünf feinkörnige Sandstrände: schon seit den 1920er-Jahren ist die Südküste der Bretagne bei Franzosen als Ferienziel beliebt. Neben Natur, Wellness und kulinarischem Genuss lockt auch eine beeindruckende Megalithen-Stätte. Mehr als 3000 Menhire versammeln sich in Carnac auf einer Fläche von vier Quadratkilometern zum wohl größten prähistorischen Steinfeld der Welt. Der Zug von Quibéron braucht ca. eine halbe Stunde nach Plouharnel-Carnac.

Links: Eine Badeort wie er im Buche steht ist das schöne Städtchen Quibéron auf der gleichnamigen Halbinsel.

Unten: Rund 3000 Menhire sind rund um Carnac zu bestaunen. Noch immer nicht genug Prähistorisches? In der nahen Umgebung kann man auch zahlreiche Dolmen (Grabkammern) besichtigen.

»Das Tragen von Flanell auf bloßem Leibe ist für alle, welche gegen Witterungswechsel empfindlich sind, der beste Schutz gegen Erkältungen. Der Plaid leistet vorzügliche Dienste, um die oft bedeutenden Unterschiede zwischen Sonnen- und Schattentemperatur auszugleichen.«

(Baedeker's Riviera und Südost-Frankreich, 1898)

Oben: Nicht nur Strände hat die Halbinsel zu bieten, sondern mit dem Château Turpault auch den Inbegriff eines Märchenschlosses.

CÔTE SAUVAGE

Ein stark zerklüftetes Felsband mit etlichen Durchbrüchen und Grotten, immer wieder unterbrochen von einzelnen kleinen Sandbuchten, die bei Ebbe trockenfallen: mit dieser abwechslungsreichen Gestalt beeindruckt die dem Atlantik zugewandte »wilde Küste« im Westen der Halbinsel Quibéron. Bei Sturm schlagen die Wellen hier, zwischen den Buchten Port Blanc und Port Bara, kräftig gegen die Klippen und laufen teilweise meterhoch die Felsen hinauf. So macht die Côte Sauvage ihrem Namen alle Ehre.

CHÂTEAU TURPAULT

Markant und im Licht der untergehenden Sonne fast ein wenig kitschig, steht »die Burg des Meeres« an der Pointe de Beg-er-Lann im Südosten der Côte Sauvage. Im Auftrag des Spinnereibesitzers Georges Turpolt zwischen 1904 und 1910 an der Stelle eines alten Herrenhauses erbaut, bietet das private, inzwischen restaurierte Anwesen im anglo-mittelalterlichen Stil ein großartiges Fotomotiv.

Heute so gut wie damals

Kouign amann *Ob ein Irrtum oder fehlende Zutaten dem typisch bretonischen »gateau au beurre« um 1860 auf die Welt verhalfen, ist noch immer ungeklärt. Inzwischen freilich findet sich der karamellisierte Butterkuchen bei vielen Bäckern und Konditoren in der Bucht von Quibéron.*

Souvenir, Souvenir

Niniches *Ihr Erfinder nannte sie ursprünglich »caramollets«, denn die dünnen, zylinderförmigen Lutscher aus seiner Confisérie La Maison d'Armorine, waren aus süßem, weichem (frz. molle) Karamell. Ihre modernen Niniches-Nachfolger gibt es in 20 Karamell-Varianten und mit mehr als 30 Aromen. Auf Quibéron sind sie (fast) überall zu erwerben.*

Retro-Moment

Eine Fahrt mit dem Inselzug *Er gehört zum Sommer wie das Bad im Meer: Der nostalgische weiße Petit Train bringt seine Passagiere auf seiner knapp einstündigen Fahrt über die Halbinsel unter anderem auch an den Küstensaum – zur Bucht von Quibéron und zur Côte Sauvage – und ermöglicht den Blick auf die vorgelagerten Inselchen.*
www.petittrain-morbihan.com

Belle-Île-en-Mer

DIE SCHÖNE IM MEER

»Enez ar Gerveur« heißt sie auf Bretonisch, Insel der großen Festung. Und zwei Gesichter, sagt man, habe die »Schöne im Meer«. Vor allem ihr wildes im Südwesten beeindruckte schon früh Künstler wie Henri Matisse und Claude Monet.

Fast 60 Strände, felsig oder mit feinem Sand, sacht beleckt von türkisfarbenen Wellen oder kräftig umtost von weißer Gischt. Hohe, zerklüftete Klippen, die steil in den Ozean abfallen, und weites Gräsergrün: Die schon von dem griechischen Geografen und Wissenschaftler Ptolemäus unter dem Namen Vindilis erstmals erwähnte Insel ist nach Korsika und Oléron Frankreichs drittgrößtes Eiland in Europa. 20 Kilometer lang und rund neun Kilometer breit, beindruckt die Belle-Île durch ihre natürliche Schönheit, die sich – je nach Gezeiten – in immer wieder überraschendem Wandel zeigt. Ihre wechselnden Landschaftsbilder und pastellfarbenen Hafenhäuschen hielten schon die Impressionisten auf ihren Leinwänden fest. Und auch Schauspielerin Sarah Bernhardt erlag dem mal wilden, mal ruhigen Zauber der Insel. In ihrer Sommerresidenz an der Pointe des Poulains empfing die Pariser Schauspielerin jahrzehntelang Künstler und Prominente.

LE PALAIS

Vaubans Zitadelle am Hafen der »Metropole« von Belle-Île fällt sofort ins Auge; sie beherbergt heute das Inselmuseum und steht regelmäßig im Dienst von Kunst und Musik. Doch die Stadt erwuchs nicht erst im 17. Jahrhundert, sondern in Folge eines bereits von König Charles IX. dort gewünschten Forts. Diesem befestigten »Palast« des 16. Jahrhunderts verdankt Le Palais seinen Namen. Schon früh öffnete sich der Ort dem Tourismus; Mittelpunkt der kleinen Altstadt mit den farbenfrohen Häusern ist die Kirche St. Géran.

SAUZON

Ein kleines Fischerboot, ein hölzerner Segelkutter und die zart getönten Fassaden der zwei- bis dreistöckigen Häuser am Quai: Be-

»Der Atlantik ist wunderbar, aber da er so anders ist als der Ärmelkanal, muss ich mich mit dieser Natur vertraut machen … Ich werde einige Zeit brauchen, um zu wissen, wie ich mich dem Ganzen nähern soll.«

(Claude Monet, 1886)

geistert hielt schon der Impressionist Émile Dezaunay die Atmosphäre des malerischen, gut einen Kilometer ins Landesinnere reichenden Naturhafens im Nordwesten der Insel auf seiner Leinwand fest. Noch heute sieht man in Sauzon tagsüber Fischer, die ihre Netze flicken; an Sommerabenden indes pulsiert das Leben an der Mole dank zahlreicher Lokale.

Links: Gegen Abend trifft man sich auf der Terrasse des Hôtel du Phare in Sauzon.

Unten: Sandstrände prägen den Nordosten der Insel.

Rechts: Wild bricht sich der Atlantik an den Felsnadeln der Aiguilles de Port-Coton an der Westküste der Insel.

Unten: Ganze 74 Tage verweilte Claude Monet im Jahr 1886 auf Belle-Île-en-Mer und malte insgesamt 39 Bilder. »Das Meer ist unglaublich schön und voller fantastischer Felsen«, schwärmte er.

AIGUILLES DE PORT-COTON

Monet malte sie gleich mehrfach; er logierte im nahen Kervilahouen. Und selbst der australische Impressionist John Peter Russell war fasziniert von den bizarren, oft von der Gischt wie von Baumwoll-Flocken (frz. coton) umpeitschten Felsnadeln im Meer. Bis heute zählen sie zu den bedeutendsten landschaftlichen Attraktionen des Morbihan. Und regen kräftig die Fantasie ihrer Betrachter an: einen jaulenden Hund wollen die einen in den Aguilles erkennen, andere eine Sphinx oder gar ein brütendes Huhn.

POINTE DES POULAINS

Kein Wunder, dass sich die Schauspielerin Sarah Bernhardt in das von Klippen und Felsnadeln umgebene, mitunter von den Elementen kräftig heimgesuchte Kap im Nordosten der Belle-Île verliebte: Zwei Strände mit kristallklarem, türkisfarbenem Wasser entstanden hier über die Zeiten und bei gutem Wetter sieht man bis nach Lorient und über fast die gesamte Bucht von Quibéron. 1894 erwarb die Pariser Bühnenkünstlerin das dortige Fort und ließ es umbauen zu ihrem Sommerdomizil.

Heute so gut wie damals

Bei »Chez Renée« Crêpes essen *Ein Bretagne-Urlaub ohne Crêpes oder Galette? Auch auf Belle-Île gehören die süß oder salzig belegten Fladen aus Buchweizenmehl unbedingt zu den kulinarischen Genüssen. Und im romantischen schattigen Garten von Madame Renée in Bangor, im Herzen der Insel, schmecken sie besonders gut.*

Das gibt's heute noch

Grand Phare *Mit seiner Reichweite von mehr als 27 Meilen zählt der gut 50 Meter hohe Granitturm in der Gemeinde Bangor bis heute zu den leistungsstärksten Leuchtfeuern Europas. 1835 eingeweiht, reckt sich seine Silhouette rund 90 Meter über den Meeresspiegel. 247 Stufen führen an die Spitze, von der man eine einmalige Aussicht hat.*

Souvenir, Souvenir

Schwarzbienen-Honig *Er schmeckt nach den wilden Blumen der Insel, trägt Namen wie Cœur au Soleil (Herz in der Sonne) oder Vert au Paradis (Grün im Paradies) und stammt tatsächlich von Schwarzbienen, einer besonderen Spezies mit dunklen Flügeln und dunklem Panzer, die seit Langem auf der der Belle-Île heimisch ist.*

Vitré

ZU BESUCH BEI MADAME DE SÉVIGNÉ

Tor zu Bretagne und mittelalterliche Tuchhändler-Metropole: Bis heute zeigt sich, wie sehr seine geographische Lage und seine frühe wirtschaftliche Blüte das Städtchen am Ufer der Vilaine prägten. Auch eine große historische Autorin, Madame de Sévigné, trug bei zu Vitrés Ruhm.

Weithin sichtbar kündet das befestigte, auf einem Felshang über dem Flusstal ruhende Schloss von Macht und Reichtum jener, die sich hier über die Jahrhunderte niederließen. Heute erinnern nicht nur die eindrucksvolle Architektur der ehemaligen Verteidigungsanlage, sondern auch ihr Innenleben an die historischen Blütezeiten von Vitré – denn das Château-Ensemble birgt inzwischen u.a. das Stadtmuseum. In den schmalen Altstadtgassen zu seinen Füßen lassen sich noch noble Steinpalais mit kunstvoll gearbeiteten Portalen sowie Fachwerkhäuser mit farbenfrohen Ähren- und Streifendekors bestaunen. Und an der gotischen Kirche Notre-Dame verblüfft sicher viele die Außenkanzel. Nur wenige Kilometer südlich von Vitré, in Argentré-du-Plessis, erhebt sich das Château des Rochers-Sevigné, welches einst die für ihr briefliches Gesellschaftsbild zu Zeiten von Louis XIV. berühmte Schriftstellerin Marquise de Sévigné bewohnte. Die barocken Gärten des Familiendomizils entstanden nach Plänen von André Le Nôtre.

ALTSTADT

Zu Füßen der mittelalterlichen Burg ziehen sich, zwischen Talstraße und neugotischem Bahnhofspalast, die Gassen der Altstadt entlang. Mit Kopfstein gepflastert und weitgehend von Fachwerkbauten gesäumt, leiten sie den Flaneur unter anderem zur großartigen, 1060 von Robert I., Seigneur von Vitré, gegründeten Kollegialkirche Notre-Dame. Das Gotteshaus ist ein prächtiges Zeugnis sakraler gotischer Architektur inmitten profaner Lebendigkeit in Gestalt kleiner Läden und Bistros.

CHÂTEAU

Ihre Dreiecksform erhielt die mittelalterliche Burg im 13. Jahrhundert; Ab 1875 restauriert, birgt der eindrucksvolle, auf einem Schiefervorsprung thronende Wehr- und Wohnbau seither ein reich bestücktes Museum. Der Saint-Laurent-Turm etwa beherbergt Skulpturen aus dem Mittelalter und der Renaissance sowie Dokumente über die Geschichte der Stadt und des Schlosses. Im Argenterie-Turm gibt u.a. das Kuriositätenkabinett aus dem 19. Jahrhundert Anlass zum Staunen.

»*Wäre ich nicht König von Frankreich, wäre ich gern Bürger von Vitré.*«

(Heinrich IV.)

AUSFLUG NACH CHAMPEAUX

Die zum See aufgestaute Cantache, der Menhir La Haute Pierre und das Schloss Espinay: sie alle umgeben den charmanten 500-Seelenort, der vor allem bekannt ist für sein Gotteshaus. Die ehemalige Stiftskirche St.-Marie-Madeleine aus dem 15. Jahrhundert präsentiert herrliche Bleiglasfenster sowie ein Chorgestühl aus der Renaissancezeit.

Links: Vitré mit seinem mittelalterlichen Schloss bezaubert mit vielen engen Altstadtgassen und schön renovierten Fachwerkhäusern.

Heute so gut wie damals

La Roulade Sévigné *Benannt nach der berühmten Brief-roman-Autorin des 17. Jahrhunderts, die nach der Hochzeit ihren Landsitz nahe Vitré wählte, handelt es sich bei der Köstlichkeit um ein entbeintes, mit Nüssen, Äpfeln und Pilzen gefülltes Perlhuhn. In Scheiben geschnitten wird es als Rosette mit gekochten Apfelringen serviert.*

Stuttgart, Hauptbahnhof

MIT SONNIGEN GRÜSSEN!

Im 19. Jahrhundert kam sie in die Welt. Zunächst noch recht nüchtern von Gestalt, eher einem Formular ähnelnd als einem fröhlichen Bildergruß. Doch schon 1840, als in England die Briefmarke aufkam, wurde dort auch eine per Hand gemalte Grußkarte verschickt. Auch in Deutschland und Österreich-Ungarn überbrachten bald »offene Karten« Einladungen und andere Botschaften. Zur Pariser Weltausstellung 1889 gingen dann bereits 300 000 Postkarten mit einer Gravur des Eiffelturms in den Verkauf. Und nur zwei Jahre später hatte Dominique Piazza, ein Marseiller Geschäftsmann, Kulturmäzen und Fotografie-Liebhaber die Idee, seinem in Argentinien exilierten Jugendfreund die gewünschten Lichtbilder seiner Heimatstadt nicht in Form einer teuren Drucke-Lieferung zu schicken, sondern die Fotos auf die Vorderseite von Postkarten aufbringen zu lassen. Wie es weiterging mit dem Carton Voyager, dem grußbepackten »Reisekarton«, erhellt in der Bretagne das Postkartenmuseum in Baud *(www.lecartonvoyageur.fr)*.

Bild: Rund 120 000 Postkarten kann man im Postkartenmuseum in Baud bestaunen. Der Fokus liegt auf den Jahren 1900 bis 1920.

Nantes

OH LÀ LÀ

Kontrast- und facettenreich bezaubert die alte Hauptstadt der Bretagne durch historische Noblesse und reichlich Grün. Jugendstil- und Art-déco-Flair prägen die schon 1213 zur herzoglichen Metropole ernannte Siedlung an den meernahen Ufern der Loire ebenso wie ein festungsartiges Schloss.

Sehen und Schmecken haben in der prächtigen, bis heute vom Wasser geprägten mittelalterlichen Handelshochburg eine lange Tradition. So trugen nicht nur leckere Kekse und ausgewöhnlich geformte Bonbons ihren Ruf schon früh weit über die Grenzen hinaus. Auch Architektur und Kunst blühten in der Herzogsstadt in vielerlei Varianten. Auf einem von einer grünen Linie markierten Parcous lässt sich das Gros dieser baulichen Schätze entdecken Das Château des Ducs liegt ebenso auf ihm wie die Kathedrale und das Museum der Schönen Künste, die noble Einkaufspassage Pommeray und die Relikte der Lefèvre-Utile-Fabrik. Nantaiser Künstler und Kunsthandwerker des Jugendstils sorgten zudem für die Ausstattung der berühmten Brasserie La Cigale – und Le Corbusiers Nantaiser Variante der Cité Radieuse schlägt die Brücke zur Moderne. In technischer Hinsicht begann diese in der Stadt bereits 1903 mit dem Bau einer Schwebefähre; heute faszinieren den Flaneur mechanische Riesenstahltiere wie der Grand Éléphant.

BRASSERIE LA CIGALE

Vertreter aller sozialen Schichten und politischen Meinungen frequentierten das opulente, am 1. April 1895 eröffneten Reich der fidelen »Grille«. Bis heute zeigt es sich als prächtiger Ausburd des Jugendstils, mit Ornamenten aller Art, geschnitzten Decken und Säulen, den blautönigen Fliesenbildern und -Friesen des Nantaiser Architekten und Keramikers Emile Libaudiére. Spiegel mehren noch die reichen Verzierungen, Buntglasfenster sorgen für feenhaftes Licht.
www.lacigale.com

»Nantes ist eine schöne Stadt moderner Bauart. Die vielen Brücken, welche über die verschiedenen Flussarme führen, geben ihr einen eigenthümlichen Charakter.«

(Baedeker's Paris und Nordfrankreich, 1867)

PASSAGE POMMERAY

Sie ist der prächtige, 1843 Stein gewordene Traum eines jungen Notars, der all sein Vermögen in den Bau dieser bis heute florierenden Shopping-Mall steckte. Louis Pommeray wollte mit ihr ein verrufenes Viertel aufwerten – was ihm auch gelang. Zwei Nantaiser Architekten schufen für ihn nach Pariser Vorbild die dreigeschossige, figurengeschmückte, gut 140 Meter lange Galerie, deren Herz einem großen Treppenhaus gleich die fast zehn Meter Gefälle ihres sandigen und felsigen Hanggrundstücks überwindet. *www.passagepommeraye.fr*

Großes Bild: Kein Lokal wie jedes andere – wer Nantes besucht, sollte unbedingt in der wunderschönen Brasserie »La Cigale« einkehren.

Links: In der Passage Pommeraye von 1843 lässt es sich shoppen wie anno dazumal. Jugendstil-Elemente finden sich auf Schritt und Tritt.

Rechts: Imposant erhebt sich das Château des Ducs in Nantes am Ufer der Erdre.

Unten: Kein geringerer als der tschechische Jugendstilkünstler Alfons Mucha gestaltete 1896 dieses Werbeplakat für die Lefèvre-Utile-Kekse.

Schwebefähre Mehr als ein halbes Jahrhundert erlaubte die von Ferdinand Joseph Arnodin konzipierte Fährbrücke die Überquerung des Loire-Nebenarms Bras de la Madeleine. 1903 eingeweiht, verband der rund 130 Meter lange »pont transbordeur« bis zu seinem Abriss 1958 den Quai de la Fosse mit der Prairie au Duc. Die Fundamente der stählernen Aufbauten sind bis heute noch an beiden Ufern zu sehen. Und an der Pont Anne-de-Bretagne, die heute den Platz der Schwebefähre einnimmt, ist eine Erinnerungstafel angebracht.

TOUR VON LEFÈVRE-UTILE

Einst waren sie zu zweit, die markanten Art-déco-Türme der von Louis Lefèvre-Utile Ende des 19. Jahrhunderts gegründeten Keksfabrik. »Tours LU« nannten sie die Einheimischen bald. Heute steht die Abkürzung für »lieu unique« (einzigartiger Ort). Denn der rekonstruierte Teil der einstigen »süßen« Keks-Produktionsstätte am Canal Saint-Félix wird heute vielfältig kulturell genutzt. Der Bogen spannt sich von Theater, Tanz, Skulptur, Zirkus und Literatur bis hin zur Kunst des Kulinarischen.

SCHLOSS DER HERZÖGE

Im mittelalterlichen Herzen der Stadt erhebt sich seit Ende des 15. Jahrhunderts diese im Auftrag von Herzog François II. und seiner Tochter Anne de Bretagne erbaute Residenz. Der emblematische Wohnpalast mit raffinierten Fassaden und Loggien im Renaissancestil diente später unter anderem den französischen Königen als bretonischer Landsitz. Inzwischen präsentiert das Château des Ducs in 32 Sälen die facettenreichen Sammlungen des Historischen Museums von Nantes.

www.chateaunantes.fr

Retro-Moment

Wieder zum Kind werden mit den Machines de l'Île de Nantes *See-ungeheuer, eine Riesen-Spinne, ein gigantischer Elefant, der mehr als 30 Meter hohe Baum der Reiher: auf dem ehemaligen Werftgelände von Nantes entführen kunstvolle mechanische Kreaturen Groß und Klein in eine phantastische Erfinder-Welt à la Jules Verne oder Leonardo da Vinci.* ***www.lesmachines-nantes.fr***

Souvenir, Souvenir

Berlingots *Schon im 19. Jahrhundert lutschten kleine und große Nantaiser die eckigen Bonbons, deren Ursprung den reichen Zuckerlieferungen durch Schiffe aus Westindien zu verdanken ist. Inzwischen leuchten die süßen Tetraeder kunterbunt und schmecken nach Orange, Zitrone, Cassis, Erdbeere oder Anis. Mmmh …*

Das gibt's heute noch

Jardin des Plantes *Bereits zu Zeiten von König Ludwig XIV. für die Apotheker der Stadt angelegt und dank der Nantaiser Seefahrer mit exotischen Gewächsen bestückt, bezaubert der Botanische Garten heute auf einer Fläche von rund sieben Hektar mit Springbrunnen, Wasserfällen, Brückchen – und mehr als 10 000 Pflanzenarten.* ***jardins.nantes.fr***

ALSACE
LA CURE GOURMANDE
BISCUITS
Fourrés coco
BISCUITS
Fourrés au Citron
BISCUITS Fourrés coco
BISCUITS Fourrés au Citron
BOITE VIDE 6€
OFFERTE SI GARNIE DE
900G DE BISCUITS
4,50 €

ZENTRALFRANKREICH

Kunst, Wein, ein reiches Industrie-Erbe und eine Welthauptstadt der Gastronomie: Frankreichs Mitte ist zugleich Herz und Bauch des Hexagons. Städte wie Lyon, Dijon, Strasbourg und Nancy spiegeln bis heute eine hochherrschaftliche Macht und Pracht wider, erinnern an handwerkliche Blütezeiten und uraltes Brauchtum. Sie wetteifern in ihrem Charme mit alpiner Landschaft wie rund um den Genfersee, mit mittelalterlichen Dörfern und reizenden historischen Thermalkurorten, mit den eindrucksvollen Reb-Panoramen von Elsass und Burgund. Schlösser, Burgen, prächtige Herrenhäuser und Bauernkaten an Flussläufen oder Hügelflanken bezauberten schon das Auge von Malern wie Vincent van Gogh. Und mit dem von Kanälen durchzogenen Städtchen Annecy präsentiert Zentralfrankreich sogar eine Art kleines Venedig. Und dann wäre da natürlich noch Paris, die großartige Stadt der Liebe.

Bild: Zentralfrankreich hat viele Leckereien zu bieten, Süßmäuler können sicher nicht an den traditionellen »biscuits« aus dem Elsass vorübergehen.

Auvers-sur-Oise

WIE GEMALT

Ursprünglich geprägt von Weinbergen und Gemüsegärten, entwickelte sich die mittelalterliche Ufersiedlung vor den Toren von Paris ab Mitte des 19. Jahrhunderts zum Mekka der Impressionisten. Vor allem aber der schöpferisch fruchtbare Aufenthalt Vincent van Goghs machte Auvers-sur-Oise weltberühmt.

Charles-François Daubigny war wohl der Wegbereiter. Er ließ sich einen Atelierkahn bauen, um vom Fluss aus zu malen, und erwarb bald drei Häuser im Ort. Bald aber brachte die neue Eisenbahnverbindung immer mehr Pariser Künstler nach Auvers-sur-Oise, die dort ihre Impressionen auf Leinwand bannten. Daubignys Freund Camille Corot kam regelmäßig, er malte etwa den Raureif (La gelée blanche) am Flussufer. Auch Berthe Morisot, Pisarro und Cézanne, die beide mit dem im Ort wohnenden, kunstbegeisterten Arzt Paul-Ferdinand Gachet befreundet waren, hielten bei ihren Besuchen die Landschaft oder Details davon mit Pinsel und Farbe fest. Vincent van Gogh (1853–1890), den sein Bruder Theo als Patient zu Dr. Gachet gebracht hatte, malte in den 70 Tagen seines Aufenthaltes in Auvers-sur-Oise gut ebenso viele Bilder. Im Schloss erinnert heute eine Ausstellung an die Impressionisten und ihre künstlerischen Nachfolger; beide Van-Gogh-Brüder sind auf dem Ortsfriedhof begraben.

KIRCHE NOTRE-DAME

Vor allem seine prägnante äußere Gestalt machte das mittelalterliche Gotteshaus weltberühmt. Denn kein Geringerer als Vincent van Gogh malte in mehreren Varianten die eindrucksvolle Frontansicht der Notre-Dame-de-l'Assomption. Schon Ende des 11. Jahrhunderts gegründet, wurde die Kirche im 12. Jahrhundert auf Betreiben von Adelaide von Savoyen wiedererbaut. Im Osten dominieren der hohe Glockenturm und die elegante gotische Apsis. Die Westfassade mit dem Hauptportal von 1225 prägt eine große, 1876 vollständig erneuerte Rosette.

CHÂTEAU D'AUVERS

Im Auftrag eines italienischen Bankiers aus dem Hofstaat von Marie de Medici 1635 erbaut, bietet das Schloss mit seinen prachtvollen Gärten im italienischen, französischen und englischen Stil prächtige An- wie Ausblicke. 1890 inspiriert es van Gogh zu seinem Gemälde »Château d'Auvers bei Sonnenuntergang«. Inzwischen birgt das noble Anwesen einen modernen, szenographischen Kunstparcours zum Thema Impressionismus und dessen Einfluss auf spätere Kunstrichtungen. Zudem dient es vielfältigen Kultur-Events. *www.chateau-auvers.fr*

MUSÉE ABSINTHE

Historische Flaschen-Etiketten, Werbe-Postkarten und -Plakate in wunderbarer Jugendstilmanier, spezielle, kunstvoll ausgestanzte Löffel für das Zuckerritual: das Musée de l'Absinthe vermittelt anschaulich die Bedeutung der »grünen Fee« im gesellschaftlichen und kulturellen Leben des 19. Jahrhunderts. Ursprünglich als Heilmittel hergestellt, avancierte die Spirituose auf der Basis von Wermutkraut in den Cafés der Belle Époque vor allem bei Künstlern und Dichtern zum Lieblingsgetränk. *www.musee-absinthe.com*

Links: In Auvers-sur-Oise verbrachte Vincent van Gogh nicht nur seine letzten Lebensmonate, auch starb er hier und ist auf dem hiesigen Friedhof beerdigt. Das Spätwerk van Goghs zeigt daher viele Ansichten des kleinen Ortes.

Das gibt's heute noch

Auberge Ravoux *Als einziges der insgesamt 37 Domizile van Goghs im Original erhalten, war die Auberge dem Künstler nicht nur 70 Tage Lebens- und Schaffensmittelpunkt, sondern hier, im Zimmerchen Nr. 5, hauchte er am 29. Juli 1890 auch sein Leben aus.*
www.maisondevangogh.fr

IM WALD VON FONTAINEBLEAU

Bereits ab dem Mittelalter königliches Jagdrevier, wurde das weite, neben dichtem Baumbestand auch Heidelandschaften sowie Feucht- und Felsgebiete umfassende Naturareal in der Nähe von Paris ab Mitte des 19. Jahrhunderts von den ersten »Touristen« entdeckt. Künstler der französischen Romantik begannen das Refugium zu bevölkern, das – obwohl zum großen Teil künstlich geschaffen – den Charme einer urwüchsigen Naturlandschaft bis heute behalten hat. Insbesondere die Schule von Barbizon, eine Gruppe französischer Landschaftsmaler, machte das Refugium berühmt. Einquartiert im kleinen Dorf Barbizon, beeinflusste die Malerkolonie die Landschaftsmalerei in ganz Europa, vor allem den Impressionismus. Als schließlich ab 1849 auch die Eisenbahn von Paris nach Fontainebleau führte, wurde das Waldgebiet zu einem beliebten Ausflugsziel für erholungsbedürftige Großstädter. Auch Karl Baedeker nahm das Naturareal in seinem »Handbuch für Reisende« auf. 1867 schrieb er im Band »Paris und Nordfrankreich«: »Häufig begegnet man ganzen Rudeln von Hirschen und Rehen. Fasanen sind gleichfalls sehr zahlreich.« Heute ist der Wald Teil des gut 150 000 Hektar großen UNESCO-Biosphärenreservats Fontainebleau und Gâtinais.

Bild: Die Maler von Barbizon fanden im Wald von Fontainebleau viele reizvolle Motive(Lithographie von 1867).

Paris

WOHNZIMMER FÜR FLANEURE

Stadt der Liebe, der Lichter, der Kunst, der Mode: Kaum eine andere Metropole wurde häufiger besungen, bedichtet, beschrieben, diente öfter als Filmkulisse als jene an den Ufern der Seine. Paris bezaubert mit einem facettenreichen Charme, der Tradition und Moderne, Architektur und Natur auf nonchalante Weise vereint.

Ob bei einem Pastis, Wein oder Champagner in einem Straßencafé im quirligen Quartier Latin, bei einer Schifffahrt auf der Seine, bei einem Bummel im Jardin du Luxembourg oder oben auf dem Montmartre, dem Künstler- und Aussichtshügel – dem besonderen Flair von Paris kann man sich kaum entziehen. Aus der Keimzelle erster Besiedlung auf der Île de la Cité hat sich zwar längst ein riesiges Stadtgebilde entwickelt, doch fast überall lassen sich inmitten des Häusermeeres, nur wenige Schritte entfernt von belebten Boulevards und beliebten Sehenswürdigkeiten, stille Oasen entdecken. Und die meisten Viertel lassen sich immer noch gut zu Fuß erkunden – oder inzwischen auch bestens mit dem Fahrrad. Außerdem gibt es noch die historische Métro, von der es heißt, kein Punkt in Paris liege weiter als 500 Meter von einer ihrer Stationen entfernt.

MONTMARTRE

Der einst dörfliche »Hügel des Mars« mit seinen Weinbergen und Windmühlen zog bereits im 19. Jahrhundert, lange vor der Fertigstellung der imposanten Sacré-Cœur-Basilika, eine Vielzahl von Künstlern an; van Gogh etwa, Modigliani oder Picasso. Das höchste Viertel der Stadt entwickelte sich rasch zu einem wichtigen Zentrum der Malerei und zum Symbol des Bohème-Lebens. Ein Hauch davon ist noch heute zu spüren. Und wem der Trubel zu viel ist, spaziert zum Musée de Montmartre mit seinem Renoir-Garten.

TOUR EIFFEL

Als Gustave Eiffel im Jahr 1889 an der Spitze seiner »Eisernen Dame« die französische Flagge hisste, war sein Werk mit rund 300 Metern der höchste Turm der Welt – und die größte Attraktion der Weltausstellung anlässlich der 100-Jahr-Feier der Französischen Revolution. Viele Pariser fanden die prägnante Stahl-Konstruktion damals aber »nutzlos und monströs«. Doch schon 1909 nutzte man den Turm als Relais für Telegrafie und Funkverkehr; 1921 ging von ihm die erste Radiosendung Frankreichs in den Äther. Heute ist der Eiffelturm das Wahrzeichen der Stadt und nicht mehr aus Paris wegzudenken.

»Der Pariser trinkt seinen Nachmittags-Kaffee selten anders als schwarz und mit Cognac und findet es gar nicht auffallend, den übrig gebliebenen Zucker einzustecken.«

(Baedeker's Handbuch für Schnellreisende)

Links: Wie in einer anderen Welt fühlt man sich, wenn man die Stufen zur Sacré-Cœur erklommen hat.

Unten: Versprüht nostalgischen Charme – der Eiffelturm.

Métro Eisenbahngesellschaften und Stadtverwaltung befassten sich schon ab 1845 mit der Idee eines Schienenverkehrs für Paris. Aber erst angesichts der Weltausstellung zur Jahrhundertwende wird das Projekt realisiert: Im Juli 1900 verbinden die ersten Züge die Porte de Vincennes mit der Porte Maillot. Rasch wächst nun das Netz auf sechs, dann auf neun Linien. 1929 beschließt die Präfektur die Verlängerung der Métro in die nahen Vororte. Heute fahren 14 Linien mehr als 300 Stationen an.

Oben: Die Pariser Métro ist berühmt für ihre wunderschönen Jugendstil-Eingänge.

Unten: Antiquitäten shoppen bei Wind und Wetter – in den Pariser Passagen kein Problem.

GALERIES LAFAYETTE

Zwei Elsässer legten 1884 mit einem Wäschemodengeschäft in der Rue La Fayette Nr. 1 den Grundstein zum heutigen europäischen Kaufhausimperium. 1912 eröffnete der legendäre Neubau des Pariser Stammhauses mit seiner gigantischen Glaskuppel. Sie wölbt sich über die Damensektion des Lafayette-Angebots, Restaurants, Ausstellungsflächen sowie eine Gourmetabteilung. Von der Bar der Dachterrasse bietet sich ein eindrucksvolles Paris-Panorama.

PARISER PASSAGEN

Die Passagen sind eine Pariser Erfindung: mit Glasdächern gedeckte Durchgänge, die stets zwei belebte Straßen miteinander verbinden und ihren Besuchern ein vor Wind und Wetter geschütztes Flanier- und Einkaufsvergnügen bieten. Folgerichtig bezeichnete der Philosoph Walter Benjamin die in den 1920ern in Mode gekommenen Pariser Passagen als »Wohnzimmer für Flaneure«. Das prächtigste Beispiel ist die 1826 errichtete Galerie Véro-Dodat im 1. Bezirk.

Retro-Moment

Abendbummel an der Seine *Paris hat seine Flussufer wiederentdeckt: zum Radfahren und Flanieren, für ein Picknick und sogar zum Tanzen. Vor allem wenn die Sonne sinkt, wenn die Lichter in den Häusern und auf den Bateaux Mouches angehen, verströmen die schon ab dem 16. Jahrhundert angelegten Seine-Quais ein nostalgisches Flair.*

Souvenir, Souvenir

Macarons *Königin Marie Antoinette, so heißt es, zog die kleinen Baiserkekse allen Patissier-Spezialitäten vor. Inzwischen gibt es die außen knusprige, innen weich gefüllte Leckerei aus gemahlenen Mandeln, Eiweiß und (Puder-)Zucker auch in phantasievollen Farbvarianten von Himbeerrosa bis Pistaziengrün.*

Das gibt's heute noch

Hotel Ritz *1898 vom Schweizer Hotelier César Ritz an der Place Vendôme gegründet, wird die Luxus-Herberge meist mit ihren berühmten Gästen wie Rudolph Valentino, Marcel Proust, Ernest Hemingway oder Coco Chanel assoziiert. Hemingway soll einmal gesagt haben: »Wenn ich von einem Leben nach dem Tod träume, dann findet es immer im Ritz in Paris statt.«*
www.ritzcarlton.com

GRANDHOTELS

Vor allem in der Belle Époque erblühte diese Art luxuriöser Unterkünfte in ganz Europa – nicht nur in Metropolen wie Paris, sondern auch an anderen reizvollen Treffpunkten der Noblen und Wohlhabenden wie Seebäder oder Thermal- und Luftkurorte. Oft finanzierten die damals meist noch privaten Eisenbahngesellschaften die prächtigen, dann »Grands Hôtels des voyageurs« genannten Etablissements. In Frankreich umfasst die Palette der historischen Gäste-Paläste etwa das »Grand Hôtel Barrière« im häufig »Cannes des Nordens« oder »Brighton der Bretagne« genannten Badeort Dinard. Auch das »Negresco« in Nizza und das »Bristol« in Paris zählen zu den europäischen Grandhotels. Gleiches gilt für das »Hôtel de Paris« in Monaco, das »Beau Rivage« in Lausanne, das »Astoria« in Brüssel und eine Reihe von Häusern in England, Deutschland, Italien und Österreich. Groß müssen die Grandhotels übrigens nicht sein, großartig sind sie aber alle, ob mit fünf Sternen oder weniger. Einheitliche Kriterien gibt es für diese historische Hotelkategorie nicht.

Bild: Ob auf einen Petit Café oder einen Martini mit Eis – in der holzvertäfelten »Relais Bar« im Hotel »Le Negresco« in Nizza lässt man sich gerne nieder.

Nancy

TRÈS CHIC

Stadt mit Stil – so nennt sich die alte Metropole Lothringens gern. Geprägt ist sie von Jugendstil, Renaissance und Art déco sowie viel gestaltetem Grün. Dessen Ursprünge liegen im 18. Jahrhundert, aus dem auch die großen Plätze und der Triumphbogen stammen, die als Ensemble zum UNESCO-Welterbe zählen.

Bis heute konnte Nancy sein Bild einer prächtigen Residenzstadt bewahren. Bereits nach dem Sieg von Herzog René II. gegen die Burgunder im Jahr 1447 begann ihre erste Blüte; Herzog Anton der Gute förderte kräftig die Künste, unter Regentschaft von Karl III., der auch für die Gründung der ersten Universität Lothringens 1572 verantwortlich zeichnet, entstand südlich des mittelalterlichen Kerns von Nancy das planmäßig angelegte Ensemble der Neustadt. Netzartig verlaufen dort die Straßen im rechten Winkel zueinander. Auf das 18. Jahrhundert gehen die großen Plätze zurück, die mit ihren einheitlichen Fassaden zu den bedeutendsten Beispielen absolutistischen Städtebaus zählen. Auch ein erster Botanischer Garten wird in dieser Zeit angelegt. Die Mitglieder der »Schule von Nancy« schließlich schaffen in der Stadt eine eigene Ausprägung von Art nouveau und Art déco. Eines der eindrucksvollsten Beispiele ist die Villa Majorelle.

»Zum raschen Orientieren ist ein Plan von großem Nutzen. Er trägt ebenfalls wesentlich bei, die Unabhängigkeit des Reisenden zu fördern und das Gefühl der Unsicherheit zu entfernen, welches sich eines jeden bemächtigt, der ohne Plan eine ihm fremde Stadt betreten muss.«

(Baedeker's Paris und Nordfrankreich, 1867)

PLACE STANISLAS

Wein floss aus den Brunnen, als Herzog Stanislas 1755 den großen Platz zwischen Alt- und Neustadt einweihte, den er zu Ehren seines Schwiegersohns König Ludwig XV. entworfen hatte. Gesäumt wird das rund 100 mal 120 Meter messende Areal vom Rathaus, der Oper, dem Grand Hôtel de la Reine und dem Museum der Schönen Künste. Goldene Portalgitter mit königlichen Symbolen, Brunnen im Rokokostil sowie Hunderte von Fratzenköpfen der klassischen Architektur verleihen dem Place Stanislas eindrucksvolle Akzente.

MUSÉE DE L'ÉCOLE DE NANCY

Es waren Glasmaler, Kunsttischler, Goldschmiede, Architekten und viele andere Vertreter künstlerischer Berufe, die sich Anfang des 20. Jahrhunderts zur Schule von Nancy zusammentaten. Emile Gallé zählte ebenso zu ihnen wie der Möbeldesigner Louis Majorelle. Ideen für ihre Arbeiten lieferte ihnen häufig die Natur. Im ehemaligen Anwesen von Eugène Corin, dem größten Förderer dieses neuen Art-nouveau-Stils, sind viele Kreationen der École de Nancy ausgestellt. Auch der Garten ist mehr als einen Blick wert. *musee-ecole-de-nancy.nancy.fr*

Links, großes Bild: Herrschaftlich – der Place Stanislas wird vom prächtigen Hôtel de Ville (Rathaus) an der Südseite sowie vergoldeten schmiedeeisernen Gittern geziert.

Links: Antiquitätenladen in der Nähe des Musée de L'Ecole de Nancy.

Rechts: Die kleine Kapelle Sainte Valérie wacht über das Alpinum im Botanischen Garten Jean-Marie Pelt.

Unten: Nicht nur schöne Jugendstil-Glasmalereien sind im Musée des Beaux-Arts zu bestaunen.

MUSÉE DES BEAUX-ARTS

Großartige Gemälde etwa von Perugino, Caravaggio, Rubens oder Delacroix, dazu mehr als 25 000 Graphiken, vor allem aber eindrucksvolle Exponate aus dem Bereich der dekorativen Künste wie die Glassammlung der Manufaktur Daum und die Asiatika-Kollektion von Charles Cartier-Bresson: Nancys Kunstmuseum bietet ein facettenreiches Panorama der europäischen Kunst vom Mittelalter bis zur Gegenwart. Untergebracht in einem Palais aus dem 18. Jahrhundert, wurde seine Ausstellungsfläche inzwischen verdoppelt.
musee-des-beaux-arts.nancy.fr

JARDIN BOTANIQUE JEAN-MARIE PELT

Schon 1758 eröffnete Nancy seinen ersten Jardin botanique. Seither wuchs die Anlage zur heute größten ihrer Art in Frankreich. Benannt nach einem in Nancy promovierten Botaniker, Umweltschützer und Pharmakologen, umfasst der Garten heute eine Fläche von fast 30 Hektar und mehr als 12 000 Pflanzenarten aus allen Kontinenten. Gegliedert in diverse Bereiche wie Alpinum, Arboretum oder Rosarium, ist auch ein Part zum gartenbaulichen Erbe Lothringens integriert. *www.jardinbotaniquedenancy.eu*

Souvenir, Souvenir

Bergamotte-Bonbons *Schon Herzog Stanislas liebte die durchscheinend bernsteinfarbene, mit dem ätherischen Öl der Bergamotte parfümierte Leckerei. Im 19. Jahrhundert machten Nancys Confiseure das eckige, leicht säuerliche Bonbon dann zu ihrer Spezialität. Heute stellen es nur noch vier von ihnen nach der Originalrezeptur her.*

Heute so gut wie damals

Quiche Lorraine *Dünner Brotteig, bestrichen mit einer Mischung aus Ei, saurer Sahne und Butter, mitunter aromatisiert durch Schnittlauch oder andere Kräuter: Fertig ist die lothringische Variante des Flammkuchens. Schon 1586 wird die ursprünglich im Dorf-Gemeinschaftsofen gebackene Quiche Lorraine erwähnt.*

Das gibt's heute noch

Villa Majorelle *Nancys erstes reines Art-déco-Gebäude wurde zwischen 1901 und 1902 vom Architekten Henri Sauvage erbaut und eint in Sachen Ausstattung alle großen Namen der Schule von Nancy. Mitunter wird das Meisterstück auch Villa JIKA genannt, nach den Initialen der Gattin Majorelles, Jeanne Kretz.*

Strasbourg

IN DER WEIHNACHTSBÄCKEREI

Schon im Mittelalter blühten in der Siedlung an den Ufern der Ill Wissenschaft und Kunst. Bald zählte Strasbourg zu den wohlhabendsten Städten Europas. Geprägt durch eine bewegte Geschichte, verströmt die alte Hauptstadt des Elsass noch heute vielerorts nostalgischen Zauber, insbesondere zur Weihnachtszeit.

Vor allem die Grande Île mit dem Münster und seinen von schmucken Fachwerkhäusern aus dem 16. und 17. Jahrhundert gesäumten Gassen spiegelt Strasbourgs Vergangenheit. Die Altstadt, die neben dem alten Bischofspalast auch das Palais Rohan als eines der eindrucksvollsten Architekturdenkmaler des Barock präsentiert, zählt inzwischen zum UNESCO-Welterbe. Gleiches gilt für die planmäßig zu Zeiten Kaiser Wilhelms II. angelegte Neustadt. Deutsches Viertel wird das Areal mit dem prächtigen Kaiserpalast und anderen repräsentativen Bauten diverser Stilrichtungen oft auch genannt. Nostalgischen Zauber verströmt alljährlich der Weihnachtsmarkt rund um die mittelalterliche Kathedrale. Kunsthandwerkliche Tradition lässt sich während seiner Wochen ebenso entdecken wie ein breites Angebot typischer kulinarischer Spezialitäten.

MÜNSTER

Als »Wunder, unermesslich und zierlich zugleich« beschrieb der Dichter Victor Hugo Strasbourgs Kathedrale. Tatsächlich war ihr Turm bis ins späte 19. Jahrhundert der höchste Kirchturm der Welt. Das Gebäude selbst, errichtet aus roséfarbenem Sandstein, spiegelt eindrücklich seine lange Baugeschichte von der Romanik bis zur Spätgotik. Vielfältiger Figurenschmuck, die herrlichen, teils noch originalen mittelalterlichen Fenster und die astronomische Uhr aus der Renaissancezeit machen das »Wunder« komplett.

WEIHNACHTSMARKT

Seit dem Jahr 1570 schon prägt der »Christkindelsmärik« die Strasburger Weihnachtszeit. Ursprünglich nur für drei Tage rund um die Kathedrale abgehalten, bezaubert er heute einen ganzen Monat lang mit seinen Lichtern und Düften, mit Bredele-Keksen, Glühwein und elsässischem Kunsthandwerk. Mehr als 300 Holzhütten laden zum Staunen und Genießen. Und auf dem Place Kléber ragt eine große Tanne in den Himmel. Kein Wunder, dass Strasbourg den Titel »Weihnachtshauptstadt« trägt.

»Der Münstherturm erhebt sich auf der Vorderseite hoch und kühn, dass ihm die Blicke fast schwindelnd folgen.«

(Baedeker's Paris und Nordfrankreich, 1867)

Tomi Ungerer »Ich werde Wanderer« schrieb der 1931 in Strasbourg geborene Uhrmachersohn schon mit zwölf in sein Schulheft. Tatsächlich trieb es Jean-Thomas bald durch die Welt und durch die unterschiedlichsten Richtungen grafischer Kunst: als Werbezeichner, Satiriker, Kinder- und Jugendbuchillustrator, Schöpfer politischer Plakate. Bereits 1975 überließ der vielseitige Künstler, der 2019 in Irland starb, einen Großteil seines Werkes seiner Heimatstadt; zu sehen sind die mehr als 10 000 Arbeiten nun in der historischen Villa Greiner.

Links: Strasbourg ist zu jeder Jahreszeit eine Reise wert, in der Adventszeit aber ganz besonders.

Unten: Mit seinem 142 Meter hohen Turm überragt das Münster in seinem Spitzenkleid aus rosafarbenem Sandstein nicht nur Strasbourg, sondern die ganze elsässische Ebene.

LA PETITE FRANCE

Im 16. und 17. Jahrhundert lebten Fischer, Müller und vor allem viele Gerber in diesem vom Wasser geprägten Viertel. Viele der Fachwerkhäuser in den pittoresken Gassen erinnern mit ihren steilen, offenen Dächern noch daran, dass hier einst Tierhäute getrocknet wurden. Straßennamen wie Rue du Moulin verweisen auf die einstigen Mühlen am Saum der Ill-Arme und der schmalen Kanäle. »Klein-Frankreich« heißt das Viertel, weil hier an Syphilis erkrankte französische Soldaten einst isoliert und behandelt wurden.

Rechts: Hat ein bisschen was von Venedig – das von Kanälen durchzogene Viertel Petit France.

Unten: Keramiken, Stoffe, elsässische Spezialitäten – der Geschenkladen im über 400 Jahre alten Maison Bollinger ist in Strasbourg eine echte Institution.

WILHELMINISCHES VIERTEL

Nachdem Strasbourg 1871 Hauptstadt des Reichslandes Elsass-Lothringen wurde, galt es, das durch Preußen Zerstörte wiederherzustellen. Auf der Basis eines Gesamtbauplans entstand so auf fast 400 Hektar die heutige Neustadt mit ihren Prachtalleen, Plätzen und Gebäuden, die von großer Stilvielfalt geprägt sind, beispielsweise der von Wilhelm II. 1889 eingeweihte Kaiserpalast. Auch Jugendstiljuwele wie das »Maison Egyptienne« sowie viel italienische Neo-Renaissance bietet das »Deutsche Viertel«.

Souvenir, Souvenir

Soufflenheimer Geschirr *Ton aus dem Hagenauer Wald wurde schon zur Bronzezeit abgebaut und verarbeitet. Heute stellen noch etwa ein Dutzend Soufflenheimer Werkstätten Töpferwaren auf traditionelle Weise her. Elsässer Spezialitäten wie Gugelhupf, Sauerkraut und Baeckeoffe werden in Soufflenheimer Keramik zubereitet und serviert.*

Heute so gut wie damals

Flammkuchen *Tarte flambée heißt er auf Französisch und erstmals schriftlich erwähnt wurde er 1894 in Strasbourg. Ursprünglich diente der hauchdünne Fladen als Temperaturmesser für den bäuerlichen Brotbackofen – und wurde dann mit Rahm und Speck, begleitet von einem Glas Schnaps, in geselliger Runde verspeist.*

Das gibt's heute noch

Rabenhof *Sogar ein Kaiser logierte bereits in dieser prächtigen Renaissance-Herberge nahe des Münsters. Nach einem Zwischenspiel als Atelier für Kunstglas im 19. Jahrhundert bezaubert der Cour du Corbeau nach aufwändiger Sanierung heute wieder Hotelgäste mit seinen Laubengängen und geschnitzten Balustraden.* ***mwww.useovetro.visitmuve.it***

Mulhouse

ZEITREISE

Vor allem durch die Zeugnisse ihrer blühenden industriellen Vergangenheit unterscheidet sich die Stadt zwischen Ill und Doller von ihren elsässischen Schwestern. Eine ganze Handvoll technischer Museen kündet von diesem reichen Erbe, zu dem vor allem die Textilkunst zählt.

Verschont von Colberts königlichen Manufaktur-Monopolen, konnte Mühlhausen als unabhängige Stadt zwischen 1648 und 1798 frei seine handwerklichen Künste ausbauen. Vor allem Garnspinnereien, Wollfabriken und Unternehmen, die als einzige im Elsass Indienne-Stoffe, also bedruckte Kattungewebe entwarfen, sorgten bald für Wohlstand. Bis heute zeugen nicht nur historische Textil-Produktionsstätten, sondern auch entsprechende Arbeitersiedlungen im Stile jener von Manchester von dem einst wichtigsten Wirtschaftszweig der Stadt. In einer der Fabriken der beiden Textilbarone Schlumpf ist inzwischen das größte Automobilmuseum Frankreichs untergebracht. Auch dem Stoffdruck, der Eisenbahn, der Elektrizität und dem papiernen Wanddekor Tapete widmen sich Mulhouser Sammlungen. Rund um den Place de la Réunion erstreckt sich die Altstadt mit dem reich verzierten Rathaus, der Stephanskirche und Resten der mittelalterlichen Stadtmauer.

CITÉ DE L'AUTOMOBILE

Corvette, Maybach, Horch, Bugatti Royale, der Rolls-Royce von Charlie Chaplin: Die in einer ehemaligen Kammgarnspinnerei der Gebrüder Schlumpf untergebrachte, von den beiden Textilbaronen in gut drei Jahrzehnten zusammengetragene Sammlung klassischer Automobile lässt nicht nur das Herz von Oldtimerfans höherschlagen. Auch Formel-1-Rennwagen sind zu bestaunen in dem Museum, das als größtes seiner Art weltweit gilt. Filme, Fahrsimulatoren und andere interaktive Angebote ergänzen die Fahrzeugpräsentation.
www.musee-automobile.fr

CITÉ DU TRAIN

Ganz dem großen Abenteuer von Frankreichs »Eisenwegen« (chemins de fer) widmet sich die Cité du Train. Vor gut einem halben Jahrhundert auf dem Gebiet der ehemaligen Dampflokschuppen in Mulhouse Nord aus der Taufe gehoben, umfasst das Museum in seinem neuen Domizil 50 000 Quadratmeter Ausstellungsfläche. Europas älteste Dampflok ist dort ebenso zu sehen wie das Zug-Abteil von Général de Gaulle mit seinem 2,10 Meter großen Bett. Filme und Interaktionsangebote ergänzen die Exponate. *musees-mulhouse.fr*

Fritz Schlumpf Federico Filippo Schlumpf wird 1906 als Sohn eines Schweizer Textilingenieurs und seiner elsässischen Frau bei Mailand geboren. Bald jedoch zieht die Familie nach Mulhouse – und der erwachsene Fritz macht, gemeinsam mit seinem Bruder Giovanni (Hans), als Kammgarn-Produzent Karriere. Ab 1945 bauen die Schlumpf-Brüder in Mulhouse eine große Sammlung klassischer Automobile auf, lassen für ihre Leidenschaft aber ihre vier Textilbetriebe in Konkurs gehen.

Links: Auch Waggons des historischen Orientexpress sind im Eisenbahnmuseum zu bestaunen.

Das gibt's heute noch

Musée du Papier Peint *Schon 1797 begann die Geschichte der Rixheimer Tapetenproduktion. In der einstigen Deutschordenskommende, wo seinerzeit die erste Manufaktur entstand, öffnete rund 200 Jahre später ein Museum, das Tapeten aller Epochen und Arten zeigt – auch solche mit exotischen Panoramen.* ***www.museepapierpeint.org***

Dijon

SALUT, MON CHÉRIE

Fast noch wie zu Zeiten der Herzöge im 15. Jahrhundert wirkt die ehemalige Hauptstadt des Burgund. Geprägt von den Mäandern des Flüsschens Ouche und dem Canal de Bourgogne, bekannt für Senf und Burgunderweine, präsentiert sie dem Reisenden ein reiches, bestens erhaltenes architektonisches Erbe.

Eine Eule als Maskottchen, Wegweiser und Glücksbringer. Einen ehemaligen Priester als Bürgermeister und Cocktail-Namenspatron. Den Erbauer des Eiffelturms, der aber die Markthalle in seiner Heimatstadt nicht bauen durfte: Dijon präsentiert eine Fülle von Überraschungen. »Die schöne Stadt mit den hundert Türmen« wie Franz I. die von Wein und Genuss geprägte Siedlung am Westrand der Saône-Ebene einst nannte, hat sich seit den Tagen der Herzöge optisch fast kaum verändert. Fachwerk- und Art-Déco-Bauten, prächtige Herrenhäuser, der Herzogspalast, die ebenso reich wie skurril ornamentierte mittelalterliche Notre-Dame-Kirche, die einstigen Weinlager und die Speicher in den Hinterhöfen des Guise-Viertels: Auch wenn inzwischen ein paar Türme fehlen, die Vielfalt von Dijons Architektur beeindruckt noch immer.

ALTSTADT

Zwischen der frühmittelalterlichen Kathedrale St. Bénigne und der gotischen Kirche Notre-Dame mit der berühmten kleinen, der Legende nach beim Wünschen helfenden Eulenskulptur schlägt das historische Herz Dijons. Zwischen den vornehmen Hôtels particuliers aus dem 17. und 18. Jahrhundert setzen der Herzogspalast und der halbrunde Place de la Libération sowie der Turm Philipps des Guten und die Jugendstil-Markthalle eindrucksvolle Akzente.

MUSÉE DE LA VIE BOURGUIGNONNE

Im Kreuzgang des Bernhardinerklosters untergebracht, präsentiert die Sammlung vor allem Exponate, die der Volkskundler Perrin de Puycousin Ende des 19. Jahrhunderts im Burgund zusammentrug. Der Bogen spannt sich dabei von bäuerlichen Möbeln über historische Gerätschaften bis hin zu Trachten. Zudem gibt es als Rekonstruktion elf Dijoner Traditionsgeschäfte zu bewundern. Ein Part der ethnografischen Alltags-Ausstellung widmet sich natürlich auch dem Senf.

»Die Stadt besitzt manche hübsche Häuser im Renaissancestil, für Bauverständige beachtenswerth.«

(Baedeker's Paris und Nordfrankreich, 1867)

MARKTHALLE

Dijons berühmtester Sohn, Gustave Eiffel, dem Paris seinen »Tour Eiffel« verdankt, reichte gleich zwei Mal Entwürfe für eine Markthalle in seiner Heimatstadt ein. Aber letztendlich kam nicht er, sondern der Stadtarchitekt Ballard mit seinen Plänen zum Zuge – die aber angeblich Elemente von Gustave Eiffels Ideen aufnahmen. Louis-Clément Weinberger leitete als Ingenieur schließlich den zwölfmonatigen Bau des filigranen, lichtdurchfluteten Schlemmertempels. Am 1. Juni 1874 fand seine Einweihung statt.

Links: So hübsch ist die Altstadt von Dijon, dass man hier schon viele Filme drehte, u.a. Szenen von »Cyrano de Bergerac« (1990) mit Gérard Depardieu.

Heute so gut wie damals

Dijon-Senf *Scharf ist er, hell und hergestellt mit dem Saft unreifer Trauben (Verjus) statt mit Essig. Als Basis dienen geschälte Senfkörner. Entwickelt wurde die dank der Burgundertrauben besondere Würze wohl schon im 14. Jahrhundert – ursprünglich als gesundheitsfördernde Pastille, die es vor der Verwendung einzuweichen galt.*

Vichy

DIE WUNDER-QUELLEN DER AUVERGNE

Bereits die Kelten verehrten die kostbaren Quellen des Vichy-Tales und erkannten ihre therapeutische Wirkung. Zur Römerzeit gehörte das heutige Areal einem gewissen Vipius, daher der heutige Name des auvergnatischen Heilbads, das seit 2021 mit zehn anderen Kurstätten zum UNESCO-Welterbe zählt.

Seine erste Blüte erlebte Vichy im 17. Jahrhundert, vor allem dank der beiden Aufenthalte von Madame de Sévigné. Die für ihre literarischen Briefe bekannte Marquise machte sich von ihrem Schloss in der Provence auf in den Norden, um hier das Rheuma in ihren Händen zu kurieren. Sie äußerte sich zwar alles andere als begeistert über den Geschmack des Vichy-Wassers, pries aber dessen heilende Wirkung. Und so kamen bald viele weitere Vertreter der Aristokratie zu den »Wunder-Quellen«, darunter zwei Töchter von König Ludwig XV. und Laetitia Bonaparte, die Mutter Napoleons III. Der Kaiser selbst erkor das Heilbad für einige Zeit zu seiner Sommerresidenz; es wurde prächtig ausgebaut. Um 1900 fanden sich bereits 40 000 Kurgäste jährlich ein. Nach den beiden Kriegen und dem Ende des Vichy-Regimes gelang es dem Städtchen am Ufer des Allier erneut, zur »Königin der Kurbäder« aufzusteigen. Auch eine Kosmetiklinie und verdauungsfördernde Pastillen tragen Vichys Ruhm bis heute hinaus in die Welt.

THERMES DES DÔMES

Geplant von Charles Lecœur, jenem Architekten, dem Vichy auch sein Opernhaus verdankt, wurde das Thermalzentrum am Nordrand des Quellenparks wie die Musik- und Theaterbühne 1903 eröffnet. Seine für die Belle Époque typische neobyzantinische Kuppel krönt den zentralen Pavillon. 1934 wurde ein neuer Gebäude-Flügel angefügt, flankiert von zwei hohen, mit je einem Minarett geschmückten Art-déco-Wassertürmen. Inzwischen sind die Thermes des Dômes samt ihrer historischen Thermalhalle Teil eines Hotelareals.

LES SOURCES

»Aquæ Calidæ« lautete in der Antike der Name der heutigen Stadt, denn schon damals waren die therapeutischen Vorzüge ihrer mineralischen Wässer bekannt. Im 19. Jahrhundert waren 270 Quellen im Tal von Vichy registriert. Heute werden noch neun zu Kurzwecken genutzt. Berühmt ist vor allem die Source des Célestins. Sie entspringt aus einem Felsen, auf dem im 15. Jahrhundert ein Kloster der Himmlischen Schwestern stand. Ihr Wasser wird als einziges auch in Flaschen abgefüllt.

Église Saint-Blaise Im Herzen der kleinen Altstadt, zwischen der Célestins-Quelle und dem Thermalpark, stand bereits zur Merowingerzeit eine Kirche. Ihr jüngster Neubau erfolgte im 18. Jahrhundert und wurde ab 1925 im damals gängigen Art-déco-Stil erweitert. Das aktuelle Gotteshaus mit seiner gut 40 Meter hohen Außenkuppel und herrlichen Fenstern birgt eine »Schwarze Madonna« aus Nussholz, die für ihre Wunder verehrt und jeden 15. August in einer Prozession zum Hochamt vor dem Grand Casino getragen wird.

Links: Wer das heilende Wasser von Vichy verkosten möchte, sollte dies in der Hall des Sources mit ihrem schönen Jugendstil-Ambiente tun.

Das gibt's heute noch

Palais des Congrès *Aus dem ehemaligen Grand Casino, erbaut zwischen 1863 und 1865 im weitläufigen Thermalpark am Ufer des Lac d'Allier, erwuchs das aktuelle Kongresszentrum der Stadt. Seine eleganten, mit prächtigen Deckengemälden und Stuck verzierten Säle und Salons liegen in unmittelbarer Nachbarschaft zum Opernhaus.* **vichymonamour.fr**

HISTORISCHE KURBÄDER

Kurbäder haben oftmals Geschichte geschrieben, schon Kaiserin Sisi oder Zar Peter der Große verbanden Urlaub mit gesundheitlicher Erquickung. Was schon die Römer schätzten, erlangte im 19. Jahrhundert Blüte: Thermal- und Mineralquellen wurden gezielt genutzt, um die eigene Gesundheit anzukurbeln. Als Wiege der Kurorte gilt das belgische Spa, dessen viele Quellen schon im 18. Jahrhundert Kaiser und Könige anzogen. Im 19. Jahrhundert erlebten Kurorte dann eine Blütezeit. Orte wie Karlsbad, Bad Gastein, Aix-les-Bains oder Vichy avancierten zum Treffpunkt der Reichen und Schönen. Die Bäderkultur war geboren, man entspannte in Badewannen mit Moorschlamm oder ließ seine Haut von Solebädern verschönern. Wichtiges Merkmal der Kurorte waren aber nicht nur die Quellen, sondern auch die damit einhergehenden Kurparks, Kurhäuser, Hotels und Villen. Oftmals wurde auch die Landschaft ins Konzept miteinbezogen, Wanderwege ausgeschildert und Aussichtspunkte eingerichtet. Immer mit dabei – der Kurschatten, der – erotisch oder platonisch – den Einsamen während der Kur den Aufenthalt versüßte.

Bild: Schon um die Jahrhundertwende war im Salzkurort Salies-de-Béarn einiges geboten; im Bild: Musikpavillon im Kurpark.

Genfersee

SEINE MAJESTÄT LÄSST BITTEN

»Großes Wasser« (Lem An) nannten die Kelten den fast 600 Quadratmeter großen See zwischen Frankreich und der Schweiz. Lac Léman heißt er heute noch auf Französisch. An seinen französischen Ufern reihen sich eindrucksvolle Orte wie die Kurstädtchen Évian-les-Bains, Thonon-Les-Bains oder das mittelalterliche Yvoire.

Eine ganze Handvoll Superlative kann das halbmondförmige Binnengewässer am Saum der Alpen vereinen: Es ist nicht nur der größte See Frankreichs (und der Schweiz), sondern auch der wasserreichste in ganz Mitteleuropa. Auch das Klima an seinen Ufern zählt im Vergleich zu den wärmsten, wie etwa Palmen und andere mediterrane Gewächse beweisen. Und selbst die Schifffahrt auf dem Lac Léman taugt für einen Rekord, denn hier verkehrt Europas größte Flotte von Schaufelraddampfern. An Ober- und Untersee verbinden Linienschiffe die einzelnen Orte und Städtchen; zudem bringen kleine Fähren Passagiere rasch von einem Ufer zum anderen. In Thonon-les-Bains auf der französischen Seite verkehrt vom Hafen sogar noch eine historische Standseilbahn in den oberen Part des Thermalkurortes. In Évian-les-Bains erinnert der Jugendstilpavillon der einstigen Trinkhalle an die Anfänge der Quell-Therapien.

THONON-LES-BAINS

Mehrere kleine Schlösser prägen die alte Metropole des Chablais; das Château de Ripaille, einst Wohnsitz der Savoyer Herzöge, ist heute ein wichtiges Zentrum für Kultur und Weinanbau in der Region. Die natürlichen Mineralquellen Thonons kannten schon die Römer; 1886 führte die anerkannte gesundheitliche Wirkung des Wassers zum Bau eines ersten Thermal-Etablissements.

ÉVIAN-LES-BAINS

Sein Wasser machte das Uferstädtchen berühmt. Schon 1790 stillte ein auvergnatischer Graf an der Katharinen-Quelle auf dem Anwesen von Gabriel Cachat seinen Durst. Er fand das Nass nicht nur schmackhaft, sondern wurde dank seiner bald von Nierensteinen geheilt. Vom seitherigen Aufschwung Évians zum Kurort künden u.a. die Uferpromenade mit der Villa des Lyoner Fotografen Antoine Lumière (heute Rathaus), das Spielkasino, das Theater von 1885 und der Jugendstilpavillon, der einst als Trinkhalle für die Kurgäste fungierte.

»Die Schönheit des Genfer Sees wird seit Jahrhunderten gepriesen.«
(Baedeker's Riviera und Südost-Frankreich, 1913)

Links: Blick von Lavaux auf das französische Ufer. Unten: Historisches Reiseplakat.

Oben: Wurde schon zu einem der schönsten Dörfer Frankreichs gekürt – das mittelalterliche Yvoire.

Rechts: Der Genfersee zog schon immer viel Prominenz an. Auch Charlie Chaplin wohnte von 1952 bis zu seinem Tod 1977 an seinen Ufern, genauer gesagt im schweizerischen Corsier-sur-Vevey. Heute erinnert an der dortigen Promenade eine Statue an den berühmten Schauspieler.

YVOIRE

Geprägt von seinem trutzigen Schloss, drängt sich das mittelalterliche Dorf auf einer Landspitze am Südufer des Lac Léman. Relikte seiner Festungsmauern aus dem 14. Jahrhundert beeindrucken ebenso wie der reiche Blumenschmuck – und der Garten der fünf Sinne. Angelegt vor gut drei Jahrzehnten, nimmt er Bezug auf die Symbolik der mittelalterlichen Labyrinthe und präsentiert mehr als 1300 Pflanzenarten. Duftrosen zählen dazu ebenso wie alte Gemüsesorten, Heilkräuter und Gewächse mit außergewöhnlicher Textur.

AUSFLUG NACH MONTREUX

Igor Strawinsky komponierte in dem traditionellen, von Blumen- und Belle-Époque-Pracht geprägten Schweizer Kurort sein »Frühlingsopfer«. Charlie Chaplin ließ sich im nahen Corsier-sur-Vevey nieder; Lord Byron widmete Schloss Chillon ein Gedicht – und beim Montreux Jazzfestival gastierten seit 1967 Stars wie Miles Davis, Aretha Franklin und Ella Fitzgerald. Auf den Höhen über der Stadt locken Wiesen und Wälder zum Spazieren, Wandern – oder zum Staunen über den »Mai-Schnee«: das Blütenmeer wilder Narzissen im Frühling.

Retro-Moment

Mit der Seilbahn von Thonon-les-Bains in die Oberstadt fahren *Am Ostermontag des Jahres 1888 kletterte die »funiculaire« auf ihren Schienen erstmals vom Hafen hinauf zur Oberstadt. Inzwischen sind ihre Holzkabinen modernisiert, bieten aber immer noch prächtige Ausblicke. Und kreuzen sich nach wie vor in der Kurve! Das gibt es nirgends sonst auf der Welt.*

Heute so gut wie damals

Route des Grandes Alpes *Gut 700 Kilometer schlängelt sich die 1909 vom Touring Club de France initiierte Fernstraße vom Genfersee durch die französische Bergwelt bis zum Mittelmeer. Mehr als ein Dutzend Alpenpässe sorgen dabei für atemberaubende Panoramen – der höchste von ihnen ist der Col d'Iseran mit fast 2800 Metern.*

Das gibt's heute noch

Schaufelraddampfer
Bereits 1875 wurde mit der »Mont Blanc« der erste Salonraddampfer auf dem Genfersee in Betrieb genommen. Noch immer transportieren vier Raddampfer aus den Jahren 1904 bis 1927 Passagiere auf dem halbmondförmigen, schweizerisch-französischen Gewässer.
www.cgn.ch/de/flotte

Chamonix

DER BERG RUFT

Mit dem Gepäck eines aus Norwegen heimkehrenden Chamoniards kam 1892 das erste Paar Skier in die kleine Gemeinde zu Füßen des Riesen Montblanc. Inzwischen ist Chamonix der größte und bekannteste Wintersportort Frankreichs – und im Sommer ein Eldorado für Bergsteiger, Kletterer und Marathonläufer.

Bis im 18. Jahrhundert zwei Engländer in den damaligen Gazetten von ihrer Expedition zu einem riesigen Gletscher des Savoyardischen Herzogtums berichteten, den sie »Mer de Glaces« (Eismeer) nannten, war Chamonix nur ein Bauerndorf. Dank der Zeitungsmeldungen kamen aber rasch die ersten neugierigen Touristen und stürzten sich ins Abenteuer Alpinismus. Europas höchster Gipfel lockte sie – doch es waren zwei Einheimische, denen im August 1786 die Erstbesteigung des Montblanc gelang. Ab da ging es auch touristisch rasant bergauf mit Chamonix. Ein junger Arzt namens Michel Payot machte als Erster Gebrauch von den bald nachgebauten Exemplaren der norwegischen Bretter seines Landsmanns und organisierte zudem bereits 1907 erste Skiwettkämpfe. 1924 erhielt Chamonix, das inzwischen auch eine Seilbahn gebaut hatte, den Zuschlag für die ersten Olympischen Winterspiele. Heute markiert die 3842 Meter hohe Aiguille du Midi den höchsten Punkt des facettenreichen Skigebiets an den Flanken des Bergkönigs Montblanc.

SEILBAHN AIGUILLE DU MIDI

Bereits 1910 erfolgte der erste Spatenstich für eine Seilbahn auf den felsigen Vorposten des Montblanc-Massivs. Startpunkt war das Dorf Les Fèlerins. Die Relikte des Projekts sind bis heute sichtbar: La Para (1685 m) und Gare des Glaciers (2400 m). 1955 war dann die Geburtsstunde der aktuellen Verbindung zum Nadelfelsen direkt von Chamonix. Ihre Mittelstation liegt auf rund 2300 m; der finale Ausstieg auf 3800 m. Damit ist der »Téléphérique de l'Aiguille du Midi« die zweithöchste Seilbahn der Welt.

ALPENMUSEUM

Untergebracht im einstigen Jahrhundertwende-Luxus-Hotel »Chamonix Palace«, dokumentiert das Musée Alpin anhand von Drucken, Relief-Karten, Fotos, Textilien und Gesteinsfunden die Entwicklung des örtlichen Tourismus. Der zeitliche Bogen spannt sich dabei von den Reisen früher Gletscher-Bewunderer über die ersten Alpinisten und Montblanc-Besteiger Mitte des 18. Jahrhunderts bis zum Bau von Seilbahnen.
www.musee-alpin-chamonix.fr

Links: Egal wo in Chamonix man sich auch befindet, die imposante Gestalt des Montblanc hat man stets im Blick.

Das gibt's heute noch

Hotel Montblanc *Seit 1849 zieht das heutige 5-Sterne-Haus mit Blick auf den Montblanc zahlungskräftige Gäste aus aller Welt an, die in eleganter Grandhotel-Atmosphäre Hochgebirgsluft genießen. Von außen im klassischen Alpenlook, erwartet den Gast innen Luxus pur.* **www.hotelmontblancchamonix.com**

Retro-Moment

Im Telemarkstil die Piste runterwedeln *Zwar war es ein Norweger, der den speziellen Abfahrtsschwung 1860 erfand, aber auch die ersten Skifahrer von Chamonix beugten dank der nur an ihren Schuhspitzen befestigten Bretter die Knie zum Knicks, wenn es den Hang hinunterging. Heute ist das Sprung-Gleiten wieder voll im Trend.*

UND EWIG LOCKT DER BERG

Am 8. August 1786 stehen erstmals Menschen auf dem höchsten Gipfel der Alpen, dem Montblanc: der Arzt Michel-Gabriel Paccard und der Kristallsucher Jacques Balmat. Aber die Geburtsstunde des europäischen Alpinismus schlug deutlich eher. Am 26. April 1336 besteigt der Dichter Francesco Petrarca mit einigen Begleitern den gut 1900 m hohen Gipfel des Mont Ventoux. Sein Bericht über die Tour auf den provenzalischen »Berg des Windes« ist auch die erste überlieferte Darstellung einer freiwilligen Gipfel-Besteigung. Bis ins 19. Jahrhundert geschieht das Gros der (Hoch-)Gebirgs-Exkursionen allerdings meist noch auf Herrscher-Geheiß oder zu Wissenschaftszwecken. Mit Gründung der ersten Alpenvereine – der Club Alpin Français wird 1874 aus der Taufe gehoben – erstarkt jedoch das nun auch auf persönlichem Verlangen und Neugierde beruhende Bergsteigertum. Bereits 1890 errichtet der CAF daher seine erste Schutzhütte, das »Refuge de Tuquerouye« in den Pyrenäen, zwei Jahre später jene auf der Route zum Montblanc.

Bild: Bergsteiger beim Überqueren des Mer-de-Glace-Gletschers am Montblanc, 1902.

Annecy

VENEDIG DER ALPEN

Als »Venedig der Alpen« wird das Städtchen am Nordende des Lac d'Annecy aufgrund seiner vom Fluss Thiou und seinen Armen gespeisten Kanäle oft bezeichnet. Es entstand im 12. Jahrhundert auf prähistorischem Siedlungsboden um eine befestigte Burg und ist gerahmt von einem eindrucksvollen Gipfelpanorama.

Ein alter Palast, eine mittelalterliche Burg, ein Netz von Kanälen, über die sich unzählige Brückchen spannen, zwei beeindruckende Kirchen und die auf einstigen Sumpfinseln angelegten Jardins de l'Europe, ein weitläufiger Uferpark im englischen Stil: Annecys Gesamtbild lädt ein zum Schwärmen. Den schönsten Blick auf die malerische Kleinstadt vor alpiner Kulisse bietet sich vom Turm der Basilika La Visitation. Die Ordenskirche ist das jüngste der örtlichen Gotteshäuser; St.-Maurice mit seinen eindrucksvollen Fresken wurde im 15. Jahrhundert errichtet, St.-Pierre birgt hinter seiner Renaissancefassade ein reiches gotisches Inneres. Kaum einen Steinwurf entfernt lockt der sauberste See Europas im Sommer zum Baden oder anderen Wassersportaktivitäten – und wenn der erste Schnee fällt, verströmen die erleuchtete Altstadtgassen ein ganz besonders zauberhaftes Flair.

ALTSTADT

Um den Fluss Thiou und seine Kanäle entwickelte sich ab dem 12. Jahrhundert das historische Herz Annecys. Viele Handwerker ließen sich am Ufer der Gewässer nieder, um das Wasser und seine Kräfte zu nutzen. Aber auch Feudalherren wie der Graf von Genf residierten hier. Das wie ein Schiff aus Stein wirkende, wellenumspülte Palais de l'Île war seine befestigte Wohnstatt. Um die Inselburg, die später als Gefängnis und heute als Historisches Museum dient, leuchten farbenfrohe Arkadenhäuser aus dem 17. Jahrhundert.

CHÂTEAU

Im 13. und 14. Jahrhundert Residenz der Grafen von Genf und später des Hauses Savoyen, thront die Burg in ihrer Mischung aus mittelalterlicher Verteidigungsarchitektur und von den Schlössern der Île de France inspirierten Eleganz eindrucksvoll über dem Seeufer. Seit Mitte des 20. Jahrhunderts beherbergt sie diverse Sammlungen zum regionalen Erbe, zur Archäologie des Sees, mittelalterliche Bildhauerei, Landschaftsmalerei und zeitgenössische Kunst.
musees.annecy.fr/Musee-Chateau

Links: Das Kanalgeflecht des Thiou zieht sich entlang pastellfarbener Häuser durch die gesamte Altstadt.

Unten: Kähne, Kanäle und ganz viel Flair – kein Wunder, dass man Annecy auch »Das Venedig der Alpen« nennt.

Oben: Türkisfarben schimmert der Lac d'Annecy dem Reisenden entgegen. Das Gewässer gilt als der sauberste See Europas.

BASILIQUE DE LA VISITATION

Bereits Anfang des 17. Jahrhunderts gründeten die junge Baronin Jeanne de Chantal und Franz von Sales, damals Bischof von Annecy, den Orden der Heimsuchung Mariens. Auf der Anhöhe Crêt du Maure entstand dann das erste Kloster der Salesianerinnen. Hier steht, weithin sichtbar, auch die zwischen 1909 und 1930 errichtete Wallfahrtskirche La Visitation mit ihrem 72 Meter hohen, begehbaren Turm mit grandioser Aussicht.

»Zu Wanderungen in den Bergen versehe man sich mit gutem Schuhwerk, da die Wege meist steinig sind. Gegen das blendende Sonnenlicht bediene man sich dunkler Brillen.«

(Baedeker's Riviera und Südost-Frankreich, 1913)

LAC D'ANNECY

Knapp 30 Quadratkilometer groß, gilt das Alpenrandgewässer als sauberster See Europas. Nur Bergflüsse speisen ihn, künstliche Zuleitungen wurden bereits in den 1960er-Jahren verschlossen. Im Jahr 1970 dann diente der Lac d'Annecy als Kulisse für Eric Rohmers Film »Claires Knie«. Heute ist er ein wichtiges Erholungsgebiet für die gesamte Region – auch dank der bereits im späten 19. Jahrhundert an seinem Ufer angelegten Europa-Gärten (Jardins de l'Europe). Gut 600 Bäume und mehr als 1000 Sträucher wachsen auf dem Areal.

Das gibt's heute noch

Hotel Imperial *Kaum zehn Monate dauerte der Bau des Luxushotels – und das obwohl erst Pfähle in das instabile Terrain verankert werden mussten. 1913 wurden die ersten beiden von insgesamt sieben Etagen eröffnet. 300 Zimmer, 200 Bäder, Empire-Salons und ein Restaurant im Stil von Louis XVI. Das Hotel Imperial faszinierte von Anfang an.*
www.hotel-imperial-palace.com

Heute so gut wie damals

Glaciers des Alpes *Seit mehr als einem halben Jahrhundert bezaubern die kühlen Kreationen der Maitres Glaciers in der Rue Perrière Zunge und Gaumen. Gut 40 Sorten stehen zur Wahl – darunter auch Exoten wie Lakritz und Schafgarbe. Eine Probierkugel gibt's kostenlos.*
glacierdesalpes.fr

Retro-Moment

Ein Liebesschloss an der Pont des Amours aufhängen *Elegant spannt sich die «Brücke der Lieben« über den schmalen, baumbestandenen Canal du Vassé. 1907 eingeweiht, wurde der romantische Eisensteg rasch zum beliebten Ort für Rendezvous. Davon zeugen auch die zahlreichen Liebesschlösser, die hier aufgehängt wurden.*

Aix-les-Bains

KURORT VON WELT

Bis zurück in die Römerzeit reicht die Thermalgeschichte des Städtchens am östlichen Ufer des Lac du Bourget. Ein erstes richtiges Badehaus entstand im Jahr 1779 – und schon in der Belle Époque genoss die Wasserstadt am Saum des Mont Revard und des Bauges-Massivs internationalen Ruf.

Insgesamt elf topografisch recht unterschiedliche Viertel bilden heute die Gemeinde Aix-les-Bains. Ihre frühe Keimzelle liegt auf den Anhöhen, da der untere Part wegen Hochwassergefahr lange unbesiedelt blieb. Dafür entwickelten sich dort Ackerbau und Fischzucht. In der Oberstadt hingegen erblühte das geschäftige wirtschaftliche Zentrum mit den Nationalthermen von Chevalley und den Thermen von Marlioz. Die sowohl zu Trinkkuren wie für Hydrotherapie verwendeten lokalen Schwefelquellen zogen schon im 19. Jahrhundert eine Vielzahl hochherrschaftlicher Gäste an. Aus dieser Zeit stammt auch das prächtige Casino-Ensemble Grand Cercle. Pferderennbahn, Bahnhof, Hospital, noble Villen, luxuriöse Hotels und Golfplätze entstanden ebenfalls in der Oberstadt. Das dort bereits im 16. Jahrhundert errichtete Schloss des Marquis d'Aix dient heute als Rathaus.

LAC DU BOURGET

Fast 20 Kilometer lang ist Frankreichs größter natürlicher See. Der Legende nach entstand er durch die Tränen eines der drei Engel, die das Gebiet der Voralpen verlassen mussten. Bei den Einwohnern ist das Uferareal zwischen dem Grand Port und dem Petit Port mit seiner Esplanade und zwei Stränden überaus beliebt für Spaziergänge, Picknicks, Workout und Wassersport. Auch Kinderspielareale und Restaurants bietet der zudem an Ausblicken reiche östliche Saum des Lac du Bourget. Und ein Sommer-Musikfestival.

CASINO GRAND CERCLE

König Victor Emmanuel II. von Savoyen höchstpersönlich weihte das neue Casino 1850 ein. Damals umfasste es einen Ballsaal, flankiert von zwei Salons: für das Spiel sowie für Lektüre und Korrespondenz. Im Laufe der Zeit wurde das von dem Aixer Stadt- und Thermenarchitekten Charles Pellegrini erbaute Casino prachtvoll erweitert. Für die Dekoration der großen Hallenkuppel etwa sorgte 1883 der venezianische Mosaik-Künstler Antonio Salviati. Heute findet sich in dem Gebäude-Ensemble auch ein Theater und ein Restaurant.

»Die Betten sind fast durchweg gut, nur die Bettdecken oft zu dünn; man hüte sich daher vor nächtlicher Erkältung.«
(Baedeker's Riviera und Südost-Frankreich, 1913)

Links: Nicht zum Kaffee traf man sich nachmittags im Kurpark, sondern zu einem Glas Heilwasser, Aufnahme um 1900. Unten: Promenade mit Aussicht.

Oben: Für Rodin-Fans ist das Musée Faure ein absolutes Muss.

MUSÉE FAURE

Untergebracht in der Villa des Chimères, präsentiert das Museum seit seiner Eröffnung 1949 vor allem die impressionistisch geprägte Kunstsammlung des 1942 verstorbenen Aixer Pharmazeuten Jean Faurée. Sie umfasst u.a. Werke von Bonnard, Cézanne, Degas, Pisarro und Sisley. Ergänzend zu diesem Grundstock besitzt das – 1902 für die Nachfahren des Pfefferminz-Extrakt-Erfinders Henri de Ricqlès erbaute – Haus das zweitgrößte Konvolut von Rodin-Skulpturen in Frankreich.
museefaure.myportfolio.com

CHÂTEAU DE LA ROCHE DU ROI

Dank neuer Eigentümer erstrahlt das zwischen 1897 und 1900 für den Besitzer des damaligen Hôtel du Grand Café hoch über dem Lac de Bourget erbaute, danach durch Spekulationen und Unwetter gebeutelte Schlösschen inzwischen wieder in altem Glanz. Von hier oben bietet sich dem Reisenden ein atemberaubenden Blick auf den Lac du Bourget und den »Katzenzahn«, einer der Gipfel des Mont du Chat. Über die Rue Victor Hugo und den Sentier des Granges gelangt man am besten zu Fuß hinauf zu dem eindrucksvollen Bau, der künftig als privates Kulturzentrum dienen soll.

Ausflug auf den Mont Revard Direkt am Ostufer des Lac du Bourget erhebt sich der Mont Revard als westlicher Abschluss des Massif des Bauges. Gut 1500 Meter reckt sich der Hausberg von Aix-les-Bains über dem Meeresspiegel empor; seine Plattform ist durch eine – auch für (Renn-) Radfahrer geeignete – Straße erschlossen. Zudem gibt es auf der Hochebene Mountainbike-Strecken, viele attraktive Wanderwege und das Skigebiet Le Revard (www.savoiegrandrevard.com). Beim Ausflugsrestaurant wurden mehrere Aussichtsplattformen errichtet, darunter eine mit Glasboden. Atemberaubend!

Das gibt's heute noch

Palasthotel Astoria *Im Jahr 1905 noch als kleines Eckgebäude eröffnet, erhielt das Art-déco-Hotel schon wenig später durch den Abriss sieben benachbarter Gebäude Platz für seine heutige Gestalt. Inzwischen sind in dem einstigen Grandhôtel-Palast Ferien-Apartments untergebracht. Viele originale Elemente blieben jedoch erhalten.*

Souvenir, Souvenir

Tome des Bauges *Einst produzierte beinahe jede Familie im Bauges-Massiv ihren eigenen Tome des Bauges, einen Hauskäse aus Kuhmilch. Heute sind es nur noch gut 20 Bauern und vier Kooperativen, die die Rohmilch-Zylinder mit der essbaren Rinde herstellen. Weideкühe dreier Rassen liefern die Basis für die etwa fünf Wochen gereifte Köstlichkeit.*

Retro-Moment

Bootstour über den Savières-Kanal zum Dorf Chanaz *Gut vier Kilometer misst das im 19. Jahrhundert kanalisierte, von der Rhône in seiner Fließrichtung geprägte Savières-Flüsschen. Schippert man vom Lac du Bourget per Bootstour den Kanal entlang, wartet am Ende das Dorf Chanaz, das vielen als kleines Venedig gilt.* ***www.chanaz-croisieres.fr***

Lyon

IM REICH DER GENÜSSE

Zwei Flüsse und zahlreiche Hügel prägen das Bild der als Gourmet-Metropole, einstigen Seidenweber-Hochburg und Heimat der Filmpioniere Lumière berühmten Stadt. Ihr historischer Kern, der zurückgeht auf die bedeutende Römersiedlung Lugudum, zählt zum Welterbe der UNESCO.

Seit rund 2000 Jahren spielt Lyon im Buch der Geschichte eine wichtige Rolle. Nach der Gründung von Frankreichs erster Börse 1605 auf der Halbinsel zwischen Saône und Rhône entwickelte sich die Stadt rasch zu einem der bedeutendsten Messeplätze Europas. Bis heute zeugt die Gebäudedichte aus Mittelalter und Renaissance auf dem Altstadt-Areal von dieser wirtschaftlichen Blüte. In den verwinkelten Gassen und versteckten Hofgängen des zu Füßen des Fourvière-Hügels entstandenen Vieux Lyon wirkten einst die (Seiden-)Weber. Seit Ende des 19. Jahrhunderts prangt auf dem Gipfel des antiken Stadtzentrums »forum vetus« eine Votiv- und Wallfahrtskirche. Zum architektonischen Schatz Lyons zählen neben Kirchen, Palais und weitläufigen Plätzen auch viele urige Kneipen (bouchons) sowie diverse Museen und Institutionen, sei es für Kunst und Geschichte, für den Stoffdruck, den Beginn der bewegten Bilder oder zum Thema Gastronomie und Feinschmecker-Kultur.

ALTSTADT

Schon die Römer siedelten am Westufer der Saône; ab dem Mittelalter, vor allem aber in der Renaissance, erblühte hier, am Saum des Fourvière-Hügels, das heutige Vieux Lyon. Es bestand ursprünglich aus drei Vierteln: jenem des Klerus und der Politik um die Kathedrale St. Jean, jenem, in dem zunächst die Seidenweber (frz. canuts) und Kunsthandwerker ihre Ateliers betrieben (St. Georges) und jenem der Wirtschafts- und Finanzmacht (St. Paul) mit den prächtigen Residenzen der Großbourgeoisie.

PLACE BELLECOUR

Frankreichs drittgrößter Platz trug im Lauf seiner Geschichte schon viele Namen. Gerahmt wird er bis heute jedoch von den beiden Flüssen der Stadt – und zählt als Teil der Lyoner Halbinsel inzwischen zum Welterbe der UNESCO. Sein Zentrum prägt die Reiterstatue von Louis XIV; im Südosten sitzt der berühmte Autor und Flieger Antoine de Saint-Exupéry mit seinem kleinen Prinzen auf einer Marmor-Säule. La Place Bellecour ist der beliebteste Treffpunkt der Lyoneser; im Winter gibt es sogar eine Eisbahn.

Links: Gülden wacht Louis XIV. über den Place Bellecour.

Oben: Viele kleine Geschäfte und Cafés versüßen den Besuch.

»Die schönste Aussicht (am besten nachmittags) hat man vom 48 Meter hohen Nordostturm der Eglise de Notre-Dame de Fourvière, den man auf 316 Stufen ersteigt.«

(Baedeker's Riviera und Südost-Frankreich, 1913)

Unten: Echt oder gemalt? Bei vielen der Wandmalereien muss man zwei Mal hinsehen.

Rechts: Für alle Cineasten ein Muss – das Institut Lumière.

WANDMALEREIEN

Pflanzengrün, das üppig über die Fassade wuchert. Menschen auf ihrem Balkon, vor dem Geldautomat, auf einer steilen Treppe, in der Tür und hinter den großen Fenstern einer Kneipe: Szenen einer Stadt. Kunstvoll auf Mauern gemalt. Seit den späten 1970er-Jahren zählen die großformatigen, naturalistischen Wandbilder zum künstlerischen Erbe Lyons. Sie sind vor allem im einstigen Seidenweber-Viertel Croix-Rousse zu sehen sowie um den Boulevard des États-Unis und im 7. Arrondissement am rechten Rhône-Ufer.

INSTITUT LUMIÈRE

In der prächtigen, 1901 erbauten Villa im Monplaisir-Viertel residierte die Familie Lumière nicht nur, sondern ließ im Garten auch den Kinosaal »Hangar« bauen. Gut fünf Jahre zuvor hatte Louis, der jüngere der beiden, wie der Vater von der Fotografie begeisterten Söhne, den ersten brauchbaren Kinematographen erfunden, dank dessen bald auch der erste Film der Geschichte entstand. Heute veranschaulicht das »Château Lumière« die Anfänge der bewegten Bilder mit modernsten Mitteln.
www.institut-lumiere.org

Das gibt's heute noch

Fête des Lumières *1852 erstmals anlässlich der Einweihung der Statue der Goldenen Jungfrau in Fourvière gefeiert, erhellen zu diesem Winterfest inzwischen nicht nur die »Kerzengläser« der Lyoneser die Stadt. Auch zahlreiche Monumente und Fassaden erstrahlen dann eindrucksvoll in künstlerischem Licht.*
www.fetedeslumieres.lyon.fr

Souvenir, Souvenir

Liqueur Chartreuse *Viele Legenden ranken sich um den Ursprung dieses Likörs aus 130 Pflanzen. Erstmals erwähnt wurde er angeblich schon 1605 in Paris. Seit 1764 jedenfalls stellen die Mönche des zwischen Lyon und Grenoble gelegenen Großen Karthäuser-Klosters von Voiron die Chartreuse Verte her. Ein perfektes Souvenir.*

Retro-Moment

Über die Traboules Lyon entdecken *Legten schon die Römer die ersten dieser geheimnisvollen Durchgänge an? Oder später die Seidenweber, die in den verborgenen Passagen ihre kostbaren Stoffe witterungsgeschützt transportierten? Erkunden kann man die Traboules sogar auf eigene Faust. Am besten morgens, dann sind viele Haustüren für Lieferanten geöffnet und man benötigt keinen Einlasscode.*

Heute so gut wie damals

Quenelles *Ein Lyoner Patissier soll die länglichen Klößchen in den 1830-Jahren erfunden haben, um seine Teigreste zu verwerten. Er vermischte sie mit dem Fleisch der in der Sâone zahlreichen Hechte. Neben den klassischen Quenelles au Brochet gibt es heute Varianten mit Geflügel, Kalb, Pilzen – oder nur mit Bechamel-Sauce.*

GOURMETSTADT LYON

Seit den 1930er-Jahren schon trägt Lyon den Titel »Welthauptstadt der Gastronomie«. Und seit Kurzem schmückt es sich mit der »Cité de la Gastronomie«, einem offenen Kreativ- und Ideenzentrum zum Thema Essen. Aber der kulinarische Ruf der von besten Lieferanten für Obst, Gemüse, Fleisch, Wurst, Geflügel, Fisch und Käse umgebenen Stadt wurzelt bereits in der Antike. Denn das römische Lugdunum hielt das Monopol des Weinhandels und konnte sich mit Septimanus auch schon eines begnadeten Küchenchefs rühmen. In der Neuzeit prägte vor allem der als Wegbereiter der Nouvelle Cuisine geltende Paul Bocuse (1926–2018) die Gourmet-Szene Lyons. Der Sternekoch – einer von heute rund 20 in der Stadt – begann seine Laufbahn am Herd der Mère Brazier, einer der zahlreichen Lyoneser »Mütter«, die zunächst in großbürgerlichen Haushalten kochten, sich ab dem 19. Jahrhundert jedoch oft selbstständig machten. Ihre Traditionsgerichte lassen sich noch heute in den urigen »Buchons« der Altstadt verkosten.

Bild: Paul Bocuse galt als einer der besten Köche des 20. Jahrhunderts. Sein Lyoner Restaurant wurde von 1965 bis 2019 ohne Unterbrechung mit drei Michelin-Sternen ausgezeichnet.

CARLTON HOTEL

SÜDFRANKREICH

Sonne satt, die Weite des Mittelmeeres, der Duft von Lavendel, Zitronen und den berühmten Kräutern der Provence, prächtige Belle-Époque-Architektur, atemberaubende Klippen und ein fast alpines Hinterland, in dessen Städtchen mitunter jahrtausendealte Heilwässer fließen: Frankreichs Süden ist ein Schmelztiegel der Zeiten und Kulturen. Von den antiken Häfen und mittelalterlichen Herrscherresidenzen der Côte d'Azur bis zu den Ausläufern des katalanischen Berges Canigou, an dessen Saum die Wiege des Fauvismus stand, spannt sich der Bogen der Attraktionen. Britische Sommerfrischler und Aristokraten aus aller Welt prägten die weite Region ebenso wie die Künstlerlegende Picasso, zahlreiche Schriftsteller, internationale Filmstars – und nicht zu vergessen das Wissen einheimischer Fischer, Weinbauern, Töpfer, Käse- und Handschuh-Macher.

Bild: Schon um 1950 hieß es Sehen und Gesehen-Werden am berühmten Plage de la Croisette in Cannes.

Digne-les-Bains

DER DUFT VON LAVENDEL

Mit frischer Luft, Thermalwasser und herrlichem Bergpanorama punktet das an der Route Napoléon gelegene Kurstädtchen der Haute-Provence. Es darf sich zudem mit dem Titel »historische Lavendelhauptstadt« schmücken, denn das gesamte Handelsgeschehen um das »Blaue Gold« spielte sich einst in Digne ab.

Eindrucksvoll thront der »Neun-Stunden-Felsen« über der Stadt. Schon die Römer schätzten die heißen Quellen an seinem Saum zur Linderung von rheumatischen Schmerzen und Atemwegsproblemen. »Dinia« (Quellen) nannten sie ihre Siedlung daher. Im Mittelalter verschob sich das Ortszentrum vom Ufer des Flusses Mardaric hinauf zur Point haut du Rochas mit der Bischofsburg. Aus dieser ersten Blütezeit stammt auch die Kathedrale Saint-Jérôme sowie das Hospitz, welches heute das Gassendi-Museum beherbergt. Als Museum zugänglich ist auch das Haus der berühmtesten Asien-Reisenden des frühen 20. Jahrhunderts, Alexandra David-Neel (1868–1969). Sie erhielt 1924 als erste Europäerin Zutritt zur damals für Ausländer verbotenen Stadt Lhasa. Nur fünf Jahre später feierte Digne seinen ersten Lavendelkorso, der bis heute im August die Innenstadt farbenfroh und klangvoll belebt.

BOULEVARD GASSENDI

Benannt nach einem Naturwissenschaftler und Astrologen des 16. Jahrhunderts, bildet diese breite, von Platanen beschattete Allee mit dem Place Général de Gaulle und seinen Cafés sowie dem Musikpavillon die zentrale Ader der Innenstadt. Ein großer Brunnen markiert den nördlichen Teil; am südlichen Ende beginnt das historische Viertel mit seinem Labyrinth aus gewundenen Gassen um die Kathedrale Saint-Jérome.

MUSÉE DE LA LAVANDE

Ganz der traditionellen, seit dem Jahr 1900 gepflegten Kultur der blauen Blume um Digne-les-Bains widmet sich das kleine Museum im Obergeschoss eines Ladens. Alte Destillierkolben, historische Fotografien und Stiche, aber auch Lebensgeschichten und Legenden rund um den Lavendel und seine Essenz sowie des Lavandin erwarten den Besucher der als Licht- und Tonshow konzipierten Ausstellung. Im Juli und August werden zudem Destillationsvorführungen angeboten. *www.musee-lavande-digne.fr*

»Wer eine Privatwohnung nimmt, ziehe den Arzt zu Rate, eher er den unentbehrlichen Mietkontrakt unterzeichnet. Die Wohnung muss vor allen Dingen trocken und nach Süden gelegen, steinerne Fußböden mit dicken Teppichen versehen sein.«

(Baedeker's Riviera und Südost-Frankreich, 1913)

Links: Insbesondere im Juni ist die Landschaft rund um Digne (unten) reizvoll anzusehen.

Oben: Als würde sie gleich wiederkommen, um weiter ihre Studien zu betreiben – das ehemalige Arbeitszimmer von Alexandra David-Neel.

FONDATION ALEXANDRA DAVID-NEEL

Abenteurerin, Feministin, Opernsängerin, Autorin: Alexandra David-Neel war eine facettenreiche Persönlichkeit. Nach unzähligen Reisen und fast 25 Lebensjahren in Asien erwarb die gebürtige Pariserin, die als erster Europäerin 1924 die verbotene Stadt Lhasa betreten durfte, 1928 ein Haus in Digne-les-Bains. Hier lebte und schrieb sie bis zu ihrem Tod mit fast 101 Jahren. Inzwischen erzählt »Samten Dzong« als Museum vom Wirken dieser außergewöhnlichen Frau. *www.alexandra-david-neel.fr*

JARDIN BOTANIQUE DES CORDELIERS

Umgeben von mehr als 100 Jahre alten Buchsbaumhecken, umfasst dieser vor fast drei Jahrzehnten auf dem Gelände des einstigen Klosters der Stricktráger (frz. cordeliers), also der Franziskaner-Mönche, angelegte Garten eine Fülle unterschiedlicher Pflanzenarten: heilende, essbare, aromatisch-würzende und zierende. Insgesamt nehmen die Parzellen der wilden und regionalen Gewächse eine Fläche von rund 2000 Quadratmeter ein. *www.dignelesbains.fr/culture-patrimoine-2/jardin-des-cordeliers*

Das gibt's heute noch

Musée Gassendi *Bereits 1889 wurde in der ehemaligen Gendarmerie die erste Ausstellung dieses Kunst- und Naturkundemuseums eröffnet. Seit 1909 wird die Sammlung, die heute auch Fotografien und mittelalterliche Glaswaren umfasst, im einstigen Krankenhaus gezeigt. Ein eignes Kabinett ist dem Namensgeber, dem französischen Theologen und Naturwissenschaftler Pierre Gassendi, gewidmet.* **mwww.useovetro.visitmuve.it**

Retro-Moment

Wanderung zur Chapelle St. Pancrace *Schon Pierre Gassendi erwähnte im 17. Jahrhundert in seinen Aufzeichnungen die alte Kapelle oberhalb von Digne. Ab den Thermen führt ein schöner Spazierweg hinauf zu ihr. Fast alle 500 Meter ändern sich dabei Umgebung und Panorama. Zudem laden Picknicktische zur Rast.*

Heute so gut wie damals

Lavendelfest feiern *Seit gut 100 Jahren feiert Digne im August seine violetten Duftblüten. Den Auftakt bildet am ersten Wochenende der abendliche Corso de la Lavande mit illumierten Wagen, Musikgruppen und Feuerwerk. Ende des Monats findet dann die Verkaufsmesse Foire de la Lavende statt.*

Menton

STADT DER ZITRONEN

Dank ihres besonders milden Klimas, das wie nirgendwo anders in Frankreich eine üppig exotische Pflanzenwelt gedeihen lässt, erwarb sich die »Stadt der Zitronen« an der Grenze zu Italien schon im 19. Jahrhundert einen legendären Ruf als mondänes Winterreiseziel.

Villen umgeben von prächtigem Grün und Hotelpaläste im Stil der Belle Époque erinnern auch in Menton an die Glanzzeiten der britischen Winterresidenz an der französisch-italienischen Riviera. Schon ab den 1950er-Jahren bildete vor allem das Viertel Garavan mit seinen zahlreichen historischen Gartenresidenzen die Kulisse für große Kinoerfolge. Bevor allerdings die Sonnenhungrigen aus aller Welt in die Bucht zwischen Monaco und Ventimiglia kamen, prägte jahrzehntelang der Anbau von Zitronen und Orangen die wirtschaftlichen Geschicke Mentons. 1860 etwa wurden rund 280 Millionen Kilo dieser Früchte geerntet. Heute herrscht Dolce-Vita-Stimmung im Labyrinth der farbenfrohen Altstadtgassen, lockt die Kunst von Jean Cocteau in einem kleinen Fort am Hafen und ein ausgedehnter Strandspaziergang auf der Promenade du Soleil. Aber natürlich ist auch die Tradition der Agrumen-Kultur lebendig: und so feiert jeden Februar Menton seine »Fête du Citron«.

PROMENADE DU SOLEIL

Vom Hafen über die Null-Kilometer-Rosette der Route des Grands Alpes bis auf die Höhe des Hôtel Princess et Richmond zieht sich längs eines rund eineinhalb Kilometer langen Strandbands Mentons Sonnenpromenade. Vielerorts gesäumt von historischen Gebäuden mit farbenfrohen Fassaden oder prächtigen Belle-Époque-Palästen lässt sich von der Promenade du Soleil am Saum der Baie du Soleil sowohl die Küstenlandschaft wie auch das bergige Hinterland bewundern.

ALTSTADT

Zartgelb, ocker, rosé oder sandfarben staffeln sich die Häuser der »vieille ville« um die Basilique Saint-Michel-Archange. Zwei Treppenwege führen direkt hinauf zum Kirchplatz, von dem sich ein traumhafter Blick auf den alten Hafen und die Plage des Sablettes bietet. Auch der Markt mit seinen Gewölben und die Kampanile mit ihren schimmernden Schieferdächern prägen das Bild der sowohl mittelalterlichen wie barocken Altstadt.

Links und unten: Wunderbar kann man sich in Mentons Gassengewirr verlieren; nur der Briefträger weiß, wo es langgeht.

»Die Zahl der Regentage vom 1. November bis Ende April wird im Durchschnitt mit 43 angegeben ... Schneetage sind äußerst selten.«

(Baedeker's Riviera und Südost-Frankreich, 1913)

QUAI NAPOLÉON III

Kaiser und Kaiserin umarmen sozusagen den Alten Hafen von Menton. Der südliche Kai, für dessen Name Napoléon Pate stand, zieht sich von Le Bastide, einem kleinen Fort aus dem 17. Jahrhundert, bis zum 1878 nach einem Patent von Gustave Eiffel erbauten Leuchtturm. Das fortin erinnert seit 1966 an das Schaffen von Jean Cocteau (1889–1963). Der Künstler selbst legte mit rund 100 Arbeiten den Grundstock der Sammlung; inzwischen umfasst das Konvolut, aus dem die Ausstellungen sich speisen, mehr als 2000 Werke. *www.museecocteaumenton.fr*

GARAVAN

Blütenrausch und Belle-Époque-Palais prägen diesen Villenvorort unmittelbar an der Grenze zu Italien. Er gehörte bis 1861 zur sardischen Gemeinde Ventimiglia und barg dank seines außergewöhnlich milden Klimas zahlreiche botanische Gärten. Noch heute sind sieben dieser jardins d'acclimatisation erhalten, darunter jener der Villa Maria Serena und der Clot du Peyronnet. Von Garavan führt ein drei Kilometer langer, von Pfeffer- und Johannisbrotbäumen gesäumter Boulevard direkt in die Altstadt von Menton.

Oben: Schon Ende des 19. Jahrhunderts genoss man den atemberaubend schönen Blick vom Quai Napoléon aufs Meer hinaus.

Rechts: Jardin der Villa Serena – einer von zahlreichen prächtigen Gärten des Villenviertels Garavan.

Das gibt's heute noch

Jardin Botanique du Val Rahmeh
Ab 1905 vom einstigen Gouverneur Maltas, Sir Percy Radcliffe, und seiner Frau Rahmeh angelegt, bezaubert der labyrinthische Garten mit einer in Frankreich einzigartigen Sammlung mediterraner und subtropischer Pflanzen. Gigantische Seerosen gehören ebenso dazu wie der Schnurbaum von den Osterinseln. ***www.jardinbotaniquevalrahmehmenton.fr***

Heute so gut wie damals

Zitronenfest *Schon seit Mitte der 1930er-Jahre feiert Menton jeweils im Februar seine Zitrusfrüchte. Sie schmücken dann Themenwagen beim Straßenumzug oder leuchten als meterhohe, sonnenfarbene Skulpturen in den Biovès-Gärten. Ein einzigartiges Ereignis, das stets mehrere Zehntausend Besucher anlockt.*

Retro-Moment

Durch den Parc du Pian flanieren
In Terrassen zum Meer hin angelegt ist dieser außergewöhnliche Olivenhain, dessen Bäume hier zum Teil seit mehreren 100 Jahren wurzeln. Im Frühjahr weiden Schafe in ihrem Schatten. Ansonsten ist träumerisches Wandeln oder ein Picknick im Parc du Pian angesagt.

DIE ENTDECKUNG DER CÔTE D'AZUR

In seinem Buch »Travels through France and Italy« pries der britische Autor Thomas Smolett schon 1766 die Vorzüge der französisch-italienischen Küste rund um Nizza, Cannes und Menton. Das Licht sei dort klarer als andernorts, so schrieb er, der Himmel milder die Sonne scheine häufiger. Smoletts schwärmerische Beschreibung lockte bald seine ersten Landsleute an; die neue napoleonische Straße von 1806 und der Anschluss an das Eisenbahnnetz brachten schließlich wohlhabende Reisende aus ganz Europa in die mit mildem Klima, üppiger Blütenpracht und herrlichen Stränden gesegnete Region. Ihren heutigen Namen indes erhielt sie erst 1887. In diesem Jahr publizierte der Politiker und Dichter Stephen Liégeard sein Werk über seine Wahlheimat und gab ihm den Titel »La Côte d'Azur«. Damit war der Boom dieses »kleinen Stückchens vom Paradies« endgültig besiegelt. Die »Blaue Küste« putzte sich heraus mit Villen und Hotelpalästen und wurde schließlich zum Magneten für die Reichen und Schönen dieser Welt.

Bild: Vielleicht etwas weniger Autos als heute, aber voll war es am Strand von Cannes schon im Jahre 1955.

Beaulieu-sur-Mer

EIN PLATZ AN DER SONNE

Mondäne Belle-Époque-Atmosphäre prägt den kleinen Küstenort, in dem das Blau des Mittelmeeres, das Grün jahrhundertealter Olivenbäume, das Gold zweier Strände und das Felsgrau des bergigen Hinterlandes schon früh nicht nur Künstlerherzen höherschlagen ließ.

Als griechischer Hafen Anao in der Antike erstmals schriftlich erwähnt, in der Neuzeit bis zur Ära Napoleons unter dem Namen Bellolocco italienisches Territorium, erblühte der »schöne Platz« zwischen dem Cap d'Ail und Saint-Jean-Cap-Ferrat im 19. Jahrhundert durch die Anbindung an die Straße und Eisenbahnlinie nach Nizza zum mondänen Winterziel. Palmengrün und Olivenhaine, zwei goldene Strände und das bergige Hinterland lockten betuchte Engländer ebenso an wie Künstler aus dem französischen Norden. Eugène Boudin malte bereits 1892 die Baies de Fourmis und passionierte Liebhaber des alten Griechenlands sorgten für einen getreuen Nachbau einer antiken Villa an ebendieser Ameisenbucht. Auch gekrönte Häupter, Filmstars und Politiker aus aller Herren Länder erlagen dem Zauber des Küstenstädtchens, das lange Zeit ein Ortsteil des weiter landeinwärts gelegenen Villefranche war.

VILLA KERYLOS

Auf der felsigen Spitze der Baie des Fourmis zwischen 1902 und 1908 als Urlaubsdomizil des französischen Gelehrten und Archäologen Théodore Reinach erbaut, verbindet die Villa die Pracht eines Palastes auf Delos mit dem Komfort der Belle Époque. Bis in die 1960er-Jahre nutzten die Nachfahren Reinachs das Anwesen privat. Inzwischen steht es unter Denkmalschutz und ist als Museum zugänglich. Zudem beherbergt die Villa regelmäßig Ausstellungen mit thematischem Bezug zu Griechenland. *www.villakerylos.fr*

PROMENADE MAURICE ROUVIER

Vom Strand Beaulieus bis zum Hafen von St.-Jean-Cap-Ferrat säumt dieser breite Weg die Küste. Er führt vorbei an der 1880 erbauten, in Lachsrosa leuchtenden Villa Socoglio, in der einst Charlie Chaplin, der belgische König Leopold III. und während der Dreharbeiten zu »Der rosarote Panther wird gejagt« auch der Schauspieler David Niven logierten. Die Uferpromenade bietet wunderschöne Ausblicke auf die Pointe Rompa-Talon und die Pointe Fontettes – und mündet schließlich am Strand Cros Dei Pin.

Ausflug nach Saint-Jean-Cap-Ferrat Einst nur besiedelt von Bauern und Fischern, kamen schon im 19. Jahrhundert Ausflügler aus Nizza per Kutsche auf die üppig bewachsene Halbinsel. Im Zuge der Ankunft von König Leopold begann der Bau erster großer Villen und palastartiger Hotels. Als modisches Badeziel hieß Saint-Jean-Cap-Ferrat auch Politiker aus aller Welt und Künstler wie Matisse oder Picasso willkommen. Romy Schneider heiratete dort 1966. Bis heute hat sich die Halbinsel ihr kosmopolitisches Flair und ihre wilde Schönheit bewahrt.

Links: Angesichts von Pinien, Palmen und Wellenrauschen kann man am Strand von Beaulieu-sur-Mer schon mal die Zeit vergessen.

Das gibt's heute noch

Hotel Réserve de Beaulieu
Um 1880 nur ein Restaurant am Meer, benannt nach dem Becken, in dem die Fischer ihre Netze leerten, zog »La Réserve« als Luxusherberge bald Prominente wie Belgiens König Leopold oder den amerikanischen Pressemagnaten Gordon Bennett an. Inzwischen erstrahlt das florentinisch inspirierte Haus in neuem Glanz.
www.reservebeaulieu.com

Nizza

AN DER ENGELSBUCHT

Das Erbe der Antike wie auch der Belle Époque prägt bis heute Stil und Atmosphäre der, wie viele sagen, heimlichen Hauptstadt der Côte d'Azur. Herrlich gelegen an den Ausläufern der Seealpen, zieht sich Nizza als einzigartige Symbiose aus Pracht und Beschaulichkeit entlang der sichelförmigen Engelsbucht.

Nikaia, die Stadt der griechischen Siegesgöttin Nike, erlebte seit ihren Anfängen im 5. Jahrhundert v. Chr. diverse Herrscher und Blütezeiten. An die römische Siedlung Cemenelum erinnert noch heute Cimiez, das vornehme grüne Hügelviertel mit den Museen für die Maler Chagall und Matisse. Von der mondänen Zeit der Jahrhundertwende, zu der bereits eine elektrische Straßenbahn in Nizza verkehrte, zeugen prächtige Boulevards wie die Promenade des Anglais sowie palastartige Bauten wie das Hotel Negresco oder das Palais Masséna. Letzteres erinnert mit seinen Sammlungen seit 1921 an die Kunst und Geschichte der Riviera – von der Angliederung Nizzas an Frankreich bis zum Ende der Belle Époque. Italienisch mutet indes die Umgebung des – angeblich nach Abteikellern benannten – Cours Selaya an. Einst war das weite, freie Areal Hafengebiet, später beliebte Flanieradresse wohlhabender Müßiggänger. Heute ist es ein quirliger Marktplatz, auf dem man Obst, Gemüse und Blumen erstehen kann, gesäumt von Cafés, Bars und Restaurants.

PROMENADE DES ANGLAIS

Betuchte Briten begannen ab Mitte des 18. Jahrhunderts den Winter in dem klimatisch milden Nizza zu verbringen und gaben den Anstoß für einen Gehweg entlang des Kieselstrandes. Heute säumen die fast acht Kilometer lange, teils von Palmen beschattete »Promenade der Engländer« straßenseitig zahlreiche Restaurants, Cafés und Hotels. Zur Meerseite tummeln sich auf ihr Spaziergänger und Jogger, sitzen Zeitungsleser auf den berühmten blauen Stühlen. Auch für Nizzas Karneval ist sie eine schöne Kulisse.

ALTSTADT

Schmale Gassen mit hohen, ebenso farbenfrohen wie schattenspendenden Häusern und zahlreiche barocke Sakralbauten wie die Kathedrale Sainte-Réparate prägen das »vieux Nice«. Fast rund um die Uhr herrscht hier reges Treiben. Man trifft sich in einer der Bars auf einen Wein. Gönnt sich ein Eis bei »Fenocchio«. Oder stärkt sich mit Socca, dem typischen, auf einer Kohletonne gebackenen Kichererbsen-Fladen, am Cours Saleya, dem weiten Marktplatz mit seinem üppigen Blumen- und Gemüse-Angebot.

Links: Malerisch gelegen, zählt Nizza über 300 Sonnenstunden im Jahr.

Unten: Verführerisch duftet es in der Altstadt nach Blumen, dem berühmten Blumenmarkt sei Dank.

Oben: Schon um 1900 etablierte sich Nizza als Ziel für Sommerfrischler. Insbesondere Briten und Russen verbrachten hier im milden Klima die kalten Wintermonate.

KUNSTMUSEEN

Schon die Fassade des von Yves Bayard entworfenen Musée d'Art Moderne et d'Art Contemporain, des Museums für moderne Kunst, ist spektakulär. Das Musée Marc Chagall beherbergt Gemälde, Skizzen, Skulpturen und Glasfenster des Künstlers. In einer umgebauten Villa logiert das Musée Matisse mit 68 Ölgemälden und bildhauerischen Arbeiten. In eine ganz andere Kunstrichtung entführt das Musée des Arts Asiatiques mit etlichen Sammlerstücken aus Asien sowie Teezeremonien und Tanzveranstaltungen.

COLOMBE D'OR

Es ist eines der berühmtesten Lokale der Côte d'Azur. Das liegt unter anderem an seiner von Feigenbäumen umsäumten Terrasse, dem traumhaften Garten mit Pool. Insbesondere aber an einer Kunstsammlung, die Weltklasseniveau besitzt. Die Gäste sitzen unter Originalgemälden von Henri Matisse, Georges Braque oder Pablo Picasso. Dementsprechend ist der Andrang; wer etwa im Sommer kommt, hat ohne Reservierung keine Chance. Und verpasst unter anderem die legendären Schnecken mit Ratatouille oder das nur abends erhältliche Soufflé au Grand Marnier. *www.la-colombe-dor.com*

Über den Dächern von Nizza

Alfred Hitchcocks Thriller um einen Juwelendieb an der französischen Riviera entstand von Mai bis August 1954. Die Hauptrollen spielten Grace Kelly und Cary Grant. Gedreht wurde vor allem in und um Nizza, etwa in Saint-Jeannet, Cagnes-sur-Mer, Saint-Jean-Cap-Férrat und Èze. Die Kulisse für die Szenen in der »Villa Sandford« stammt aus den Räumen des Château de la Croix des Gardes in Cannes. Auch die Küstenstraße Grande Corniche zwischen Nizza und Monaco spielt in der brillanten Romanverfilmung eine Rolle.

Souvenir, Souvenir

Alziari-Olivenöl *Schon die Retro-Kanister in den Farben von Meer, Pinien und Strand bezaubern. Das darin abgefüllte Öl bringt die Sonne Nizzas auf die Zunge. Familie Alziari lebt seit 1920 für das Thema Oliven – ihr nostalgischer Feinkostladen in der Rue St. François ist diesbezüglich ein wahres Paradies.* ***www.alziari.com.fr***

Das gibt's heute noch

Le Negreso *Zur Eröffnung des nach seinem Bauherrn, dem Bukarester Gastwirtssohn Henri Negresco, benannten Luxushotels im Jahr 1912 kamen sogar gekrönte Häupter. Die prägnante Dachkuppel schuf Gustave Eiffel; das palastartige Interieur ist Jeanne Augier zu verdanken, deren Familie das Hotel ab 1957 gehörte.* ***www.hotel-negresco-nice.com***

Heute so gut wie damals

Stadtplan *Im Alten Orient in Ton geritzt, bei den Römern in Marmor gemeißelt, seit dem Mittelalter als Holzschnitt und bald auch als Kupferstich auf Papier gedruckt: trotz Handy- oder iPad-Bildschirm ist die maßstabsgerechte Faltkarte einer Stadt noch immer eine beliebte Orientierungshilfe auf Reisen.*

ONS - LITS
Cie INTERNATIONALE DES WAGONS-LITS
ET DES GRANDS EXPRESS EUROPÉENS

30 STUNDEN BIS ZUM MITTELMEER

Ende des 19. Jahrhunderts war die Riviera, also der französisch-italienische Küstenabschnitt des Ligurischen Meeres, dank des dortigen milden Klimas das wichtigste Winter-Reiseziel der europäischen Oberschicht. Um nicht nur Franzosen und Briten die Bahnreise dorthin zu ermöglichen, setzte die Compagnie Internationale des Wagons-Lits (CIWL) 1896/97 erstmals den »Wien-Nizza-Cannes-Express« ein. Er verkehrte gut drei Jahrzehnte bis 1939 – nur unterbrochen vom Ersten Weltkrieg. Anfänglich drei Mal wöchentlich, ab 1927 sogar täglich, fuhr der nur Wagen erster Klasse umfassende Zug von der Donau-Metropole Wien über Venedig, Mailand, Genua und Ventimiglia nach Nizza und Cannes. Er benötigte für die Strecke knapp 30 Stunden. Bei Abfahrt in Wien um 14.15 Uhr wurde Cannes am nächsten Abend um circa 20 Uhr erreicht; früh genug also für ein Dinner mit Meerblick. Aber nicht immer ging die Reise glatt vonstatten: 1909 erregte der Luxus-Express Aufsehen, als er beim Grenzdorf Pontafel eine Woche eingeschneit liegen blieb.

Bild: Eleganz und viel Komfort erwartete den Zugreisenden im Wien-Nizza-Cannes-Express. Aufgrund seiner Beliebtheit beim Hochadel nannte man ihn auch »Train des Grand-Ducs«.

Antibes

C'EST CI BON

Mit seiner Geschichte, die bis in 4. Jahrhundert v. Chr. zurückreicht, ist der heutige Nobelort eine der ältesten Siedlungen an der Côtes d'Azur. Antipolis nannten die griechischen Gründer sie; auf der antiken Akropolis erbauten die Grimaldi im 14. Jahrhundert ihre Burg. Picasso schuf dort zahlreiche seiner Werke.

Nicht nur die Lage an der Engelsbucht – direkt gegenüber von Nizza – sucht ihresgleichen. Auch in Sachen Architektur kann sich Antibes einiger Superlative rühmen. Etwa der Farbenpracht seiner Altstadthäuser. Vor allem im einstigen Viertel der Safranhändler strahlen die Fassaden in Tönen von Rosa, Gelb, Grün oder Rot. Vielleicht inspirierten sie Picasso in seinem Schaffen. Denn der Künstler besaß im Grimaldi-Schloss ein Atelier. Noch zu seinen Lebzeiten wurde es in ein ihm gewidmetes Museum umgewandelt. Dem Baumeister von Louis XIV. indes ist die Erweiterung der Hafenbefestigung zu verdanken; die Marina selbst gilt heute als die größte Europas. Ebenfalls eng mit der Geschichte von Antibes verbunden ist die Geburt eines der ältesten europäischen Jazzfestivals. Lange bevor die amerikanischen Musiker kamen, hatte ihr Landsmann Frank Jay Gould den späteren Konzertort Juan-les-Pins bereits mit dem Bau des Luxushotels »Le Provençal« zu einem der mondänsten Treffpunkte der französischen Riviera geadelt.

»Die Promenade Front de Mer gewährt eine herrliche Aussicht über die Bucht nach Nizza hin und auf die meist schneebedeckten Seealpen; Nachmittags beste Beleuchtung.«

(Baedeker's Riviera und Südost-Frankreich, 1913)

ALTSTADT

Rue de l'horloge und Rue du Saint Esprit heißen die beiden hafennahen Gassen, in denen der Flaneur einen ersten Eindruck von der verschachtelten Enge und Schönheit der vielle ville erhält. Zahlreiche Treppen, das einstige Grimaldi-Schloss, ein Waschhaus und verborgene Steingesichter, La Maison de Níkos Kazantzakis: es gibt vieles zu entdecken im historischen Kern von Antibes – von griechisch-römischen Relikten bis zum mittelalterlichen Turm und Altar der Kathedrale sowie Resten der alten Stadtmauer.

PORT VAUBAN

Schon die Phönizier nutzten die kleine, von zwei Landzungen eng umarmte Bucht der Halbinsel Saint-Roch als Marinebasis und Handelshafen. Im 16. Jahrhundert entstand dann eine sternförmige Festung am nördlichen Uferpart. Das von Sebastién le Pretre, Seigneur de Vauban, dem Militärarchitekten von König Ludwig XIV., erweiterte Bollwerk ist heute Museum und Ausstellungsort. Die Marina mit ihren 1500 Liegeplätzen und dem berühmten Quai des Milliardaires für Luxusjachten gilt als die größte Europas.

Links: Schon in den 1920er-Jahren führte das glamouröse amerikanische Ehepaar Gerald und Sara Murphy am heute berühmten Plage de la Garoupe ihre Jetset-Freunde wie F. Scott Fitzgerald in die Kunst des Sonnenbadens ein.

Links: Einst ein kleiner Fischerort, wurde es in Antibes schnell mondän und elegant (Vintage-Reiseplakat um 1950).

Oben: Nicht nur Werke Picassos sind im einstigen Grimaldischloss zu finden, auch Fans von Max Ernst und Miró sollten das Museum besuchen.

MUSÉE PICASSO

Ursprünglich Wohnstätte der Grimaldi, dann ein Museum für Geschichte und Archäologie, erhielt Picasso 1946 das Angebot, einen Teil des trutzigen Schlossgebäudes als Atelier zu nutzen. Als Dank schenkte der Künstler der Stadt etwa zwei Dutzend seiner Werke. Sie bildeten den Grundstock für die Sammlung des heutigen Picasso-Museums, die inzwischen auch Werke aus dem Nachlass von Ehefrau Jacqueline Roque umfasst. Neben den Bildern, Skulpturen und Keramiken Picassos zeigt das Museum zudem Werke anderer Klassiker der Moderne.
www.antibes-juanlespins.com/culture/musee-picasso

RENOIR-MUSEUM, CAGNES-SUR-MER

Ein großer Oliven- und Zitronengarten mit grandioser Aussicht über das mittelalterliche Haut-de-Cagnes, das Meer und die umliegenden Hügel bildete auf der Domaines des Collettes ab 1908 die Kulisse für Renoirs letzte Lebensjahre. Sein Wohnhaus umfasst noch das Originalmobiliar; erhalten sind ebenso vierzehn Originalgemälde und etliche Bronze-Skulpturen des impressionistischen Künstlers. Auch das Atelier und der historische Gemüsegarten lassen sich beim Besuch des Anwesens bewundern. Das Museum erreicht man von Antibes in ca. 20 Autominuten. *www.cagnes-sur-mer.fr/culture/musee-renoir/*

Das gibt's heute noch

Hotel du Cap Eden Roc *Ein junger Italiener machte die einstige Autoren-Villa des Gründers von »Le Figaro« 1889 zum Grand Hotel du Cap. Es empfing bald Berühmtheiten wie Picasso, den Herzog von Windsor oder Marlene Dietrich. Das Anwesen mit dem legendären Felsenpool spielt auch eine Rolle in dem 1934 erschienenen Roman »Zärtlich ist die Nacht« von F. Scott Fitzgerald.*

www.oetkercollection.com

Souvenir, Souvenir

Herbes de Provence *Thymian, Oregano, Rosmarin, Basilikum und Bohnenkraut: so heißen die fünf Protagonisten des berühmten südfranzösischen Aroma-Quintetts. Doch Augen auf beim Kauf: oft stammen die Kräuter gar nicht aus der Provence, denn der Name »Herbes de Provence« ist nicht geschützt.*

Retro-Moment

In der Jugendstilmarkthalle einkaufen *Obst und Gemüse, Fisch und Meeresfrüchte, Blumen, Käse, aber auch andere Produkte der Region locken an den rund 50 Ständen des seit 1928 von einem gusseisernen Dach geschützten Marktes am Cours Masséna. An manchen Nachmittagen wird hier auch Kunst angeboten.*

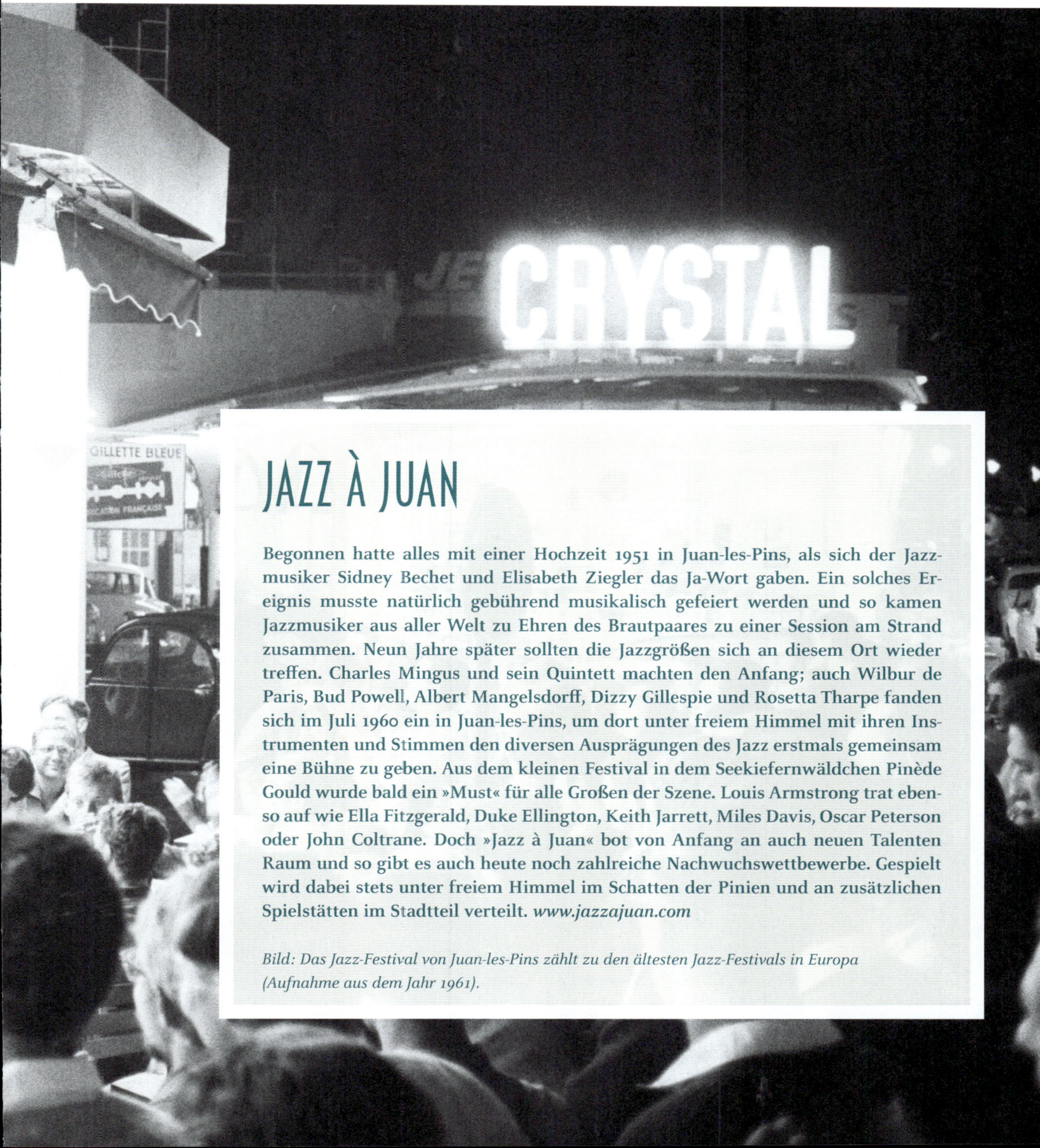

JAZZ À JUAN

Begonnen hatte alles mit einer Hochzeit 1951 in Juan-les-Pins, als sich der Jazzmusiker Sidney Bechet und Elisabeth Ziegler das Ja-Wort gaben. Ein solches Ereignis musste natürlich gebührend musikalisch gefeiert werden und so kamen Jazzmusiker aus aller Welt zu Ehren des Brautpaares zu einer Session am Strand zusammen. Neun Jahre später sollten die Jazzgrößen sich an diesem Ort wieder treffen. Charles Mingus und sein Quintett machten den Anfang; auch Wilbur de Paris, Bud Powell, Albert Mangelsdorff, Dizzy Gillespie und Rosetta Tharpe fanden sich im Juli 1960 ein in Juan-les-Pins, um dort unter freiem Himmel mit ihren Instrumenten und Stimmen den diversen Ausprägungen des Jazz erstmals gemeinsam eine Bühne zu geben. Aus dem kleinen Festival in dem Seekiefernwäldchen Pinède Gould wurde bald ein »Must« für alle Großen der Szene. Louis Armstrong trat ebenso auf wie Ella Fitzgerald, Duke Ellington, Keith Jarrett, Miles Davis, Oscar Peterson oder John Coltrane. Doch »Jazz à Juan« bot von Anfang an auch neuen Talenten Raum und so gibt es auch heute noch zahlreiche Nachwuchswettbewerbe. Gespielt wird dabei stets unter freiem Himmel im Schatten der Pinien und an zusätzlichen Spielstätten im Stadtteil verteilt. *www.jazzajuan.com*

Bild: Das Jazz-Festival von Juan-les-Pins zählt zu den ältesten Jazz-Festivals in Europa (Aufnahme aus dem Jahr 1961).

Grasse

EIN FEST FÜR DIE SINNE

Als Stadt der Düfte weltbekannt, war es ursprünglich nicht der Wohlgeruch von Narzissen, Rosen, Jasmin und anderen Blüten, der durch die verwinkelten Gassen wehte. Bis zum 16. Jahrhundert prägte tatsächlich das Gerber-Metier mit seinem Gestank den Alltag von Grasse.

Leder aus Grasse erfreute sich schon im Mittelalter großer Beliebtheit. Doch sein Geruch irritierte die Nasen alle jener, die es trugen – als Handschuhe etwa. Ein Gerber namens Gallimard kam schließlich auf die Idee, die Fäust- und Fingerlinge zu parfümieren. Und schon bald wich die Bearbeitung von Tierhäuten in den Hügeln nördlich von Cannes der Herstellung von Blütendüften. Die entsprechenden Pflanzen gediehen bestens in der Umgebung; einige der Felder existieren bis heute. Auch der Eingangspavillon einer Parfümerie aus dem 19. Jahrhundert ist erhalten – und ein Museum erhellt inzwischen sowohl die Parfümtradition der Stadt als auch die weltweite Geschichte von Düften. Die jährlichen Feste zu Ehren von Jasmin, Rose und Co. auf den Plätzen und in den Straßen von Grasse erfreuen ebenfalls Nase und Augen. Und auch die zwei Dutzend Gärten des Pays de Grasse, in denen schon der Held Grenouille aus Patrick Süskinds Roman »Das Parfum« spazierte – umweht stets ein betörend schöner Wohlgeruch.

ALTSTADT

Wie ein Balkon mit Meerblick schmiegt sich das historische Zentrum von Grasse an eine breite Hügelflanke mit unterirdischen Bächen und Quellen. Ein Labyrinth schräger Gassen zieht sich von den historischen Fabrikgebäuden des 19. Jahrhunderts nahe des Cour Honoré Cresp hinauf zur gotisch-romanischen Kathedrale Notre Dame de Puy und dem Dominikaner-Kloster aus dem 14. Jahrhundert – eine zu Stein gewordene Zeitreise mit Wendeltreppen, Springbrunnen und versteckten Gärten.

MUSÉE DE LA PARFUMERIE

Schon Anfang des 20. Jahrhunderts widmete François Carnot einen Teil seines privaten historischen Museums dem Thema Parfüm. Bald umfasste die Sammlung auch Glaskunst von René Lalique und andere dekorative Exponate wie etwa Parfümetiketten. Inzwischen zeigt das Museum parfümrelevante Objekte aus allen Materialien und Zivilisationen, stellt Produktionstechniken vor und erzählt neben der Geschichte des Parfüms auch jene der Seifen, Schminke und Kosmetika.

Süskinds Parfum Er ist einer der berühmtesten deutschsprachigen Romane des 20. Jahrhunderts und setzte der Stadt Grasse ein literarisches Denkmal. »Das Parfum« (1985) rund um die Hauptperson Jean-Baptiste Grenouille, einen vom Duft besessenen Sonderling ohne Eigengeruch, beschreibt die Welt der Gerüche so intensiv wie kein anderer Roman. Mit Übersetzungen in 48 Sprachen und bisher weltweit mehr als 20 Millionen verkauften Exemplaren ist »Das Parfum« einer der größten deutschen Bucherfolge des 20. Jahrhunderts.

Links: Der in Grasse angebaute Jasmin wird »Grandiflorum« oder »Jasmin à grandes fleurs« genannt. Geerntet werden seine Blüten in den frühen Morgenstunden des Juli bis Oktober, denn dann ist der Duft am intensivsten.

Heute so gut wie damals

Jasminblütenfest *Jeweils am ersten Augustwochenende feiert Grasse den Erntebeginn der duftenden Jasminblüten mit Musik, Show und Feuerwerk – eine inzwischen fast 80-jährige Tradition. Höhepunkt der dreitägigen »Fête du Jasmin« ist der Corso Fleuri, der Blütenumzug am Samstagabend.*

Cannes

GRANDEZZA DES SÜDENS

Goldene Palmen und schimmerndes Licht, das nicht nur Künstler wie Picasso faszinierte, machten das Fischerdorf am Golfe de La Napule zur mondänen Bade- und Filmfestival-Destination. Aber schon Kelten und Römer siedelten in der einst von viel canna (Schilf) bewachsenen Bucht.

Es war ein Engländer, der die Schönheit und das Potenzial des einstigen Firscherstädtchens erkannte und Cannes im 19. Jahrhundert aus seinem Dornröschenschlaf erweckte. Bereits 1834 ließ sich der ehemalige Lordkanzler Baron Brougham and Vaux in dem südfranzösischen Küstenort nieder. Nur vier Jahre später wurde der Alte Hafen gebaut und bald zog sich eine von Palmen bewachsene Promenade über fast die gesamte Länge der Bucht: die berühmte »Croisette«. Noble Villen entstanden und erste Luxushotels zogen zunehmend eine wohlhabende Klientel an – aus England, aber auch aus vielen anderen Ecken der Welt. Auch Künstler waren von Cannes zunehmend fasziniert, Maler, Bildhauer, Keramiker und schließlich auch jene der cinquième art: des Kinos. Schon 1946 richtet Cannes erstmals seine internationalen Filmfestspiele aus. Heute rollt die Stadt alljährlich vor einem modernen Palais am Hafen den roten Teppich für Stars und Sternchen aus.

LE SUQUET

Von der Westseite des Hafens bis zur Kirche Notre-Dame-d'Espérance und dem Château de Castre winden sich die malerischen Gassen und Treppenwege der kleinen Altstadt an der Flanke des Mont Chevalier hinauf. Die fast 1000 Jahre alte Burg auf seiner Kuppe erbauten die Mönche von den Îles de Lérins; sie birgt heute als Musée des Explorations du Monde unter anderem deren facettenreiche Sammlung. Vom Kastell und seinem Garten bietet sich ein wunderbarer Panoramablick auf Cannes und die Küste.

LA CROISETTE

Bis 1871 hieß die berühmte Promenade mit ihren Luxushotels, noblen Restaurants und Boutiquen sowie dem Palais für die Filmfestspiele noch »Boulevard de L'imperatrice«, zu Ehren von Kaiserin Eugénie de Montijo, der Gattin Napoleons III. Ursprünglich freilich war Cannes' Meile der Reichen und Schönen nichts als ein schmaler Weg, der zu einem Wachturm an der Spitze des Kaps führte, an der auch ein kleines Kreuz stand – auf Provenzalisch »crouseto« genannt. Von ihm hat die schicke Croisette ihren Namen.

Ausflug zum Musée Louis de Funès in St. Raphael Schelmisch blickt Frankreichs wohl populärster Komiker von der Eckfassade eines Hauses am Bahnhof von St. Raphael in die Welt. Das Riesenplakat verweist auf das Museum zu Ehren des Sohnes spanischer Einwanderer, der ab den 1960er-Jahren als »Gendarm von St. Tropez«, »Fantomas« oder »Rabbi Jacob« Kinofans begeisterte. Fotos, Filmausschnitte und Orginaltöne dokumentieren das facettenreiche Werk des 1983 verstorbenen Schauspielers, Regisseurs, Musikers, Drehbuchautors und Rosenliebhabers. **museedefunes.fr**

Links: Französische Schauspieler genießen während des Filmfestivals von 1958 eine Auszeit am Strand.

Unten: Schon tagsüber ist Cannes prächtig anzusehen, aber erst im rosafarbenen Abendlicht erstrahlt die Stadt in ihrer ganzen Schönheit.

»April und Mai sind für Wärmebedürftige und für den ausgedehntesten Luftgenuß eine vortreffliche Zeit.«

(Baedeker's Riviera und Südost-Frankreich, 1898)

Oben: Von einem üppigen Garten umgeben ist das Kloster Lérins auf der Insel Saint-Honorat. Die Mönche nutzen die prächtig gedeihende Natur für den Anbau von Wein und die Herstellung des Lérina-Kräuterlilörs.

CHAPELLE BELLINI

Ein Graf namens Vitali ließ die Kapelle mit dem eindruckvollen Glockenturm Ende des 19. Jahrhunderts im florentinisch-barocken Stil errichten. Bald danach ging sie in den Besitz der Prinzessin Kara-Georgevitch von Serbien über. Ab 1953 diente sie schließlich dem Architekten und Maler Emmanuel Bellini gut drei Jahrzehnte als Atelier. Nach seinem Tod blieb die Kapelle als Museum nahezu unverändert erhalten mit vielen Beispielen für Bellinis farbsatte, expressionistisch und fauvistisch geprägte Kunst.
www.facebook.com/ChapelleBellini

ÎLES DE LÉRINS

Das autofreie, nur per Boot erreichbare Inselgrüppchen liegt nur wenige 100 Meter vor der Küste von Cannes: Sainte-Marguerite, das größte der vier Eilande, ist dicht bewaldet und berühmt für sein Fort aus dem 17./18. Jahrhundert, in dem einst der »Mann mit der eisernen Maske« gefangen gehalten wurde. Auf Saint-Honorat siedeln seit Jahrhunderten Mönche, die Wein anbauen und inzwischen auch ein Restaurant betreiben. Die beiden Winzlinge Saint-Ferréol und Île Saint de la Tradelière sind unbewohnt.

Das gibt's heute noch

Carlton Hotel *Von Henri Ruhl in Auftrag gegeben, erlebte die »Stadt des freien Menschen«, wie die Übersetzung des skandinavischen Namens Carlton lautet, 1913 ihre Eröffnung. Mit 250 Zimmern, Lüstern aus Kristall, Vergoldungen und Marmorsäulen setzte die Luxusherberge ein glanzvolles Zeichen in Cannes' Hotellerie.*
www.ihg.com

Heute so gut wie damals

Kleines Schwarzes *Es war Coco Chanel, die in den 1920er-Jahren der Witwenfarbe zum neuen Image verhalf: Über ihren Entwurf für ein nachtdunkles Etuikleid schrieb die »Vogue«, es werde »eine Art von Uniform für alle Frauen mit Geschmack werden«. Tatsächlich passt das Kleine Schwarze bis heute zu (fast) allen Gelegenheiten.*

Souvenir, Souvenir

Kräuterlikör Lérina *Nicht nur Wein produziert die Abbaye de Lérins auf der Insel Saint-Honorat. Auf der Basis von Zitrusfrüchten oder Kräutern stellen Zisterziensermönche auch Liköre her; den Lérincello etwa auf Zitronenbasis oder den Lérina Verte und den Lérina Jaune, komponiert aus mehr als 40 Aromapflanzen.*

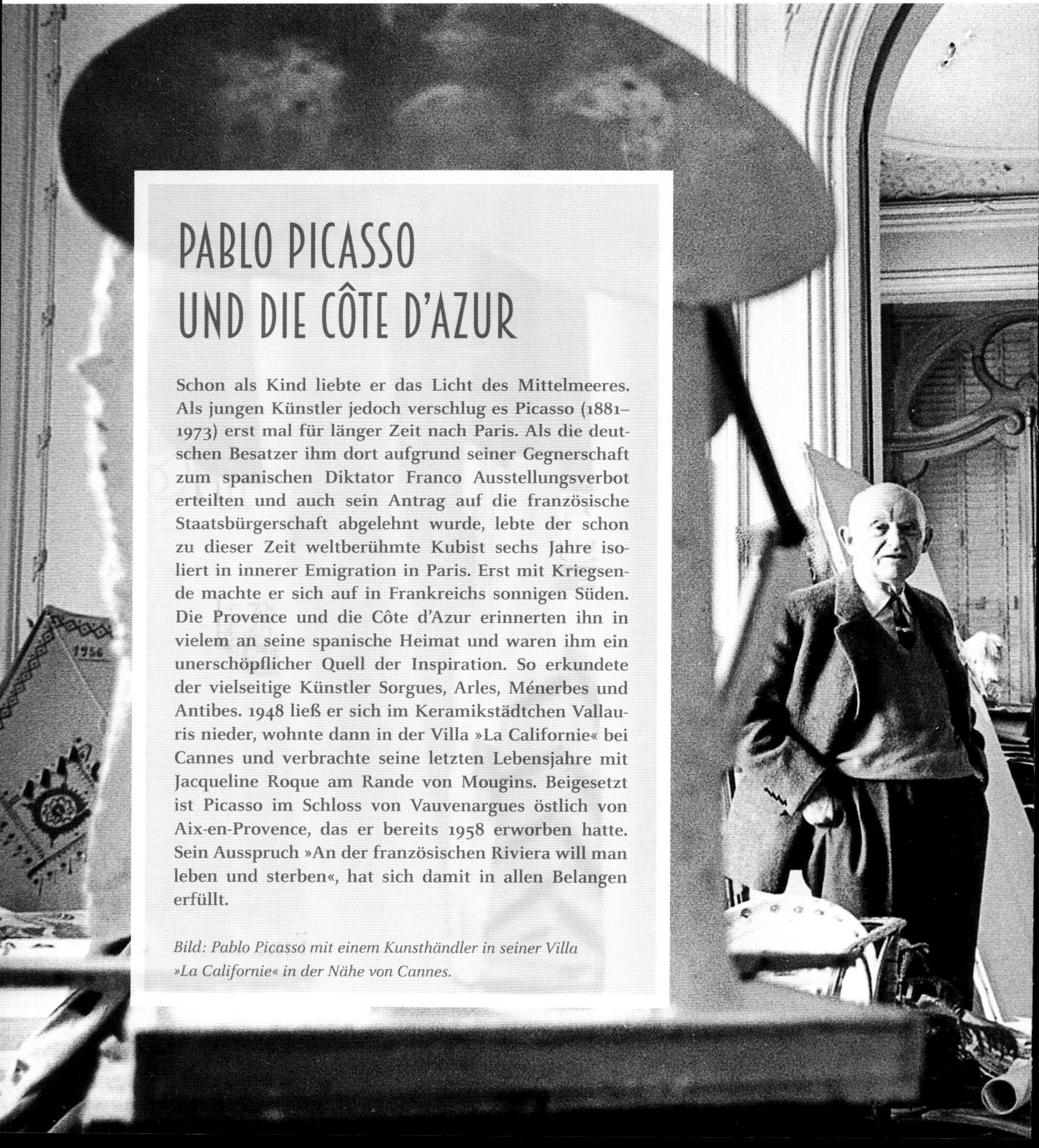

PABLO PICASSO UND DIE CÔTE D'AZUR

Schon als Kind liebte er das Licht des Mittelmeeres. Als jungen Künstler jedoch verschlug es Picasso (1881–1973) erst mal für länger Zeit nach Paris. Als die deutschen Besatzer ihm dort aufgrund seiner Gegnerschaft zum spanischen Diktator Franco Ausstellungsverbot erteilten und auch sein Antrag auf die französische Staatsbürgerschaft abgelehnt wurde, lebte der schon zu dieser Zeit weltberühmte Kubist sechs Jahre isoliert in innerer Emigration in Paris. Erst mit Kriegsende machte er sich auf in Frankreichs sonnigen Süden. Die Provence und die Côte d'Azur erinnerten ihn in vielem an seine spanische Heimat und waren ihm ein unerschöpflicher Quell der Inspiration. So erkundete der vielseitige Künstler Sorgues, Arles, Ménerbes und Antibes. 1948 ließ er sich im Keramikstädtchen Vallauris nieder, wohnte dann in der Villa »La Californie« bei Cannes und verbrachte seine letzten Lebensjahre mit Jacqueline Roque am Rande von Mougins. Beigesetzt ist Picasso im Schloss von Vauvenargues östlich von Aix-en-Provence, das er bereits 1958 erworben hatte. Sein Ausspruch »An der französischen Riviera will man leben und sterben«, hat sich damit in allen Belangen erfüllt.

Bild: Pablo Picasso mit einem Kunsthändler in seiner Villa »La Californie« in der Nähe von Cannes.

Saint-Tropez

PERLE DER FRANZÖSISCHEN RIVIERA

Zwanzig Genueser Familien legten ab 1540 den Grundstein für die Wiederbelebung des ob seiner strategischen Lage zuvor vielfach angegriffenen und zerstörten Küstendorfs. Gut vier Jahrhunderte später erlangte Saint-Tropez dank Brigitte Bardot Filmruhm. Seither zieht es den internationalen Jetset und seine Fans magisch an.

Wie kein anderer Ort an der Côte d'Azur verkörpert Saint-Tropez spätestens seit Mitte der 1950er-Jahre den Traum vom »süßen Leben«. Damals drehte Roger Vadim hier den Film »Und ewig lockt das Weib« mit Brigitte Bardot. Als natürliche Kulisse der frivolen Liebesgeschichte nutzte er unter anderem den langen, feinsandigen Strand von Pampelonne. Dessen mondäne Bars und Clubs festigen, wie auch die Luxusjachten im Hafen, bis heute den weltweiten Ruf von »Saint-Trop« als Tummelplatz der Reichen und Schönen. Bereits lange vor ihnen ließen sich Maler wie Signac, Seurat, Bonnard oder Matisse vom Charme des Städtchens im Süden einer weiten, tief ins Land eingeschnittenen Bucht inspirieren. Ihre Strände sind übrigens, trotz des hohen Promi-Faktors der unmittelbar angrenzenden Grundstücke, frei zugänglich für jedermann. Ebenso wie die zahlreichen Regatten, deren Rahmenprogramm wie Modeschauen, Streetfood und Live-Musik die Marina zur Festivalzone werden lässt.

ZITADELLE

Kaum fertiggestellt, widerstand die Hochburg 1637 dem Angriff von mehr als einem Dutzend spanischer Galeeren und verteidigte auch in den folgenden Jahrhunderten mehrfach den strategisch wichtigen Hafen von Saint-Tropez. Die Festungsanlage besteht aus einem sechseckigen Zentralbau mit Innenhof und Eckturm sowie einer weitläufigen Ummauerung. Sie beherbergt heute ein marinegeschichtliches Museum und bietet von ihrer Höhe aus wunderbare Ausblicke. Mitunter spazieren sogar Pfauen auf dem Zitadellen-Terrain umher.

HAFEN

Von den Phöniziern gegründet und im Mittelalter zum Fischer-, Korsaren- und Handelshafen erblüht, entdeckten bald auch Künstler den »Vieux Port« von Saint-Tropez als Motiv. Paul Signac malte ihn in den 1920er-Jahren mit einem eindrucksvollen Segelschiff, Schauspieler wie Louis de Funès und Brigitte Bardot agierten vor seiner Kulisse für populäre Kinofilme – und heute liegen in den beiden Hafen-Bassins nicht nur zu Regatta-Zeiten Hunderte der edelsten und größten Jachten der Welt.

MUSÉE DE LA GENDARMERIE ET DU CINÉMA

Mehr als 125 Jahre tatsächlich Sitz der lokalen Polizeistation, in den 1960er-Jahren berühmt geworden als Kulisse für die Filmreihe »Der Gendarm von Saint-Tropez« mit dem spanischstämmigen Schauspieler und Komiker Louis de Funès als Hauptdarsteller, widmet sich das Haus an der Place Blanqui, unweit des neuen Hafens, inzwischen hauptsächlich der cineastischen Geschichte von Saint-Tropez. Die Sammlung umfasst zahlreiche Filmrequisiten und wird ergänzt durch wechselnde Ausstellungen.

Links: Ein historisches Segelboot aus dem Jahr 1913 kreuzt im Rahmen der Regatta »Les Voiles de Saint-Tropez« vor dem Hafen.

Unten: Die aus dem Meer Geborene – Statue zu Ehren von Brigitte Bardot vor dem Musée de la Gendarmerie et du Cinéma.

Oben: Früh am Morgen sind am Strand von Pampelonne noch Liegestühle zu haben. Das ändert sich allerdings im Tagesverlauf schnell.

Nachtleben Bunt, facettenreich – und hochpreisig ist das Nightlife in Saint-Tropez und Umgebung. Mitunter seit Jahrzehnten am selben Platz, genießen die Bars und Clubs Kultstatus, selbst wenn vom stilvollen Charme des alten Jetsets nicht mehr viel zu spüren ist. Wo sich einst nur weltweit erfolgreiche Hollywood-Schauspieler, Formel-1-Piloten und Topmodels die Klinke in die Hand gaben, erhält heute auch die B-Prominenz Zutritt – und alle, die für ein paar Drinks ungerührt hundert Euro zahlen.

PAMPELONNE

Steht ein Strand für Saint-Tropez, dann ist es wohl dieser. Spätestens seit dem Jahr 1956, als die junge Brigitte Bardot dort den Film »Und ewig lockt das Weib« mit Curd Jürgens gedreht hat. Der Strand Pampelonne als Hauptdrehort gehört noch immer zu den schönsten der Umgebung – und zu den beliebtesten. Hier befindet sich mit dem »Club 55« eine der berühmtesten Strandbars der gesamten Region. Die feinsandige, fünf Kilometer lange Küstenlinie ist äußerst beliebt und gesäumt von vielen Bars.

Heute so gut wie damals

La Piscine *Typisch ist dieser Cocktail für die Côte d'Azur, wurde er doch schon früh populär gemacht vom internationalen Jetset, der in den edlen Strandbars gegen die mediterrane Hitze »ice« verlangte – auch für den Champagner. Heute kommen zuerst möglichst große Eiswürfel in ein großes Weinglas, dann wird das schäumende Traubenelixier eingegossen.*

Retro-Moment

Mit dem 2CV die Küste entlang fahren *Gut gefedert, mit aufgerolltem Verdeck und dem typischen Summen des Boxermotors schaukelt die von Citroën ursprünglich als Bauerngefährt konzipierte »Ente« langsam zu kleinen Häfen und Buchten. Wer Entschleunigung pur sucht, sollte dieses Kultauto besteigen und unbedingt während der Fahrt die typischen Seitenfenster herunterklappen.*

Das gibt's heute noch

Club 55 *Das berühmte Strandlokal verdankt seine Existenz wohl den Dreharbeiten für den Film »Und ewig lockt das Weib« (1956). Zum Essen ging das Film-Team damals ins Strandhaus des Dokumentarfilmer-Ehepaars Colmont, die sich bereit erklärt hatten, die Crew zu verköstigen. In den folgenden Jahren wurde das Privathaus zum Club umgebaut.*
www.club55.fr

Hyères

STADT DER PALMEN

Olbia, die Glückliche, lautete der antike Name der »Stadt zwischen Himmel und Meer«, die sich heute weit auf der Halbinsel von Giens erstreckt. Ihr mittelalterlicher Kern schmiegt sich malerisch an die Flanke des Schlosshügels. Im 20. Jahrhundert zog das Seebad viele avantgardistische Künstler an.

Picasso, Dalí, Cocteau, Man Ray – sie alle zählten in den 1920er-Jahren zur Entourage des frisch gebackenen, mäzenatischen Ehepaars de Noailles, das sich in Hyères eine schnörkellose Villa hatte bauen lassen, umgeben von noch heute prächtigen Terrassengärten, den Jardins Remarquables. Sie sind Teil der grünen Ader, die von der einstigen Festungsanlage bis in den modernen Teil der Stadt reicht. Aber auch Orangenbäume und Mimosen prägen das Straßenbild – und auf den Märkten leuchtet weitere Blütenpracht, kultiviert an der von drei Inseln geschützten Bucht. Vor allem aber machte sich Hyères einen Namen als Stadt der Palmen, denn von hier sandten die Züchter die exotischen Gewächse in die ganze Welt. Schon im 19. Jahrhundert lockte das sogar im Winter milde Klima auch die europäische Aristokratie an; ihr verdankt Hyères seine Grandhotels, die noblen Villen und das Casino. Die ehemaligen Salzsümpfe um die Stadt sind heute Vogelschutzgebiet.

ALTSTADT

Zu Füßen des Schlosshügels drängt sich rund um die Place Massillon der mittelalterliche Kern der Stadt. Reste des einstigen Mauergürtels mit seinen Gewölbepassagen, der Turm der Tempelritter und der Verlauf der schmalen Gassen mit ihren hohen, eng aneinandergedrängten Häusern, teils noch mit Torbögen und auf Bruchsteinsockeln, versetzen den Besucher in eine andere Zeit. Marktstände, Obstläden, Bäckereien und Antiquitätengeschäfte sorgen für die aktuelle, typisch provenzalische Atmosphäre.

VILLA NOAILLES

Ausstellungszentrum, Museum, Künstler-Residenz: so firmiert heute der 1928 fertiggestellte, labyrinthisch verschachtelte Baukomplex, den der Pariser Avantgarde-Architekt Robert Mallet-Stevens für das ebenso begüterte wie kunstsinnige Ehepaar de Noailles plante. Von Anfang an war die modernistische Sommervilla nicht allein zum Wohnen gedacht, sondern diente auch als repräsentative Kulisse für diverse Formen der Kunst. *villanoailles.com*

»An der französischen Riviera will man leben und sterben.« *(Pablo Picasso)*

HALBINSEL GIENS

Kleine Buchten und feindsandige Strände, Kiefernwäldchen und naturbelassene Pfade: die Presqu'Île de Giens bildet den südlichsten Festlandszipfel der Côte d'Azur. Zwei je fünf Kilometer lange Dünenstreifen verbinden sie mit der Küste. Dazwischen liegen die ehemaligen Salinen und der Étang de Pesquiers, durch den oft Flamingos staksen. Von der Siedlung Giens ganz im Süden genießt man einen außergewöhnlichen Blick über die Halbinsel bis nach Hyères.

Links: Palmen, Zypressen und Orangenbäume – Hyères besticht durch eine üppige Vegetation.

Das gibt's heute noch

Grand Hôtel des Îles d'Or

»Als Stadt in der Stadt« galt das älteste Luxushotel von Hyères vielen bald nach seiner Eröffnung im Jahr 1850. Umgeben von üppigen Gärten barg es rund 100 Zimmer, diverse Salons und einen Speisesaal für 200 Gäste. Um ein Stockwerk erhöht und 1902 renoviert, wurde es um 1950 zu einem Wohnhaus umgebaut.

Îles d'Hyères

INSELGLÜCK

Fast ein wenig verzaubert wirkt das Inseltrio vor Toulon. Alle drei Eilande sind kleine Landschaftsparadiese, mit traumhaften Stränden, steilen Klippen, dichtem Kiefernwald und fjordartigen Buchten. Gemeinsam bilden sie den Nationalpark Port-Cros.

Ursprünglich, so die Legende, waren die »Goldenen«, wie sie oft auch genannt werden, ein Quartett. Und nicht aus Fels, sondern aus Fleisch und Blut: vier wunderschöne Schwestern, die gern im Mittelmeer schwammen. Als sie eines Tages dabei von Piraten entführt werden sollten, erstarrten sie zu Stein, wurden zu Porquerolles, Île du Levant, Port-Cro – und der Halbinsel Giens. Geologisch gehören sie zum waldreichen Massif des Maures; den Namen Îles d'Or verdanken sie neben ihrer noch fast unberührten Schönheit wohl vor allem den sublimen Reflexen, die die Sonne auf ihren Klippen entzündet. Dank ihrer artenreichen Unterwasserwelt und ihres landschaftlichen Reichtums sind die Inseln seit Langem weitgehend geschützte Territorien. Historisch lassen sie ebenso staunen: Ein belgischer Ingenieur etwa schenkte Porquerolles seiner Frau zur Hochzeit, Georges Simenon siedelte dort die Handlung einiger seiner »Maigret-Fälle« an – und auf der Île du Levant gründeten FKK-Anhänger schon 1931 das Naturisten-Dorf Heliopolis.

ÎLES DE PORQUEROLLES

Fahrrad statt Automobil, Rebzeilen und viel Kieferngrün, ein paar Strände und nur zwei echte Attraktionen: das Fort St. Agathe oberhalb des Hafens und der Leuchturm am Cap d'Arme, der Südspitze der Insel. Fast scheint es, als sei die Zeit stehen geblieben auf Porquerolles, seit der legendäre Drache La Lycastre in der weiten, von der feinsandigen Plage Notre Dame gesäumten Nordbucht sein Unwesen trieb. Sie trägt bis heute seinen Namen, ebenso wie das nahe Kap und die dortige sternenförmige Festung.

ÎLE DE PORT-CROS

Natur pur! Schon der Literaturnobelpreisträger André Gide (1869–1951) und sein Schriftstellerkollege Paul Valéry (1871–1945) schätzten die von dichtem Seekiefernbewuchs geprägte Insel als Sommerfrische. In ihrer Gänze heute Bestandteil des Nationalparks Port Gros, bietet die Île de Port-Cros noch immer viel Ruhe. Kaum Hotelzimmer, nur wenige Strände, dafür schöne Wanderpfade und ein paar Anlegestellen für Segler – ein Paradies für all jene, die dem Küstentrubel entfliehen möchten.

Ein Fall für Kommissar Maigret

Erschaffen wurde der Pariser Kommissar Maigret von seinem belgischen Autorenvater Georges Simenon 1929 in einem niederländischen Café. Doch den ersten Band, »Maigret und das Schattenspiel«, schrieb Simenon in Antibes. Viele weitere Maigret-Abenteuer spielen ebenfalls in Frankreichs Süden: in Cannes, Mougins, vor allem aber auf der Île de Porquerolles. Für »Mein Freund Maigret« (1949) muss der Kriminalist mit Unterstützung eines Kollegen von Scotland Yard auf dem Eiland den Mord an einem Fischer aufklären.

Links: Die Île de Porquerolles ist die größte Insel der Inselgruppe von Hyères. Viele Segelboote ankern in ihren Buchten. Besonders beliebt ist der Plage Notre-Dame.

Unten: Wer Ruhe und Einsamkeit sucht ist auf der Île de Port-Cros richtig. Hier warten auf den Reisenden schaukelnde Segelboote in kleinen Häfen, kaum Tourismus und die schönsten Sonnenuntergänge.

Rechts: Heliopolis, ein kleines FKK-Resort auf der Île du Levant, wurde 1932 mit rund 250 Eigentümern gegründet. Noch heute kommen Nudisten gerne auf das Eiland, um hier hüllenlos ihren Urlaub zu verbringen (Aufnahme um 1965).

UNTERWASSERLEHRPFAD PLAGE DE LA PALU

Tauchermaske, Schwimmflossen und Schnorchel – mehr braucht es nicht für den Ausflug in den maritimen Teil des Naturschutzgebietes Port-Cros. Sechs gelbe Bojen markieren in den Sommermonaten auf der Wasseroberfläche den sentier sous-marin. In maximal zehn Metern Tiefe lässt sich auf ihm vom Strand bis zu den Rascas-Felsen beispielsweise die Kinderstube der Goldstriemenbrassen oder Zackenbarsche erkunden und noch das vielerorts schon durch Klimawandel und Schiffsanker bedrohte, sanft wogende Neptungras bewundern.

»Es ist notwendig, dass der Nordländer seine Gewohnheiten in Hinsicht auf die veränderten klimatischen und sozialen Verhältnisse modifiziere.«

(Baedeker's Riviera und Südost-Frankreich, 1913)

ÎLE DU LEVANT

Erdbeerbäume, nistende Gelbschnabelsturmtaucher und tafoni, bizarre Felsen, bilden die natürlichen Attraktionen auf der östlichsten der »Goldenen Inseln«. Ansonsten prägt seit Jahrzehnten der Gegensatz von Uniform und nackter Haut den Alltag. Denn die Île du Levant, auf der einst religiöse Orden siedelten, ist inzwischen sowohl Marine-Terrain – schon Napoleon ließ sie zu einem Verteidigungspunkt ausbauen – als auch Frankreichs kleinstes Mekka der Freikörperkultur.

Retro-Moment

Allein unter Pinien wandeln *Vallon de Solitude, kleines Tal der Einsamkeit, heißt einer der vielen Wege, die das dicht bewaldete Port-Cros durchziehen. Tatsächlich begleitet meist nur Kiefernduft und Zikadenzirpen den Spazierenden – und vielleicht beschert der »Feenbrunnen« sogar noch weitere Glücksmomente.*

Das gibt's heute noch

Port-Cros: Hotel Le Manoir *Schon der Autor André Malraux (1901–1976) schwärmte von dem 1840 erbauten Herrenhaus als »entzückendes kleines Gebäude mit vage kolonialem Charakter«. Ein Jahrhundert lang residierten in ihm die Besitzer der Insel. Nun erfreuen sich zahlende Gäste am stilvollen Charme und der guten Küche der Bastide.*
www.hotel-lemanoirportcros.com

Souvenir, Souvenir

Wein aus der Domaine de la Courtade *Rebgärten bis zum Saum der Îles de Porquerolles, biologisch bewirtschaftet und zu einer Handvoll Weinen verarbeitet, deren Spektrum vom leichten Rosé über fruchtige Weiße bis hin zu rassigen Roten aus Mourvède und Syrah reicht: eine wunderbare provenzalische Erinnerung.*
lacourtade.com

Sanary-sur-Mer

IM GARTEN DES LION FEUCHTWANGER

Erika und Klaus Mann reisten 1931 für ihr »Buch von der Riviera« noch unbeschwert nach Südfrankreich. Nach der Machtübernahme der Nationalsozialisten in Deutschland bot die Region ab 1933 dann vielen Schriftstellern Zuflucht – und Sanary wurde eine Art Hauptstadt des Literatur-Exils.

Fast 70 Namen listet die Gedenktafel am malerischen Hafen von Sanary auf: Bertolt Brecht und sechs Mitglieder der Familie Mann sind darunter, die Werfels, die Wolffs, und auch Erich Maria Remarque. Manche der Genannten blieben nur wenige Tage in der bereits Anfang das 20. Jahrhunderts bei Malern und Schriftstellern beliebten Kleinstadt; andere flohen von hier erst ab 1940 in sicherere Gefilde. Ein ausgeschilderter Rundweg folgt heute den Spuren der berühmten Exilanten, etwa zu den urigen Hafenkneipen oder zur Villa Valmer, in deren Garten einst Lion Feuchtwanger mit Blick auf das flaschengrüne Meer an seinen Romanen gearbeitet hatte, während seine Frau Marta sich den Obstbäumen, Gemüsebeeten und Blumen widmete. Bis heute verstecken sich luxuriöse Villen auf dem Gebiet Sanarys, sorgen Sonne und stilvolle Altstadtrestaurants für das Glück der nun ausnahmslos freiwillig anreisenden Gäste.

Zufluchtsort am Mittelmeer »Sie wissen, die französische Riviera ist angenehm und billig, und es wäre Zeit, daß man sich endlich wiedersähe«, schreibt Lion Feuchtwanger im April 1933 an Arnold Zweig. Die beiden jüdischen Autoren verbindet eine enge Freundschaft. Feuchtwanger ist erst im März in seinem französischen Exil angekommen; er wird dort u.a. »Die Geschwister Oppermann« und »Exil«, den Abschluss seiner »Wartesaal«-Triologie schreiben. 1940 wird er im Lager Les Milles interniert, kann jedoch entkommen und flieht in die USA.

ALTSTADT

Um die neogotische Kirche St. Nazaire auf dem Platz der Vorgängerin von 1570 drängen sich hinter dem Hafen mit seinen urigen Kneipen, weißen Jachten und bunten Fischerbooten die schmalen Gassen und winzigen stillen Plätze des typisch provenzalischen Ortskerns. Kleine Läden, Bistrots, eine Apotheke öffnen sich hinter den pastellfarbenen Fassaden; man schlendert, sitzt und schaut – oder steigt dann doch hinauf zur Kapelle Notre-Dame-de-Pitié, um die Aussicht über die Bucht von Sanary zu genießen.

MUSÉE FRÉDÉRIC DUMAS

Historisches und Kurioses rund um das Thema Tauchen versammelt dieses in ganz Frankreich einzigartige Museum nahe des Hafens. Es trägt den Namen eines der Pioniere des Scuba Dives und Forschungsgefährten von Jacques-Yves Cousteau: Frédéric Dumas (1913–1991). Zu den Raritäten der Sammlung zählen die von Dumas in den 1930er-Jahren aus einem Lkw-Reifenschlauch gebastelte Tauchermaske; eine Reproduktion des Taucheranzugs von Ritter Pierre Rémy de Beauve (1715) und das »Scubster«-Unterwassertretboot von Stephane Rousson. *museedumas.fr*

Links: Sanary-sur-Mer – für viele Literaten war der bezaubernde Badeort mit seinem provenzalischen Flair ab Mitte der 1930er-Jahre ein rettender Zufluchtshafen.

Das gibt's heute noch

Hôtel de la Tour *Mit schlichtem provenzalischem Charme empfängt die nach dem romanischen Wachturm in ihrem Rücken benannte Herberge direkt am Hafen von Sanary schon seit den 1930er-Jahren ihre Gäste – sei es zur Übernachtung oder im Restaurant. Noch immer liegen ihre Geschicke in den Händen derselben Familie.* ***www.sanary-hoteldelatour.com***

La Ciotat

GANZ GROSSES KINO

Le Théatre Eden, das älteste Kino der Welt, und die Erfindung des Pétanque-Spiels machten das Hafen- und Werftstädtchen weit über seine Mauern hinaus bekannt. Seine beschauliche Atmosphäre hat es sich aber bis heute bewahrt

Mehr als 150 Jahre prägte der Schiffsbau die Geschicke von La Ciotat. Prächtige Reederpalais bereicherten daher schon früh das Bild der aus dem römischen Citharista hervorgegangenen Siedlung. Später wurden hier Frankreichs erste Arbeitersiedlungen gebaut. Das wohl wichtigste Datum in der Geschichte von La Ciotat war jedoch der 21. September 1895. An diesem Tag stellen die Brüder Lumière in der Sommervilla der Familie erstmals den neu erfundenen Kinematographen der Öffentlichkeit vor. Eine zweite Demonstration des Film-Apparates fand einen Monat später im Saal des Eden-Theaters statt. Aber nicht nur Cineasten und Fans der Boule-Variante Pétanque ist La Ciotat ein Begriff. Auch zahlreiche Künstler ließen sich von der Stadt und ihrer Umgebung inspierien. So wählte etwa der Kubist Georges Braque den Hafen und die nahen Calanques von Mugel und Figuerolles mehrfach als Motiv für seine Gemälde.

ALTSTADT

Grüne Fischernetze mit roten Wimpeln, bunte Kähne, die dicht gedrängt auf dem Wasser liegen, die trutzige Kirche: im Hafen von La Ciotat scheint die Moderne noch nicht angekommen zu sein. In die schmalen Altstadtgassen fällt zwar nur selten ein Sonnenstrahl, die Bistros und Bars sorgen aber für quirliges Leben.

MUSÉE CIOTADEN

Mit seinen fünfzehn Räumen und mehr als 1500 Ausstellungsstücken präsentiert das Historische Museum hinter der eindrucksvollen Fassade des alten, 1864 erbauten Rathauses das kulturelle und wirtschaftliche Erbe der Stadt. Der Fokus liegt auf ihren historischen Werften, auf der Erfindung des Kinomatographen – und jener des Pétanque-Spiels. *museeciotaden.org*

Geburtsort des Pétanque Jules Le Noir war in la Ciotat als guter Boule-Spieler bekannt, aber aufgrund seines Rheumas konnte er irgendwann die drei vorgeschriebenen Anlaufschritte des Jeu Provençal nicht mehr machen und spielte nur noch allein sowie auf kurze Distanz. Sein Freund Ernest Pitiot erfand daraufhin 1907 eine Variante mit geringeren Distanzen und ohne Anlauf, also mit geschlossenen Füßen – auf Provenzalisch: ped tanco. Damit hatte das neue Kugelspiel seinen Namen: Pétanque.

ROUTE DES CRETES

Von La Ciotat bis Cassis schlängelt sich diese fünfzehn Kilometer lange Küstenstraße über die Kämme und Steilwände des Massif de la Canaille. Hinter fast jeder Kurve bietet sie neue Postkartenansichten von Meer und Hinterland. Höhepunkte auf der Strecke sind die Falaise Soubeyrane und das Cap Canaille, die höchsten Klippen Frankreichs.

Links: Nachdem das älteste Kino der Welt, das Théatre Eden, 1982 schließen musste, ist es einem Ururenkel von Antoine Lumière zu verdanken, dass es seit 2013 wieder Besucher empfängt.

Das gibt's heute noch

Cinéma Eden *Als eine Art Mehrzweckhalle 1889 erbaut, fanden im dem weltweit ältesten Kino zunächst Theateraufführungen, Music-Hall-Spektakel sowie Box- und Ringkämpfe statt. Ab 1885 zeigten die Brüder Lumière hier ihre ersten Filme. 1899 gab es die erste für das Publikum kostenpflichtige Kinovorstellung.* ***edencinemalaciotat.com***

ALS DIE BILDER LAUFEN LERNTEN

Als der Chefmechaniker der Werften von La Ciotat auf einem Freimaurertreffen dem Lyonaiser Fotografen, Maler und Unternehmer Antoine Lumière vom Licht des Südens vorschwärmte, dauerte es nicht lang, bis dieser in der Hafenstadt eine Villa bauen ließ. Bald wurde der Sommersitz der Familie zum Zentrum des cineastischen Wirkens von Antoines Söhnen. Am 21. September 1895 lud ihr Vater die ciotadianische feine Gesellschaft zu »einigen Filmerlebnissen« in sein Palais ein. Mehr als 100 Gäste wohnten verblüfft der Vorführung bei; sahen Sequenzen wie »Baden im Meer«, »Roter Fisch« und »Baby-Dinner« – alle gedreht in La Ciotat (den legendären Streifen »Die Ankunft eines Zuges auf dem Bahnhof in La Ciotat« realisierten Louis und Auguste erst 1896). Da Antoine Lumière eine Freundschaft mit dem Inhaber des Eden-Theaters pflegte, konnten die Gebrüder Lumière ihre bewegten Bilder bald auch in diesem prächtigen Saal zeigen – und machten so La Ciotat als Stadt der Kinoväter weltweit bekannt.

Bild: Vintage-Werbeplakat zum Lumière-Kurzfilm »Der begossene Gärtner« von 1895. Der rund 50 Sekunden lange Streifen gilt als der erste inszenierte Spielfilm der Filmgeschichte.

HE LUMIÈRE

Cassis

HEUTE SO SCHÖN WIE DAMALS

Umarmt von den steilen Klippen des Cap Canaille und den Felszungen der Calanques von Port Miou und Port Pin, liegt das einstige, auch für seinen Wein bekannte Fischerstädtchen eingebettet in eine der wohl spektakulärsten Landschaften Südfrankreichs.

»Qu'a vist Paris, se noun a vist Cassis, pou dire: n'ai rèn vist (wer Paris, nicht aber Cassis gesehen habe, habe nichts gesehen), meinte der provenzalische Dichter und Literaturnobelpreisträger Fréderique Mistral. Auch seine britische Kollegin Virginia Woolfe zeigte sich beeindruckt von der natürlichen Schönheit des kleinen, von einer mächtigen, inzwischen zum Hotel umgewandelten karolingischen Schlossfestung überragten Ortes. Tatsächlich beeindruckt das wie die kleine, verträumte Schwester des schnell gewachsenen St.-Tropez wirkende Cassis durch die Vielfalt seiner Reize. Sein lebendiger Hafen wie aus dem Bilderbuch ebenso wie die Umgebung mit ihren Pinienwäldern, fjordartigen Buchten und dem Crêtes-Massiv inspirierte viele Maler. Bei einem Gläschen Weißen aus den örtlichen Kellereien – den Duft der Garrique-Kräuter und des salzigen Meeres in der Nase – zaubert Cassis wohl jedem ein Lächeln ins Gesicht.

HAFEN

In den Farben von Orangen und Zitronen, von Ocker und der Sonne leuchten die Fassen am kleinen Vieux Port, in dem noch heute vor der Kulisse seiner Terrassenbars viele Fischerboote schaukeln und jeden Morgen der frische Fang zum Verkauf angeboten wird. Nur wenige Schritte vom Hafenkai entfernt steht das ehemalige Presbyterium aus dem 17. Jahrhundert; heute beherbergt das Priesterkollegium das Museum für Kunst und Volkstraditionen.

»Sahst du auch Paris, und sahst du nicht Cassis, so kann man sagen, du sahst nichts.«

(Fréderic Mistral)

WOCHENMARKT

Zweimal pro Woche erobern Markthändler das Zentrum von Cassis. An ihren Ständen an der Place Baragnon, der Rue Alexandre Gervaiso oder der Rue de l'Arène locken Obst und Gemüse, Käse, Fleisch und Wurstwaren, Fisch und Meeresfrüchte, aber auch Blumen und Alltagsbedarf. Vor allem auf der Place Georges Clemenceau, einem kleinen Teil des großen samstäglichen Markts, herrscht noch eine fast dörfliche Atmosphäre. Man kennt sich, plaudert und wählt kennerisch die Zutaten für das Mittagessen oder Dinner.

Links: Der Wochenmarkt von Cassis hat sich weit über die Stadtgrenzen hinaus einen Namen gemacht.

Unten: In Cassis scheint die Zeit stehen geblieben zu sein. Das Fischerstädtchen ist heute noch genauso charmant wie 1950.

CAP CANAILLE

Bei Mistral leuchten die Felsen des Kaps, das zu den höchsten Europas zählt, am Abend in zauberhaften Purpurvarianten. Bis zu 400 Meter tief stürzen die Klippen an manchen Stellen fast senkrecht zum Meer, etwa am Grande Tête. Seinen Namen verdankt das spektakuläre Kap den römischen »canalis mons«, kleinen Kanälen und Aquädukten, die das Wasser des bergigen Hinterlandes bis an die Küstenorte leiteten.

CALANQUES

Schroffe Klippen, fjordähnliche Buchten, türkisgrünes Meer und flirrendes Licht: der Parc National des Calanques westlich von Cassis ist ein ebenso atemberaubendes wie wertvolles Stück provenzalischer Natur. Vom Boot aus oder zu Fuß auf schmalen Pfaden – etwa jenem bis zum Belvédère de Sugiton – lässt sich das jahrtausendealte Wunder aus Wasser, Wind und Stein bestaunen. Auch Klettern und Tauchen ist möglich an und in den Calanques. Manchmal aber reicht es auch, nur dem Klang der an den Fels anlandenden Wellen zu lauschen.

Oben: Perfekt für Sonnenanbeter sind die idyllische Strände in den tief eingeschnittenen Buchten der Calanques.

Rechts: Das Cap Canaille faszinierte schon früh diverse Künstler (Gemälde von Paul Signac 1889).

Souvenir, Souvenir

Weißwein aus Cassis *Neben Sauternes und Châteauneuf-du-Pape zählte das sonnenverwöhnte, kaum dem Mistral ausgesetzte Cassis zu den allerersten AOC-Gebieten Frankreichs. Zwölf Domänen verarbeiten heute auf insgesamt nur 200 Hektar vorwiegend weiße Trauben zu trockenen, fruchtigen Weinen.*

Heute so gut wie damals

Tapenade *Auf den berühmten Märkten in der Provence ist sie überall zu haben – und in vielen Bistros oder Cafés begleitet sie auf gerösteten Baguettescheiben den Apéritif. Die tradtionsreiche schwarze Oliven-Kapern-Sardellen-Paste schmeckt aber auch zu Fisch, Fleisch oder Gemüse.*

Retro-Moment

Übernachten in der Auberge »Le Jardin d'Emile« *Türkis, Azur, Sonnengelb, Lavendelblau und Sandgold – umgeben von den Farben der Provence schlummern die Gäste der kleinen Herberge mit nur sieben individuellen Zimmern. Gefrühstückt wird mit Blick auf die Bucht.* ***www.lejardindemile.fr***

Aix-en-Provence

SAVOIR-VIVRE VOM FEINSTEN

Großbürgerliche Eleganz und studentische Leichtigkeit verbinden sich in der einstigen Hauptstadt der Provence auf charmante Weise. Paul Cézanne fand in der Umgebung einige der schönsten Motive für seine Gemälde.

Schon im Mittelalter zog die von den Römern unter dem Namen Aquae Sextiae Saluviorum gegründete Stadt Künstler und Gelehrte an. So wundert es nicht, dass unweit des antiken Thermenerbes in prächtigen Patrizierhäusern vielfältige Kunst ebenso bestaunt werden kann wie versteinerte Dinosauriereier oder übergroße Skelettrekonstruktionen. Auch das ehemalige Atelier Paul Cézannes ist anzutreffen; hier wirkte der berühmteste Sohn der Stadt in seinen letzten Lebensjahren. Regelmäßig stieg er den Hügel hinauf, um den geliebten Mont-St.-Victoire vor Augen zu haben. Graf Gabriel-Honoré de Mirabeau indes stand Pate für die zentrale Achse der Stadt, den Cours Mirabeau, auf dessen Bistro-Terrassen schon im 19. Jahrhundert Prominente aller Sparten das Treiben der Bürger, Markthändler oder Hochschüler kommentierten. Nur wenige Schritte entfernt reckt die Église Saint-Jean-de-Malte ihren Turm in den Himmel. Sie ist die älteste gotische Kirche der Provence und das höchste historische Bauwerk von Aix.

ALTSTADT

Mittelalter und römische Antike paaren sich im historischen Stadtkern mit herrlichen Patrizierhäusern und eindrucksvollen Sakralbauten wie der Kathedrale St. Sauveur. Auf der von Bistros umgebenen kleinen Place Richelme schlagen Gemüsehändler regelmäßig ihre Stände auf – und auch am Cours Mirabeau mit seinem Königsbrunnen herrscht Marktreiben. Der von Platanen beschattete, wohl schönste Boulevard der Provence trennt die verwinkelte Altstadt vom weitläufigen Quartier Mazarin.

PAVILLON DE VENDÔME

Unter den barocken Adelspalais von Aix gilt das ab 1664 im Auftrag von Louis I., dem Herzog von Vendôme, errichtete als das bedeutendste. Zum Lustschlösschen inmitten eines schönen Gartens umgestaltet, dann von Nonnen genutzt und ab 1906 im Besitz des Schweizer Kunstsammlers Henri Dobler, beherbergt das Palais heute ein Museum mit provenzalischen Möbeln und Porträtgemälden aus dem 17. und 18. Jahrhundert.

»Wer hier geboren wurde, ist verloren. Nichts anderes gefällt einem mehr.«

(Paul Cézanne)

Links: Aix-en-Provence ist berühmt für seine Wochenmärkte.

Unten: Von Lupinen umgarnt – Pavillon de Vendôme.

Atelier Paul Cézanne Terrains des Paintres, nennt sich heute der Platz, an dem der Aixer Bankiers-Sohn Paul Cézanne (1839 bis 1906) gern die Staffelei aufstellte – nur wenige Schritte oberhalb seines Ateliers. Bestens hatte der Maler von hier das majestätische St. Victoire-Massif im Blick. Die Räumlichkeiten, in welcher er dieses und andere Motive auf die Leinwand bannte, verströmen noch immer die Aura des genialen Künstlers. Skizzen, Staffelei, Bücher und eine kleine Keramiksammlung – alles ist im Atelierhaus Les Lauves erhalten.

MUSÉE DU VIEIL AIX

Nicht nur die umfangreiche Sammlung, die historische Möbel, Steingut, Gemälde, Pläne, Modelle, Instrumente sowie andere meisterliche Beispiele der lokalen und regionalen Handwerkskunst aus dem Besitz von Marie d'Estienne de Saint-Jean umfasst, lohnt den Besuch des Historischen Museums. Denn auch das Gebäude selbst, ein privates Herrenhaus aus dem 17. Jahrhundert, besticht durch sein prächtiges Interieur mit herrlichen Deckengemälden und Fliesenböden. *www.aixenprovence.fr/Presentation-du-Musee-du-Vieil-Aix*

FESTIVAL D'ART LYRIQUE

Mit einem neuen, vor allem dem Werk Mozarts gewidmeten Festival wollte der aus Algerien stammende Tänzer, Impressario und Ballettdirektor Gabriel Dussurget (1904–1996) nach dem Zweiten Weltkrieg die Musikszene um Marseille bereichern. Gemeinsam mit der adeligen Kunstmäzenatin Comptesse Lily Pastré und dem Direktor des Casinos von Aix gründete er daher 1948 das Aixer Opernfestival. Premiere feierte es mit »Così fan tutte« im Hof des alten Erzbischofpalastes. Inzwischen werden auch Werke anderer Komponisten aufgeführt. *festival-aix.com/fr*

Oben: Als würde der Meister gleich zurückkehren – Atelier von Paul Cézanne.

Rechts: »Orpheus in der Unterwelt« unter der Leitung von Yves Beaunesne, Festival d'Art Lyrique, 2009.

Retro-Moment

Im Café »Les Deux Garçons« das Treiben beobachten *Schon Churchill, Picasso, Cézanne und Zola saßen in dieser 1792 am Cours Mirabeau eröffneten Lokalität. Ihren Namen verdankt sie den beiden Kellnern (frz. garçon), die das Café 1840 kauften. Bis heute lieben es auch die Aixer, von der Terrasse des »Les 2 G« den Blick schweifen zu lassen.*

Souvenir, Souvenir

Lavendelsäckchen *Vermutlich schon vor Jahrhunderten parfümierte man mit Lavendel frisch gewaschene Wäsche. Als Bouquet oder in Stoffsäckchen verpackt verbreiten die violetten Blüten bis heute ihren Wohlgeruch in Schränken und Kommoden – und halten zudem praktischerweise Motten fern.*

Das gibt's heute noch

Thermes Sextius *Wie Ausgrabungen ergaben, erstreckten sich die nach dem römischen Konsul und Stadtgründer von Aix benannten Bäder einst über die gesame antike Siedlung. Unter dem heutigen Thermalbau ist noch ein römisches Beckengewölbe mit Seitenbänken erhalten.* ***www.thermes-sextius.com***

GRAND TOUR

Seit der Renaissance-Zeit war die »Große Reise« obligatorischer Bestandteil der gesellschaftlichen Bildung des europäischen Adels und später auch des gehobenen Bürgertums – aber zunächst nur dem männlichen Nachwuchs vorbehalten. Später erkundeten auch die Töchter aus gutem Hause über Wochen oder Monate Ziele wie Frankreich, Italien, Spanien oder sogar außereuropäische Gefilde. Auf der Agenda stand unter anderem die Besichtigung von Baudenkmälern aus diversen Epochen, vor allem aber sollten die jungen Reisenden Kultur und Sitten fremder Länder kennenlernen, neue Eindrücke sammeln und für das weitere Leben nützliche Verbindungen knüpfen. Zudem diente das lange eigenständige Unterwegssein der Vertiefung von Sprachkenntnissen sowie der Verfeinerung von Manieren. In Frankreich waren neben Paris, dem Burgund und der Seidenstadt Lyon die Provence und Nizza wichtige Stationen der Grand Tour.

Bild: Die legendäre Jetée-Promenade in Nizza war Pflichtstation auf jeder Grand Tour. Um sich vor der Mittelmeersonne zu schützen, wandelte man um 1910 noch mit Sonnenschirm auf ihr entlang.

Camargue

IM LAND DER WEISSEN PFERDE

Halbwilde weiße Pferde, stolze schwarze Stiere, Salz- und Reisfelder, das römische Arles, in dem der Maler Vincent van Gogh wirkte, die Festungsperle Aigues-Mortes und die Wallfahrtsstätte Les Saintes-Maries-de-la-Mer: Die Region des Rhône-Deltas begeistert durch ihre Vielfalt.

Natur und Kultur paaren sich in einem der größten Feuchtgebiete Europas auf schönste Weise. Das Rosa des Flamingo-Gefieders wetteifert mit dem Geglitzer der Salinen und dem zarten Grün der jungen Reishalme. Und wenn die Zeit der Wallfahrten anbricht, leuchten unter dem Azur des Himmels die Gewänder dreier Madonnenstatuen ebenso wie Trachten der Sinti und Roma, die ihnen zu Ehren aus aller Welt an die camarguesische Küste pilgern. Schon Vincent van Gogh begeisterte sich in der Region nicht nur für die wogenden Sonnenblumenfelder rund um Arles, sondern auch für die Fischerkähne am Strand von Saintes-Maries. Einst direkt mit dem Meer verbunden war auch Aigues-Mortes, eine der größten noch erhaltenen mittelalterlichen Festungsstädte. Ihre besondere Atmosphäre inspirierte Ernest Hemingway zu Teilen seines semiautobiographischen Werkes »Der Garten Eden«.

LES SAINTES-MARIES-DE-LA-MER

Im Sommer verführen die hiesgen Restaurants mit camarguesischen Spezialitäten wie Gardiane, geschmortem Stierfleisch oder Telline-Muscheln. Alljährlich im Mai pilgern Sinti und Roma aus aller Welt in den ehemaligen Fischerort, der in seiner mittelalterlichen Wehrkirche Notre-Dame-de-la-Mer die Statue ihrer Patronin, der »Schwarzen Sarah« birgt. Eine Wendeltreppe mit 53 Stufen führt zudem auf das Dach des Gotteshauses.

AIGUES-MORTES

Als Frankreichs König Ludwig IX. im 13. Jahrhundert in der inzwischen verlandeten Lagune vor Montpellier einen Hafen anlegen ließ, schlug die Geburtsstunde des heutigen Städtchens. Von der begehbaren, gut 1,5 Kilometer langen Stadtmauer bietet sich ein prächtiges Panorama.

»Häufig kann man im Freien während der sonnigen Mittagsstunden den Überzieher ablegen, bedarf seiner aber beim Eintritt in geschlossene Räume. Auch vergesse man ihn nicht am Spätnachmittag gegen Sonnenuntergang.«

(Baedeker's Riviera und Südost-Frankreich, 1913)

ARLES

Kunst und Stierkampf prägen die als »Tor zur Camargue« geltende, eindrucksvolle Römergründung. Ihr antikes Erbe verewigte der Maler Vincent van Gogh auf den gut 300 während seines kurzen Aufenthalts gemalten Bildern ebenso wie eine »Caféterrasse am Abend«. Nach historischem Vorbild wiedererbaut, gilt das »Café van Gogh« heute neben der Arena und Kathedrale als eines der Wahrzeichen der inzwischen zum UNESCO-Welterbe zählenden Stadt. *www.restaurant-cafe-van-gogh-arles.fr*

Links: Die Wildpferde der Camargue sind eine der ältesten Pferderassen der Welt. Wer Glück hat, erblickt sie in den weiten Flächen des Naturparks oder im wilden Galopp am Meeresstrand.

Retro-Moment

Mit dem Fahrrad auf der Gigue de la Mer zum Phare de la Gacholle *Auf schmalen Wegen zwischen den Lagunen hindurch oder nahe am Meer entlang: der Ausflug mit dem Drahtesel von St. Marie de la Mer zum Leuchtturm ist ein wunderbares kleines Abenteuer. Aber Proviant und Trinkwasser nicht vergessen – immerhin gilt es, gut zwei Dutzend Kilometer in die Pedale zur treten.*

Montélimar

SCHOKOLADE ZUM FRÜHSTÜCK

Geboren aus dem Schloss derer von Adémar umweht die Stadt an den Ufern von Rhône und Roubion bis heute ein nobles Flair. Es duftet in ihren Mauern oft aber auch honigsüß; denn seit dem 19. Jahrhundert gilt Montélimar als Hochburg des weißen Nougats.

Schon zu Römerzeiten spielte die Siedlung im Herzen der Provence eine wichtige Rolle, verlief hier doch die antike Heer- und Handelsstraße Via Agrippa vom Mittelmeer in Richtung des heutigen Lyon. Montélimars aktuelles Bild verdankt sich aber nicht nur einer der mächtigsten historischen Adelsfamilien der Region, die hier im Mittelalter auf einem Hügel, dem Montilium Adhemarrii, ihren Palast errichteten. Auch stattliche Herrenhäuser des 15. und 16. Jahrhunderts wie jenes der Diana von Poitiers, Mätresse König Heinrichs II., sorgen für architektonischen Glanz. Gleiches gilt für die aus regionalen Quadersteinen gebaute Porte Saint-Martin. Das Stadttor von 1763 ist das letzte Zeugnis der Stadtmauer, die Montélimar über Jahrhunderte schützte. Man hätte seinem steinernen Pflanzendekor aus Eichen- und Palmblättern auch noch einen Lavendelstrauß hinzufügen können – denn die hochherrschaftliche Nougat-Metropole liegt inmitten eines Gebietes, in dem die violette Duftblume auf weiten Feldern wächst.

NOUGATMUSEUM

La Maison Arnaud Soubeyran ist älteste noch produzierende Nougatfabrik in Montélimar. Seit 1837 stellt sie die helle Köstlichkeit aus Eischnee, Lavendelhonig, Vanille, Zuckersirup, gerösteten Mandeln und Pistazien handwerklich im Kupferkessel her. Und erzählt Besuchern anhand von Filmen, Fotos und ausgewählten Objekten die Geschichte des »nux gatum«, des Kuchens mit Nüssen, die in der Provence im 16. Jahrhundert mit der mit der Einführung asiatischer Mandelbäume begann. *www.nougatsoubeyran.com*

CHÂTEAU DES ADHÉMAR

Als eines der seltenen Beispiele romanischer Palastbaukunst thront das festungsartige Schloss hoch über der Stadt. Seine Renaissance-Partien hat es Louis Adhémar de Monteil zu verdanken, dem letzten Baron von Grignan. Im 14. Jahrhundert päpstlicher Besitz und später Gefängnis, beherbergt die Burg heute ein Zentrum für zeitgenössische Kunst. Bei einem Rundgang auf den Mauern der einstigen Adémar-Residenz bietet sich eine schöner Blick auf die Stadt und das Rhônetal.

PALAIS DES BONBONS

Nicht nur um Süßwaren und Zucker rankt sich alles in diesem »Palast«, sondern wie ein solcher umfasst er auch mehrere Sektionen. Gut ein halbes Dutzend sind es, und in allen spielt die Nostalgie eine wichtige Rolle. Kindheitserinnerungen und Kunstwerke, Puppen und anderes Spielzeug, provenzalische Heiligenfiguren, eine automatische Reitergarde mit Fanfaren, eine historische Schule und eine Nougatfabrik: alle das ist in diesem ungewöhnlichen Freizeitpark zu sehen. *palais-bonbons.com*

Links: An Nougatprodukten – in welcher Form auch immer – kommt man bei einem Besuch in Montélimar nicht vorbei.

Retro-Moment

Stadtplan *Mal nicht dem Navi das Kommando übergeben, sondern selbst mitdenken und auf Papier schauen: Wer einen echten Retro-Moment erleben möchte, der geht zur Touristinformation und schnappt sich einen Stadtplan, in dem die Sehenswürdigkeiten vermerkt sind. Beim Rundgang ohne das Handy ergeben sich ganz neue Perspektiven und Blicke.*

Gorges de l'Ardèche

STROMABWÄRTS

Über einen Zeitraum von mehr als hundert Millionen Jahren schufen Wasser und Wind diese spektakuläre Felslandschaft. Bis zu 300 Meter ragen die Felsen des Canyons im letzten Flussdrittel an manchen Stellen auf.

Bei der Steinbrücke von Vallon-Pont-d'Arc beginnt das in den Kalk gefräste Abenteuer – für Wassersportler ebenso wie für (Motor-)Rad- oder Autofahrer. Denn auch eine Straße folgt dem Verlauf der Gorges. Bis Saint-Martin-d'Ardèche ermöglichen mehrere Aussichtspunkte an der schmalen D290 den Blick in die atemberaubende Schlucht. Am Saum des Naturkunstwerks reihen sich auch einige Höhlen, wie jene von Aven Marzal, Aven d'Orgnac oder Saint Marcel. Am berühmtesten ist jedoch die Grotte Chauvet mit ihrer einzigartigen Fülle prähistorischer Felsbilder. Außergewöhnliche Kunstwerke hinterließ auch der Surrealist Max Ernst, der ab 1937 zwei Jahre in Les Alliberts, einem abgelegenen Viertel von Saint-Martin, mit seiner jungen englischen Geliebte lebte.

VALLON-PONT-D'ARC

Nur wenige Kilometer südlich des Ortszentrums markiert der 60 Meter hohe Felsbogen den Beginn der spektakulären Gorges de l'Ardèche. Vallon, an dessen Rand auch die berühmte Chauvet-Höhle liegt, widmet sich daher vor allem dem Outdoortourismus. Es bildelt jedoch auch das Zentrum des Weinbaugebiets Côtes du Vivarais, kultiviert zudem Lavendel und stellt Nougat, Honig, Kastanienmus und Wildschweinspezialitäten her.

GROTTE CHAUVET

Mit ihren rund 1000 mit Holzkohle gezeichneten oder in den Fels geritzten Tierdarstellungen und Symbolen zählt die im Jahr 1994 entdeckte Höhle bei der Kleinstadt Vallon-Pont-d'Arc zu den weltweit bedeutendsten archäologischen Fundplätzen ihrer Art. Zur Schonung des Originals, das inzwischen zum UNESCO-Kulturerbe zählt, wurde in seiner Nähe, ebenfalls unter dem Namen des Entdeckers Jean-Marie Chauvet, ein originalgetreuer Nachbau mit Besucherzentrum errichtet. *de.grottechauvet2ardeche.com*

»Einen ganzen Tag lang, vom Oberlauf der Ardèche bis zum Rhônetal, berauschte mich die Metamorphose der Landschaft. Das Blau des Himmels wurde lichter, der Boden trockener. Die ersten Zypressen tauchten auf, die ersten Ölbäume.«

(Simone de Beauvoir, »In den besten Jahren«)

SAINT-MARTIN-D'ARDECHE

Menhire, Reben und uralte Höhlen prägen die Umgebung des einstigen Flussschifferdorfs. Im Sommer 1937 zog der surrealistische Künstler Max Ernst (1891–1976)mit seiner damaligen Geliebten, der jungen Malerin Leonora Carrington, von Paris in das kleine Ortshotel. Ein Jahr später baute das Paar ein altes Bauernhaus zu seinem Refugium voller eigener Kunstwerke aus.

Links: Eines der Highlights des Ardèche-Flusslaufs ist die imposante Felsbogenbrücke Vallon-Pont-d'Arc. Hier starten auch viele Kanutouren.

Das gibt's heute noch

Chez Berneron *Seit den 1930er Jahren empfängt das Hotel nahe der Felsbrücke Pont d'Arc seine Gäste. Die 25 Zimmer bieten inzwischen zeitgenössischen Komfort; die Lobby indes verströmt noch das Flair der frühen Jahre. Im Sommer sorgt kleiner Außenpool für Erfrischung.*

Uzès

POSTKARTENSCHÖN

Nur wenige Kilometer nördlich des berühmten römischen Aquädukts Pont du Gard liegt zwischen sattgrünen Hügeln und weiten Feldern das mittelalterliche Städtchen, in dessen Herzen die Geschichte des Cyrano de Bergerac zu filmischem Leben erwachte.

Fast jeder Kino-Fan kennt den Marktplatz von Uzès. Denn hier wurden 1990 die wichtigsten Szenen des Historiendramas »Cyrano de Bergerac« gedreht, bei dem Gérard Depardieu in die Rolle eines verliebten, ob seines Aussehens aber schüchternen Poeten und Fechtkünstlers des 17. Jahrhunderts schlüpft. Süßholz raspelt er dabei wenig. Doch die Pflanze trug schon früh zur wirtschaftlichen Blüte von Uzès bei: aus dem Saft ihrer Wurzeln wird Lakritz hergestellt. Spätestens seit dem 19. Jahrhundert tragen Süßigkeiten auf der Basis von »la réglisse« den Namen des Städtchens weit über die Ufer des Gardon hinaus. Vermutlich nur passionierten Wanderern indes sind die Capitelles d'Uzès ein Begriff. Die kleinen Trockensteinhäuschen in den terrassierten Hügeln der Umgebung dienten früher als zeitweiliger Unterschlupf für die Bauern oder als Lagerstätte ihrer Werkzeuge und Ernteprodukte.

ALTSTADT

Gassen und Gässchen, die auf charmante Plätze münden oder zu munter plätzschernden Brunnen führen. Fassaden, über die dichtes Grün rankt. La Duché, das herzogliche Schloss, und die Kirche St.-Théodorit mit ihrem auffälligen romanischen Fensterturm. Das ehemalige bischöfliche Palais, welches heute ein Museum zur Kunst und Geschichte der Region birgt, und der mittelalterliche Marktplatz: diesen gesamten historischen Kern umschlangen bis ins 18. Jahrhundert wehrhafte Mauern.

PLACE AUX HERBES

Von den Kräutern, die im 16. Jahrhundert hier hauptsächlich zum Verkauf kamen, hat der mittelalterliche Marktplatz mit dem auffälligen Rundbrunnen seinen Namen. Umgeben von butterfarbenen Arkadenbauten mit Läden und Restaurants, lädt er zum Flanieren und Verweilen – und gibt sich überdies an den Markttagen als farbenfroher und duftender Mittelpunkt der Stadt.

»Oh du kleine Stadt Uzes! Lägest du in Umbrien, Touristen aus Paris kämen in Scharen dich zu sehen.«

(André Gides)

Cyrano de Bergerac Ein halbes Dutzend französische Städtchen erkor Regisseur Jean-Paul Rappeneau als Kulisse für die Szenen seines Historienfilms um den großen Fechtmeister und freiheitsliebenden Poeten Cyrano de Bergerac. Einen der wichtigsten Drehorte fand der Regisseur jedoch in Uzès mit dem mittelalterlichen Place Marché aux Herbes und den Arkaden an seinem Saum. Hauptdarsteller Gérard Depardieu gefiel es in Uzès so gut, dass er nur rund 20 Kilometer nördlich das Haus eines Schauspielerkollegen erwarb.

Links: Oft wird Uzès als toskanischste Stadt Frankreichs bezeichnet – zu Recht, wie der Reisenden bei einem Stadtrundgang feststellen wird.

Souvenir, Souvenir

Lakritz *Schwarz, hart, weich, als Schlange oder Bonbon: es gibt inzwischen viele Varianten von Süßigkeiten auf Basis der Lakritz-Pflanze, die vor allem in Südfrankreich gut gedeiht. Schon seit 1855 ist »la réglisse« eine Spazialität von Uzès, »Zan« hieß die erste Marke – vom kindlichen „Z'en veux", zu Deutsch »davon will ich«.*

AUF DEN SPUREN VON ROBERT STEVENSON

Auf der Suche nach Inspiration und getrieben von Liebeskummer, durchquerte der schottische Schriftsteller Robert Louis Stevenson (1850–1894), der später vor allem durch seine Romane »Die Schatzinsel« sowie »Der seltsame Fall des Doktor Jekyll und Mister Hyde« zu weltweiter Berühmtheit gelangte, im Herbst 1878 die Cévennen. Mehr als 200 Kilometer legte der 28-Jährige dabei zurück, nur begleitet von seiner treuen Packeselin Modestine. Sein Weg führte ihn von Le Monastier-sur-Gazeille bis nach Saint-Jean-du-Gard. Aus dem Reisetagebuch, das Stevenson in den zwölf Tagen des Unterwegseins führte, entstand die mittlerweile berühmt gewordene Erzählung »Reise mit einem Esel durch die Cevennen«, in der sich die Gedanken des Autors über Land, Leute und Geschichte mit der Beschreibung seiner Umgebung und des damaligen Alltags vermischen. Humorvoll, anrührend, manchmal ironisch, singt Stevenson das Lied der durchquerten Landschaft; mitunter schimmert auch die Sehnsucht nach der fernen Geliebten durch seinen packenden Bericht. Inzwischen ist der Stevenson-Trail eine beliebte französische Wanderroute, die zum Teil innerhalb des einmalig schönen Parc National des Cevennes verläuft.

Bild: Mit Esel ist es zwar schöner, aber auch ohne das treue Packtier macht es Spaß, den Stevenson-Trail zu erwandern.

Gorges du Tarn

DER GRAND CANYON FRANKREICHS

Türkisgrünes Wasser und steile Kalksteinfelsen: Frankreichs »Grand Canyon« zog schon im 19. Jahrhundert erste Touristen an. Inzwischen ist die bis zu 500 Meter tiefe Schlucht des Tarn ein Eldorado für Kletterer und Kanuten.

Dank der 1888 eröffneten Eisenbahnverbindung von Paris nach Bezièrs entwickelte sich Frankreichs Süden und seine eindrucksvolle Natur rasch zu einem beliebten Reiseziel. Auch die Cevennenlandschaft lockte Fremde an. Auf den Barken der Flussschiffer, den Batteliers du Tarn, staunten sie über das Relief, welches der Fluss mit seinen unterirdischen Quellen über Jahrmillionen in die Kalkfelsen gefressen hat, oder bewunderten das Viadukt des Handschuh-Städtchens Millaut. Heute können Wanderer die teilweise unter Naturschutz stehenden Gorges du Tarn über drei als »Grande Randonnée« gekennzeichnete Wege entdecken. Spektakuläre Etappen sind dabei die Felsenge Les Détroits oder der Cirque des Baumes mit seinen Felswänden in verschiedenen Farben. An einigen Stellen des Tarn-Tales ragen auch alte Burgen und Schlösser auf, das Château de Peyrelade etwa oder das Château de la Caze. In der Nähe des mittelalterlichen Dorfes Sainte-Enimie lässt sich zudem die Ruine der Felsenburg Castelbouc entdecken.

SAINTE-ENIMIE

In einer der engen Tarn-Schlaufen schmiegt sich das alte Dorf mit seinen Gewölbepassagen, der romanischen Kirche Notre-Dame-du-Gourg sowie Relikten eines Benediktinerklosters an eine grüne Hügelflanke. Türkisfarben leuchtet oberhalb der letzten Häuser die Burle-Quelle, deren Wasser im 6. Jahrhundert die merowingische Prinzessin Enimie von der Lepra geheilt haben soll. Ein steiler, etwa zwei Kilometer langer Pfad führt hinauf zu der Höhle, in der die spätere Äbtissin und Heilige lebte.

MILLAU

Schon in der Antike schützte Leder die Hände der Menschen; doch Frankreich gilt als Ursprungsland der gewerblichen Handschuhfabrikation. Überall wo es Schaf- oder Ziegenzucht gab und Wasser für die Gerber, entstanden hier ab dem Mittelalter Zentren der Ganterie. In Millau waren es die Causse-Lämmer, aus deren Milch der würzige Roquefort reift, die die benötigten Häute lieferten. Noch heute werden in dem Städtchen feinste Handschuhe gefertigt. Das Stadtmuseum erinnert an die lange Tradition dieses Metiers.

PARC NATIONAL DES CÉVENNES

Mufflon, Steinbock, Biber aber auch exotische Ginsterkatzen und die seltenen fliegenden Hufeisennasen leben in der abwechslungsreichen Mittelgebirgs-Landschaft des rund 900 Quadradtmeter großen Parks. Seine zahlreichen Flüsse und Seen lassen auch eine artenreiche Flora gedeihen; zudem ist das Gebiet reich an Menhiren. Es umfasst u.a. die Granitmassive des Mont-Lozère und Mont-Aigoual sowie die kalkigen Zonen der Gorges von Les Causses.

Links: Die traditionellen Holzbarken auf dem Tarn gehen bis auf das 14. Jahrhundert zurück. Schon um 1900 schipperten die Bateliers (Flussschiffer) auf ihnen Touristen durch den Canyon (Aufnahme um 1930).

Souvenir, Souvenir

Handschuhe aus Millau *Grace Kelly trug ein Paar in Weiß zu ihrer Hochzeit und auch die Hände von Jean-Louis Trintignant und Steve McQueen schützten Lederkreationen aus Millau – sei es auf dem Filmset oder am eigenen Lenkrad. Ein schönes Stück okzitanischer Hadwerks-Tradition, das nicht nur dem Winter vorbehalten ist.*

Anduze

EIN HAUCH VON FERNOST

Einst Zentrum des Woll- und Seidenhandels, später als Zentrum der Protestanten bekannt, gilt das zwischen zwei mächtigen Felsen gelegene mittelalterliche Städtchen als die Pforte zu den Cevennen. In vielem ist es jedoch untypisch für die Region, beispielsweise aufgrund seines riesigen asiatischen Bambusgartens.

Es scheint, als habe der historische Warenumschlag von der Gardon-Ebene Kreise gezogen – sogar bis in den Orient. Denn Anduze, dessen Mauern erst im 17. Jahrhundert auf Befehl Richelieus geschleift wurden, verblüfft mit asiatischen Akzenten. So erwuchs hier, quasi als Ergänzung eines ehemaligen Klostergartens, seit Mitte des 19. Jahrhunderts der größte Bambushain außerhalb Asiens. Und im Herzen der alten Gassen und Türme steht schon seit dem 17. Jahrhundert ein Pagoden-Brunnen. Mit seinen glasierten Ziegeln verweist er auf eine wichtige Anduzer Handwerkskunst dieser Zeit: die Töpferei. Sie fand ihren Ausdruck hauptsächlich in der Herstellung sogenannter Baumvasen: große, mit Früchten und Girlanden verzierte Terrakottagefäße, wie man sie in Italien schon zu Zeiten der Medici kannte. Auf dem Markt von Beaucaire, so heißt es, habe ein Anduzer Töpfer eine solch prächtige Pflanzenvase erstmals gesehen und sie als Vorbild für eigene Kreationen verwendet.

ALTSTADT

Mit seinen engen, verwinkelten Gassen, den alten Brunnen, Türmen und der Place Couverte, dem im 14. Jahrhundert gegründeten überdachten Markt für Getreide und Kastanien, hat sich Anduze seinen mittelalterlichen Charakter bewahrt. Highlight auf dem Marktplatz ist die prächtige Fontaine-Pagode von 1649 mit ihren glasierten Ziegeln. Nur wenige Schritte sind es von hier zum Plan de Brie, wo sich als einziges Relikt der mittelalterlichen Befestigungsanlagen der Glocken- und Uhrturm in die Höhe reckt.

LA BAMBUSERAIE DE PRAFANCE

Vor den Toren von Anduze verblüfft die Gemeinde Générargues mit dem größten Bambusgehölz außerhalb Asiens. Geboren wurde die Anlage aus dem Willen eines Mannes namens Eugène Mazel. Der leidenschaftliche Hobby-Botaniker und Gewürzhändler aus den Cevennen begann 1856, erste Plantagen mit akklimatisierten Pflanzenarten aus China, Japan, Nordamerika und dem Himalaya anzulegen. Heute umfasst die Bambuseraie auf 35 Hektar ewa 200 Varietäten – etwa die Hälfte davon ist öffentlich. *www.bambouseraie.fr*

Links: Wo man anderswo in Südfrankreich Pinien oder Lavendelfelder erwartet, tut sich vor den Toren von Anduze ein riesiger botanischer Garten im asiatischen Stil auf.

Das gibt's heute noch

Vasen aus Anduze *Sie stehen in Parkanlagen, vor Rathäusern oder in den Gärten herrschaftlicher Villen: bauchige Tongefäße mit geflämmter Glasur, groß genug, um Zitronen- oder Orangenbäumchen aufzunehmen. Bereits 1610 schuf ein Töpfer aus Anduze die ersten dieser typischen noblen »Vasen« – nach florentinischem Vorbild.*

CANAL DU MIDI

Sein Name lautet ursprünglich »Canal royal en Languedoc«, denn obwohl sein Bau die Idee des aus Bezier stammenden wohlhabenden Ingenieurs und Salzsteuer-Einnehmers Pierre-Paul Riquet war, konnte das Projekt erst mit dem Plazet von Sonnenkönig Ludwig XIV. in Angriff genommen werden. Die Arbeiten für die erste Etappe des 240 Meter langen Kanals, der Toulouse (und damit den Atlantik) mit dem Mittelmeer verbindet, begannen 1667. 14 Jahre und mehrere von des Königs Hofbaumeister Vauban veranlasste Eingriffe später war eine der größten Ingenieursleistungen des 17. Jahrhunderts vollendet. Mit rund 300 Schleusen, Aquädukten, Tunneln, Brücken und anderen Konstruktionen überwindet die künstliche Wasserstraße teilweise beachtliche Gefälle. Ihr Bau sorgte für einen enormen wirtschaflichen Aufschwung des Languedoc. Erst mit dem Aufkommen der Eisenbahn ging der Schiffsverkehr zurück. Heute wird der inzwischen zum UNESCO-Welterbe zählende Canal du Midi hauptsächlich von Hausbooten genutzt.

Bild: Nahe Carcassonne lädt der Canal du Midi zu romantischen Rudertouren unter einem grünen Blätterdach ein.

Sète

VENEZIANISCHE VERHÄLTNISSE

»Klein-Venedig des Languedoc« wird der quirlige Mittelmeerhafen oft genannt. Tatsächlich entwickelte sich die Stadt um den Canal Royal, den letzten Abschnitt des historischen Canal du Midi. Fischerei und Handel spielen hier noch immer eine wichtige Rolle.

> **»Ein kleines, aber sehr lebendiges Venedig, ohne jede historische Größe.«**
> *(Wolfgang Koeppen)*

Dank archäologischer Funde im Becken des Thau-Sees lassen sich Sètes Anfänge bis zurück in die Bronzezeit datieren. Aber die eigentliche Geburt des Städtchens verdankt sie Sonnenkönig Ludwig XIV. Er gibt den Auftrag, die Landzunge zwischen der Lagune und dem Mittelmeer für die Schifffahrt aufzubrechen. Um den kurzen künstlichen Wasserlauf und den neuen Hafen siedeln sich rasch nicht nur Menschen aus der näheren Umgebung an. Mitte des 19. Jahrhunderts machen sogar Fischer aus der Nähe von Neapel Sète zu ihrer neuen Heimat. Aber da ist das Städtchen schon längst ein blühender Handelshafen vor allem für Wein, Schwefel, Holz, Getreide und Eisen. Später werden in Sète auch Orangen von den Balearen, aus Algerien und Marokko umgeschlagen. Aber der italienische Einfluss ist bis heute zu spüren – nicht nur im Kulinarischen. Der Chansonnier Georges Brassens (1921–1981) zum Beispiel, neben dem Dichter Paul Valéry einer der berühmtesten Söhne von Sète, hat von mütterlicher Seite neapolitanische Wurzeln.

ALTSTADT

Nachdem der Canal Royal fertiggestellt und der königliche Hafen von einem Schüler Vaubans befestigt worden war, entwickelte sich um dieses Ensemble ab dem frühen 18. Jahrhundert das Städtchen Sète. Bereits 1703 wurde die Kirche St. Louis am östlichen Kanalufer eingeweiht. Heute prägen Kunst und Genuss die historischen Gassen: die Markthalle und die Restaurants bieten Austern, Muscheln, Tintenfisch oder würzige Pasteten und eine Handvoll Museen erhellt das kulturelle Spektrum der Stadt.

CANAL ROYAL

Damit die auf dem Canal du Midi verkehrenden Handelsschiffe nach der Überquerung des Étang de Thau endlich das Mittelmeer erreichen konnten, wurde am Südufer des Lagunensees bereits ab 1666 der »Königliche Kanal« gebaut. Sechs Brücken überspannen heute den künstlichen Wasserlauf auf seinen rund zwei Kilometern. Auf dem Cadre Royale, dem Kanal-Abschnitt zwischen der Pont de la Civette und der Pont de la Savonnerie, fanden schon im 17. Jahrhundert die ersten Joutes, Kampfspiele zweier Bootsmannschaften, statt.

Links: Nein, den Reisenden hat es nicht nach Italien in die berühmte Lagunenstadt verschlagen. Aber tatsächlich erinnert das Städtchen Sète mit seinem Canal Royal in vielen Momenten an Venedig.

Unten: In der Markthalle von Sète haben Obst- und Gemüseliebhaber die Qual der Wahl.

Rechts: Im Musée Paul Valery warten nicht nur Original-Schriftstücke des Lyrikers, Philosophen und Essayisten Valéry auf Besucher.

Unten: Von einem ereignisreichen Leben als Schriftsteller und Chansonnier erzählt die Espace Georges Brassens.

ESPACE GEORGES BRASSENS

»Sauve qui peut«, rette sich wer kann, heißt jenes der zwei Boote des Sängers und Liedermachers Georges Brassens, welches die Besucher des ihm gewidmeten Zentrums empfängt. Im Inneren der Espace erzählt Brassens selbst – dank moderner Technik und unterstützt von Filmmaterial sowie seinen Kompositionen und bislang weitgehend unbekannten, zu Lebzeiten nicht mehr eingespielten oder noch nicht vollendeten Chansons – über sein Leben und Werk. Der Halbspanier und Maurersohn aus Sète ist auf dem Friedhof Le Py begraben.
www.espace-brassens.fr

MUSÉE PAUL VALÉRY

Zwei Schenkungen von Jeannie Gobillard, der Ehefrau des Sétoiser Dichters und Philosophen Paul Valéry (1871–1945), bildeten den Grundstock des nach ihm benannten Museums oberhalb des See-Friedhofs Cimetière Marin. Der Fond Valéry umfasst heute mehr als 1000 Dokumente – von Manuskripten bis zu Zeichnungen. Ansonsten widmet sich das Haus vorwiegend der Kunst ab dem 17. Jahrhundert. *museepaulvalery-sete.fr*

Heute so gut wie damals

Fruits de mer *Muscheln und Austern kommen an der Küste des Languedoc vielerorts auf den Tisch. Wichtige Zuchtgebiete sind der Lagunensee l'Étang de Thau sowie die Gewässer von Bouzigues und Mèze. Bonne dégustation! Lassen Sie sich die köstlich-frischen Früchte des Meers schmecken …*

Das gibt's heute noch

Fischerstechen *Zehntausende schauen zu und fiebern mit, wenn beim Stadtfest im August die traditionellen Bootskämpfe auf dem Canal Royal zelebriert werden. Erstmals ausgetragen wurden Les Joutes schon 1666. Mit Schild und Speer treten die Teilnehmer an, um sich gegenseitig vom Bug der historischen Holzkähne zu stoßen.*

Retro-Moment

Fischauktion La Criée im Hafen *Ausgeschrien werden die Preise zwar nicht mehr bei der morgendlichen Versteigerung des nächtlichen Fangs der Fischer, doch noch immer umschwirren Möwen den nahen Kai, wenn die Schuppenfracht aus den Booten zur Auktionshalle gebracht wird.*

Poste de Secours N°1
SAPEURS POMPIERS
Secours Tél: 18 Port.112
POSTE
N°1

GRUISSAN PLAGE

Bereits im 19. Jahrhundert entdeckten viele Narbonnaiser die nahe Küste als Sommerfrische. Vor allem die kilometerlangen Strände von Gruissan, jenseits der Salinen, lockten Sonnenhungrige und Badefreudige an. Allerdings hatten auch die Fischer der Region hier ihre Refugien: auf Stelzen gebaute Hütten. Zu Dutzenden standen diese »pilotis« bereits damals auf den noch immer wachsenden Schwemmsandflächen. Inzwischen werden die ungewöhnlichen Chalets, deren Zahl deutlich gewachsen ist, vorwiegend als Feriendomizile genutzt. 1986 schrieben die wegen immer wieder vorkommender Überflutungen des Gebiets auf Pfählen errichteten Bauten aber auch Filmgeschichte, wurde hier doch der Streifen »Betty Blue – 37,2 Grad am Morgen« gedreht, dessen Hauptrolle Regisseur Jean-Jacques Beineix mit Frankreichs damaliger Femme Fatale Béatrice Dalle besetzte. Das Liebesdrama begeisterte sogar die Jury des World Filmfestivals von Montréal; sie verlieh der Romanverfilmung den Grand Prix des Amériques.

Bild: Ob Strandhäuschen oder Kulisse für den Kultfilm »Betty Blue« – der Gruissan Plage vor den Toren Narbonnes verströmt eine ganz besondere nostalgische Note.

Carcassonne

ZU SCHÖN, UM WAHR ZU SEIN

Mensch und Natur gleichermassen schufen diese Sadtschönheit an einem der wichtigsten Handelswege zwischen Atlantik und Mittelmeer. Ihr noch immer bewohnter mittelalterlicher Festungskern gilt als einzigartig in Europa. Zwei Flüsse und der Canal du Midi vervollkommen das filmreife Antlitz Carcassonnes.

Zwar trug die Siedlung am Ufer der Aude schon zu gallo-römischer Zeit den Namen Carcasso, doch die Legende preist eine schöne Burgherrin namens Madame Carcas als Patin. Zu Zeiten der Belagerung durch Karl den Großen habe sie durch eine List das Schicksal der Festungsstadt gewendet und daraufhin die Glocken läuten lassen – »sonner« auf Französisch. »Carcas sonne«! Die Büste der Dame Carcas am Haupttor der ummauerten Cité ist seit dem 16. Jahrhundert das Wahrzeichen der Stadt. Schon 400 Jahre früher überspannte eine erste Brücke die Aude und seit 1320 verbindet diese nun steinerne Pont Vieux das Cité-Ufer mit jenem der Neustadt, deren Straßen und Plätze nicht nur Kulisse für vielfältiges Markttreiben sind, sondern auch für die »bandas«, die bunten sommerlichen Fanfaren-Umzüge. An der Stirnseite der »jungen« Ville Basse liegt der Hafen Carcassonnes. Erst seit dem Jahr 1810 ist er jedoch mit dem Canal du Midi verbunden. Denn die Consuln der Stadt hatten sich geweigert, den Bau der künstlichen Wasserstraße mitzufinanzieren.

CITÉ

Majestätisch thront die noch immer bewohnte mittelalterliche Festungsstadt über dem rechten Ufer der Aude. Ein doppelter, drei Kilometer langer Mauerring mit 52 Türmen umgibt sie seit dem 12. Jahrhundert. An der Porte Narbonnaise, ihrem Haupteingang, konnten durch Öffnungen heißes Öl, Pech oder Steine auf Feinde geworfen werden. Hauptgebäude im Innern der auf antiken Mauern ruhenden und inzwischen zum UNESCO-Welterbe zählen Cité sind die Basilika Saint-Nazaire und das Grafenschloss.

CHÂTEAU COMTAL

Um das Jahr 1125 wurde innerhalb der Festungsstadt ein gräfliches Schloss errichtet. Von einem eigenen fünftürmigen Wall sowie einem trockenen Graben zusätzlich geschützt, diente das rechteckige, an die Stadtmauer gebaute Ensemble als Wohnstatt den Vizegrafen von Trencaval. Das Eingangstor verschlossen einst zwei Fallgatter und eine eisenbeschlagene Tür, die von verschiedenen Personen bedient werden mussten, um die Bewohner des Château Comtal vor Verrat zu bewahren.

> **»Wenn man allein vor den festen Türmen steht, mag man sich als Troubadour fühlen, auch an Rapunzel denken, dass sie ihr Haar herunterlasse.«**
>
> *(Wolfgang Koeppen)*

Links: Wie aus einem Fantasyfilm entsprungen wirkt Carcassonne im Abendlicht.

Unten: Immer wieder diente die Stadt als Filmkulisse, wie hier bei den Dreharbeiten zu »MacBeth«, 1959.

VILLE BASSE

Etwa ab Mitte des 13. Jahrhunderts entwickelte sich zu Füßen der befestigten Cité, am Westufer der Aude, eine neue, Stadt: die Ville Basse. Ihr Zentrum bildet die Bastide Saint-Louis. Noble Weinhändlervillen prägten im 17. und 18. Jahrhundert das schachbrettartige Straßengeflecht. Schon damals herrschte auf der Place Carnot lebendiges Markttreiben um den Neptunsbrunnen – und auf den Treidelpfaden des nahen Canal du Midi zogen Pferde oder kräftige Männerarme die Barken über den Wasserweg.

BURGEN VON LASTOURS

Als Schutzriegel für die kleine, heute vom Weinbau geprägte Region Carbades und Speerspitze des Katharer-Widerstands bildeten die vier Burgen von Lastours ab dem 11. Jahrhundert ein bemerkenswertes Bollwerk. Stolz thronen selbst noch ihre Relikte auf dem Felsvorsprung über dem Orbiel-Tal: La Tour Régine, Château Cabaret sowie Sudespine und das Chateau Quertinheux. Der beste Blick auf das Ensemble der Castèls de Las Tors, wie es auf ozkzitanisch heißt, bietet sich vom Belvédère de Montfermier.

Oben: Munteres Hausboottreiben herrscht in der Ville Basse am Canal du Midi.

Rechts: Die vier Burgruinen auf der Hügelkette sind noch heute äußerst beeindruckend.

Heute so gut wie damals

Urlaubsbräune *Ein wenig Farbe darf es schon sein – auch auf der Haut. Im Süden sorgt die Sonne meist recht rasch dafür. Ihr Licht ist nicht nur gut fürs Gemüt, sondern stärkt auch das Immunsystem. Aber auf die Dosis kommt es an. Ein Goldton statt tiefes Rotbraun ist sowohl schöner als auch gesünder.*

Retro-Moment

Besuch des Musée de l'École *In den fünf Räumen des kleinen Museums können Groß und Klein aktiv eintauchen in die Atmosphäre der französischen Gemeinschaftsschule des 19. und 20. Jahrhunderts. Alle Lehr- und Unterrichtsmaterialien dieser Zeit sind hier versammelt.* **www.carcassonne.org/article-page/musee-de-lecole**

Das gibt's heute noch

Café Le Trouvère *Karierte Tischdecken und Hausmannskost – das älteste Café-Bistro der Stadt entspricht auch hinter seiner ochsenblutroten Fassade dem Bild einer traditionsreichen Gaststätte im französischen Stil. Es liegt in der Cité und ist entsprechend gut frequentiert.*

LIBRAIRIE
La Librairie CENTRALE
OUVERT
La Librairie CENTRALE
Livres Anciens et Modernes
ACHAT-VENTE EXPERTISE
04.68.24.47.64
Grand choix sur 3 niveaux
BD ENFANT 3€

BÜCHERDORF MONTOLIEU

Kaum 1000 Einwohner, aber fast drei Dutzend Adressen, in denen sich alles um das Thema Buchkunst und -handwerk dreht: Das auf einem Felsvorsprung liegende mittelalterliche Montolieu verzeichnet seit 1990, kurz nachdem das bretonischen Bécherel den Titel »erste Bücherstadt Frankreichs« errang, eine rasante Entwicklung. Alles begann damit, dass Michel Braibant, ein Buchbinder in Carcassonne, beschloss, einen internationalen Hort zur Erinnerung an das facettenreiche Buchgewerbe zu schaffen und das Publikum in Kontakt zu den entsprechenden Gewerken zu bringen. Dank seiner persönlichen Sammlung und Schenkungen konnte schon 1991 das heutige Musée des Arts & Métiers du Livre eröffnen. Es lockte bald auch neue Buchhändler, Antiquare und Künstler nach Montolieu, sodass heute tatsächlich ein vielfältiges Bücher(er)leben den okzitanischen Ort erfüllt. Fontenoy-la-Joûte (Lothringen), Cuisery (Burgund) oder Montmorillon (Vienne) ließen die Zahl der französischen Bücherdörfer und -Städte inzwischen weiterwachsen.

Bild: Neben den zahlreichen Librairies gibt es in Montolieu auch eine Papiermühle und ein Schriftenmuseum.

Perpignan

BEI DER SCHÖNEN KATALANIN

Einst Festlandhauptstadt des Königreichs Mallorca und wichtige Station auf dem Handelsweg nach Nordafrika, fasziniert die südlichste Großstadt Frankreichs als charmantes Kulturen-Potpourri spanisch-französischer Prägung.

Nur rund 30 Kilometer trennen die schon zu Zeiten Hannibals bekannte Siedlung von Spanien, genauer gesagt: dem katalanischen Teil des Landes. Kein Wunder also, dass in der für lange Zeit zum Königshaus Aragón gehörenden Siedlung am Golf du Lion katalanische Lebenslust den Alltag prägt. In ihrem reichen baulichen Erbe herrscht die Gotik vor – mit prächtigen Beispielen wie dem Palast der mallorquinischen Könige oder auch Relikten des Viertels Saint-Jacques und der einstigen Stadtmauer. Perpignans 1858 eröffneter Bahnhof trägt den Spitznamen »Zentrum der Welt«. Er verdankt ihn dem Surrealisten Salvador Dalí, denn dieser sah das Universum »in seiner Struktur ähnlich der Station Perpignan« – und ließ sich von dem Eisenbahnhaltepunkt zu seinem Monumental-Gemälde »La Gare de Perpignan« inspirieren. Kunstwerke u.a. von Picasso, Dufy und Aristide Maillol birgt das nach dem aus Perpignan stammenden Porträtisten des Sonnenkönigs benannte Musée Hyacinthe Rigaud.

ALTSTADT

Errichtet aus Ziegelstein und dem lokalen Baixas-Marmor, prunkte Le Castillet ab 1368 als Haupttor der damals komplett ummauerten Stadt. Zwischen dem »Kastellchen« nahe des Flusses Tet, das heute als Museum dient, der Kathedrale Saint-Jean mit ihrem großen mittelalterlichen Campo Santo und den quirligen Caféterrassen der Place Arago veradert sich schließlich das Herz von Perpignan. Beeindruckend in dem weitgehend verkehrsberuhigten Altstadtkern ist auch der schmale Place de La Loge mit der historischen Seehandelsbörse.

MAGASIN AUX DAMES DE FRANCE

Das »Geschäft für französische Damen« ist ein historisches Kaufhaus, das in den Jahren 1905 bis 1907 als Niederlassung einer Kaufhauskette (es gab bereits Filialen in Hyères und Toulouse) von Architekt Georges Debrie in Form einer prächtigen Glas-Eisen-Konstruktion mit Dachkuppel errichtet wurde. Das mondäne Jugendstilensemble mit dekorierten Pfeilern, Bogenfenstern und Okuli beherbergt heute eine Ladengalerie, Hauptmieter ist die Handelkette Frac.

Links: Einladend – der Place de Catalogne mit historischem Kaufhaus und einer dem Surrealisten Dalí gewidmeten Skulptur.

Unten: Kaffeepäuschen in der Altstadt.

Johannisfeuer auf dem Canigou Am Castillet-Tor von Perpignans Stadtmauer brennt das ganze Jahr über eine Flamme. Jedes Jahr am 22. Juni wird an ihr eine Fackel entzündet und auf den Gipfel Canigou, den heiligen Berg der Katalanen, getragen, um dort das erste einer ganzen Reihe von Johannisfeuern anzufachen. Brennen alle anderen der von der Bevölkerung an diesem Tag aufgeschichteten Reisighaufen der Stadt, kehrt die Flamme zurück zur Porte Castillet. Der Kampf des Lichts gegen die Dunkelheit nimmt seinen Lauf.

PALAIS DES ROIS DE MAJORQUE

Am 21. August 1262 übertrug Jakob I. von Mallorca seinem zweiten Sohn nicht nur die Herrschaft über die Balearen, sondern auch über das Gebiet von Montpellier. Da bot es sich für den jungen Regenten an, sein Reich vom französischen Festland aus zu regieren. Die Wahl fiel auf Perpignan. Etwas außerhalb der Stadt wurde 1276 mit dem Bau des Königspalastes begonnen. Seit 1948 ist das prächtige Zeugnis einstiger mallorquinischer Macht für alle geöffnet.

HÔTEL PAMS

Es war Pierre Bardou, Sohn des Gründers der JOB-Zigarettenpapierfirma, der 1852 das Anwesen in der Rue E. Zola erwarb und dort in Glas-Eisen-Konstruktion Farbikgebäude errichten ließ. Integriert wurde auch ein prächtiges Stadtpalais, das unter dem Namen Hôtel Pams Furore machen sollte. Heute dient das reich dekorierte Bürgerhaus kulturellen und repräsentativen Zwecken der Stadt. Besonders schön ist auch der Innenhof mit Loggien und einer Marmornymphe.

Oben: Stolz weht die katalanische Flagge auf dem Pic du Canigou, dem höchsten Berg Kataloniens, im Wind. Gleich wird das traditionsreiche Johannesfeuer entzündet.

Rechts: Jugendstil at its best. Im Hôtel Pams sorgen nicht nur die historisierenden Allegorien im Vestibül für mächtig Eindruck.

Das gibt's heute noch

La Casa Sansa *Hühnchen mit Gambas, überbackene Muscheln, die Escalivada aus gegrilltem Gemüse: Seit 1846 hält das schmale, nostalgisch dekorierte Lokal die Tradition der katalanischen Küche hoch – serviert inzwischen aber auch Burger und Fritten.*

Das gibt's heute noch

Schinken *Ob den mageren Serrano der weißen Schweine oder den fetteren Pata Negra der iberischen Rasse, die sich während der Endmast nur von bellotas (Eicheln) ernährt: Beide dieser spanischen Schinkenvarianten lassen sich in Perpignans Spezialgeschäften vor dem Kauf meist auch verkosten.*

Retro-Moment

Das Musée Histoire naturelle besuchen *Grundstock für die Sammlung war das 1770 angelegte Kuriositätenkabinett der medizinischen Fakultät der Alten Hochschule von Perpignan. Inzwischen umfasst das Naturhistorische Museum die gesamten Räumlichkeiten des Hôtel Çagarriga, eines ehemals privaten historischen Stadthauses.*

Collioure

WO DIE WILDEN KERLE WOHNEN

Nachdem schon Paul Signac 1887 dem Zauber der außergewöhnlichen Farbenpracht und Lichtintensität des Fischerstädtchens erlag, entwickelte sich Collioure ab Anfang des 20. Jahrhunderts zur Wiege des Fauvismus – mit Malergästen wie Matisse, Derain und bald auch Picasso.

Schon der große Henri Matisse jubelte 1905 angesichts des strahlend blauen Himmels in Collioure, kurz nachdem er sich – mit Frau und drei Kindern – in der Rue de la Prud'homie eine Wohnung und bald, wenige Schritte entfernt, ein Atelier gemietet hatte. »Ich brauche nur die Fensterläden zu öffnen, und schon habe ich alle Farben des Mittelmeeres bei mir«, so der Künstler. Auch André Derain zeigte sich begeistert über die besondere Welt von Licht und Schatten, die ihm das zwischen Meer und Gebirge an den Saum einer natürlichen Bucht geschmiegte Collioure bot. Beide Künstler verfielen in einen Schaffensrausch, ließen das Ziegelrot der Dächer, das Ultramarin des Meeres, das Azur des Himmels, das Rosé, Ocker, Terrakotta der Hausfassaden auf ihren Leinwänden explodieren. Der Kunststil des Fauvismus war geboren. Ab den 1920er-Jahren kamen auf den Spuren der »Wilden« neue Künstler in den Ort und auch noch in den 1950er-Jahren trug die nächste Generation den Ruf der »Cité des Peintres« weiter.

ALTSTADT & CHÂTEAU ROYAL

Zwischen Fort Miradou und der Kirche Notre Dame des Anges mit ihrem markanten, ursprünglich als Wachturm für die Bucht erbauten Glockenturm, liegt das Treppengassen-Labyrinth von Le Mouré, dem lebhafen historischen Fischer- und Seefahrerviertel. Auf der Südseite des Naturhafens indes wacht das Château Royal über den Mittelmeerfluten. Die auf römischen Fundamenten errichtete Königsburg bildete das Kernstück der mittelalterlichen Verteidigungsanlagen und war später Sommersitz der Könige von Mallorca.

MUSÉE D'ART MODERNE

Jean Peské (1870–1949) und dessen Malerfreunden verdankt Collioure die Anfänge seiner Sammlung moderner und zeitgenössischer Kunst. 1934 wurden ersten Werke im Rathaus ausgestellt; später war das Château Royal als Domizil angedacht. Inzwischen ist das Konvolut in der von einem großen Park umgebenen einstigen Villa des Senators Gaston Pams (1918–1981) untergebracht. Zu den Exponaten zählen Aquarelle Peskés ebenso wie des Finnen Leopold Survage und Ölgemälde von André Masson, Henri Marre oder Augustin Hanicotte. *museecollioure.com*

Die Fauves Anfangs hatte der neue Malstil, mit dem vor allem Henri Matisse (1869–1954) seit Beginn des 20. Jahrhunderts experimentierte, keinen Namen. Doch nachdem der Künstler mit sechs Kollegen, darunter André Derain, Maurice Vlaminck und Marc Chagall seine vor allem in Collioure entstandenen farbsatten, kühnen Bilder mit einfachen Formen und ausgeprägten Konturen 1905 beim Pariser »Salon d'automne« gezeigt hatte, prägte der konservative Journalist und Kritiker Louis Vauxcelles den Begriff der »fauves«, der Wildkatzen.

Links: Matisses Sommeraufenthalt in Collioure 1905 brachte einen Wendepunkt in seinem Schaffen. Sein hier entwickeltes leidenschaftliches Bekenntnis zur Farbe schuf einen neuen Kunststil, der als Fauvismus in die Kunstgeschichte einging (im Bild: Henri Matisse, Ansicht von Colliure, 1905)

Unten: Dienten vielen Bildern der Fauves als Vorlage – die bunten Fassaden und engen Gassen des Mouré-Viertels.

»Es gibt in Frankreich keinen blaueren Himmel als den von Collioure. Ich brauche nur die Fensterläden zu öffnen, und schon habe ich alle Farben des Mittelmeers bei mir.«

(Henri Matisse)

CHEMIN DE FAUVISME

Gut zwei Dutzend der zahlreichen in Collioure entstandenen Werke von Henri Matisse und André Derain widmen sich diesem knapp einen Kilometer langen Spazierweg. Mit seinen fünf Stationen zieht er sich vom Tour d'Avall am Hafen bis zur Rue Mirador im Le-Mouré-Viertel und zeigt, welche Motive die Fauves damals in und um Collioure als Motive erkoren: Fischerboote, der »rote Strand«, zum Trocknen aufgehängte Segel oder der Leuchtturm des Ortes. Mehrere Reproduktionen am Wegesrand verdeutlichen, in welcher Form die Maler die Ansichten auf die Leinwand übersetzten.

Unten: Auf dem Chemin de Fauvisme ist die Gegenüberstellung der Fauves-Gemälde mit den realen Vorlagen besonders beeindruckend.

KÜSTENSTRASSE AN DER CÔTE VERMEILLE

Fast 70 Kilometer schlängelt sich die beeindruckende Küstenstraße am Meeressaum des Roussillon entlang. Immer wieder bezaubert sie mit spektakulären Ausblicken auf Felsbuchten, kleine Hafenstädte, goldene Strände und himmelblaues Meer. Von Collioure aus führt die Route über Port-Vendres, die berühmten Weinberge von Banyuls-sur-Mer, das einstige Fischerdorf Cerbère bis zur spanischen Grenze bei Port-Bou.

Hostellerie des Templiers

Das gibt's heute noch

Als René und Pauline Pous 1925 das Maison Fontano erbten, mauserte sich die schlichte Café-Auberge bald zum Treff von Renés Künstlerfreunden. Aus Geldmangel bezahlten die Gäste ihre Rechnung meist mit eigenen kleinen Werken. So besitzt die Hostellerie inzwischen eine beachtliche Kollektion moderner Kunst.

Heute so gut wie damals

Reiseproviant *Tankstellen oder Bahnhöfe bieten heute immer etwas gegen den Unterwegs-Hunger. Für leuchtende Augen bei allen Mitreisenden indes sorgt selbst Mitgebrachtes – z.B. ganz nostalgisch in Form von Stullen, Buletten, hartgekochten Eiern und Kaffee in einer Thermoskanne.*

Retro-Moment

Selbst gebackene Krokantkekse kaufen *Der verführerische Duft gerösteter Mandeln, warmer Schokolade und frischer Zitrone kündigt sie jeden Morgen an, die »Croquants à L'Ancienne de Collioure«. Seit Generationen schon backen eine Handvoll Familienbetriebe die köstlichen Krokantkekse. Sie sind fast ebenso berühmt wie die Colliourer Sardellen.*

Céret

MEKKA DES KUBISMUS

Kaskaden und Canyons, vor allem aber Kirschen und die Kunst der Kubisten machten das kleine Städtchen am Fuß des Canigó, dem markantesten Gipfel der Pyränaen, weit über die Region hinaus bekannt. Picasso, Braque und Matisse prägten seinen Ruf ebenso wie nachfolgende Avantgardisten.

Bis zum Beginn des 20. Jahrhunderts war Céret nur ein verschlafenes Landstädtchen an den Ausläufern der Pyrenäen. Aber im Januar 1910 begann eine neue Ära. Damals machten der aus Barcelona stammende avantgardistische Bildhauer, Maler und Schmuckgestalter Manolo Martínez Hugué, der kubistische Maler Frank Burty Haviland, Sohn eines Porzellanfabrikanten aus Limoges, und der Komponist Deodat de Séverac Baron de Beauville aus der Nähe von Toulouse erstmals Station in Céret. Ein Jahr später ließ sich bereits Picasso in der Wärme des Kirschen-Ortes nieder; bald folgten Henri Matisse, Georges Braque und Juan Gris. Zusammen mit seinen Malerkollegen experimentierte der Katalane mit Buchstaben, ovalen Formen und Papierschnitzeln – und machte das Bergstädtchen in der Folgezeit zum Mekka des Kubismus. Die »Chemins sublimés« erhellen noch heute die Motive, die auch Maler wie der Fauvist Raoul Dufy oder der Expressionist Chaime Soutine hier fanden; inzwischen erinnern ein Museum und ein Festival an das kubistische Erbe.

ALTSTADT

Nachdem der Reisende von einst die Teufelsbrücke überquert hatte, empfing ihn die Porte de France, das wichtigste der beiden Stadttore. Zwischen ihm und der Porte d'Espagne erstreckt sich die Keimzelle von Céret. Enge Gassen und kleine, von knorrigen Platanen beschattete Plätze mit Brunnen wie an der Place des Neuf Jets sowie zwei Kirchen prägen ihr Bild. Nur wenige Schritte hinter dem einstigen Mauergürtel liegen das berühmte »Grand Café« der Künstler und das ihnen gewidmete Museum.

MUSÉE D'ART MODERNE

Es waren die Maler Frank Burty Haviland und Pierre Brune, die 1950 im einstigen Karmeliterkloster den Grundstein legten für die exquisite Avantgarde-Kollektion. Die ersten Werke stifteten Künstler, die zuvor in Céret oder Collioure ihre Motive gefunden hatten; Picasso etwa oder Matisse. Eine Sammler-Schenkung brachte Arbeiten u.a. von Chagall, Dufy und Dalí. Heute spannt sich der Bogen der Exponate vom Fauvismus und Kubismus über die Surrealisten bis zu den Vertretern zeitgenössischer Kunst.
www.musee-ceret.com

Links: Bis in die 1930er-Jahre reisten zahlreiche Künstler nach Céret und machten die Kleinstadt zu einem Zentrum des Kubismus. Noch heute erinnert hier viel an diese Zeit, z.B. der berühmte Brunnen von Pablo Picasso.

Heute so gut wie damals

Kirschen *Meist schon im April und damit deutlich früher als anderswo in Frankreich lassen das milde Klima und die besonderen Böden von Céret die köstlichen roten Steinfrüchte reifen. Seit 150 Jahren schon. Traditionell erhält das französische Staatsoberhaupt das erste Körbchen der neuen Ernte.*

Retro-Moment

Im Grand Café, wo schon Picasso saß, die Zeit vergessen
Viele der Künstler, die Céret um 1900 zu ihrer neuen Heimat erkoren, wohnten in ungemütlich kalten Zimmern. Zum Glück gab es schon zu dieser Zeit das »Grand Café«. Hier las man, diskutierte und schwärmte in Briefen an Freunde und Kollegen von der Schönheit Cérets. Und das geht alles auch heute noch.

KORSIKA

Als Île de Beauté wird das gebirgige, viertgrößte Mittelmeer-Eiland oft bezeichnet. Seine Lage zwischen Italien, Frankreich und Sardinien ebenso wie der frühe Seehandel und zahlreiche Versuche Fremder, es sich untertan zu machen, prägen Korsika seit Jahrhunderten. Sein Bild umfasst daher elegante, oft von einer Zitadelle gekrönte Küstenstädte ebenso wie abgeschiedene Fischersiedlungen, trutzige Hügeldörfer, dichte Wälder, zerklüftete Gipfel, urige Flusslandschaften und traumhafte Strände. In der fruchtbaren Balagne-Region zeigt sich noch die Tradition des Anbaus von Getreide, Wein, Zitrusfrüchten und Oliven. Fast ein Drittel der Inselfläche ist als Naturpark ausgewiesen – ein echtes Paradies für Wanderer; sei es auf dem berühmten GR20 oder den eindrucksvollen Mare-e-Monti-Wegen. Die »Insel der Schönheit« macht ihrem Namen wirklich alle Ehre.

Bild: Relativ spät wird Korsika vom Tourismus entdeckt. Erst ab den 1970er-Jahren spannte man an den Stränden, wie dem von Calvi, die ersten Sonnenschirme für Reisende auf.

Cap Corse

IDYLLE AM KAP

Wie der Zeigefinger aus einer geballten Faust ragt die prägnante Landzunge im Norden Korsikas ins Ligurische Meer – von Bastia in Richtung Genua. Kein Wunder also, dass nirgendwo anders auf der Insel sich so viele genuesische Wachtürme in den Buchten und über den idyllischen Dörfern recken.

Feudale Burgen, ein schwarzer Strand, bezaubernde Weiler, Weingüter und mehr als 1000 Meter hohe Berge, deren Ausläufer sich mitunter bis dicht an den Küstensaum drängen, der oft steil ins Meer abfällt: »Le Cap« birgt allerhand Besonderheiten. Und viele meinen: Nirgendwo sonst komme die korsische Identität so gut zum Ausdruck wie auf dieser nur 40 Kilometer langen und 10 Kilometer breiten Halbinsel. Etwa 20 urige Dörfer und Streusiedlungen reihen sich auf ihrem Territorium aneinander. Ganz im Norden liegt Esra, an dessen Rand die Mattei-Windmühle auf die historische Destillerie einer Familie aus Bastia verweist, die schon auf der Pariser Weltausstellung von 1900 mit ihrem Aperitif »Cap Corse« Furore machte. Pino indes ist für seinen Seneca-Turm berühmt, Centuri für seine Langusten und Canari für sein Gesangsfestival im einstigen Kloster. Saint Florent, ganz im Süden, gilt manchem auch als »korsisches Saint-Tropez«.

ERBALUNGA

Eng drängt sich der Kern des gut 500 Jahre alten Dorfes auf einer schmalen, von einem genuesischen Wachturm akzentuierten Landzunge. Sein heutiges Gesicht mit stattlichen Häusern, Villen und dem Hauptplatz Pian di Fora, der zum Hafen führt, erhielt der ehemals für seinen bis nach Rom reichenden Seehandel bekannte, später von der Fischerei geprägte Weiler ab 1830. Seine Kirche ist nach dem Seefahrerpatron St. Erasmus benannt und in der Karwoche stets Mittelpunkt einer Prozession.

CENTURI PORT

Im Schutz der Insel Capense liegt an einem Talausgang der wichtigste der sieben Weiler der Gemeinde Centuri: jener, der schon seit der römischen Antike ihren Hafen inne hat. Anno 1757 nach Plänen von Pascal Paoli zu militärischen Zwecken ausgebaut, steht das Örtchen Centuri Port traditionell im Zeichen der Langusten-Fischerei. Zeitweilig sogar Frankreichs Nummer eins in Sachen Fang der edlen Krustentiere, kommt in den urigen Restaurants freilich auch anderes lokales Meeresgetier auf den Teller. Um den Hafen herum reihen sich bunte Häuser mit Dächern aus grünem Serpentin-Gestein.

Links: 40 Kilometer lang und teilweise nur 12 Kilometer breit – das Cap Corse besticht durch hübsche Fischerorte und malerische Dörfer. Nahezu jede Straße in dem dicht bewaldeten Gebiet scheint an einem schönen Ziel zu enden.

Unten: In der Altstadt des kleinen Erbalunga sind Autos verboten, das macht die ganze Sache noch idyllischer.

CANARI

Zwei Häfen und ein knappes Dutzend Weiler bilden die Gemeinde am Westsaum des Cap Corse. Akzente in diesem Puzzle zwischen Mittelmeerblau und Macchia-Grün setzen unter anderem ein vereinzelter Glockenturm sowie romanische bzw. barocke Sakralbauten. Das einstige Kloster des Heiligen Franziskus zum Bespiel beherbergt inzwischen ein kleines Museum zum Thema korsische Kleidung des 19. Jahrhunderts und bildet überdies den Rahmen für das internationale Festival des Lyrischen Gesangs.

»*Die Naturschönheiten Korsikas, verbunden mit bedeutsamen historischen Erinnerungen, lohnen den Besuch in reichem Maße.*«

(Baedeker's Riviera und Südost-Frankreich, 1913)

PINO

Ländlicher Charme paart sich in dieser weitläufigen Gemeinde mit einem reichen architektonischen Erbe. Allein ein gutes Dutzend sogenannter Palazzi di l'Americani, stattliche Landhäuser von Auswanderern, die in den vergangenen Jahrhunderten jenseits des Atlantiks zu Wohlstand kamen, prägen das Ortsbild zwischen Küste und Höhen. Auch Waschhäuser lassen sich noch entdecken. Und kuriose Grabstätten, etwa in Form eines Bootes oder einer Pyramide. Eines nennen die Pinais sogar Taj Mahal von Cap Corse.

Oben: Von nahezu allen Punkten in Pino genießt man einen herrlichen Blick auf das Meer.

Rechts: Einmalig auf der Insel ist der freistehende Glockenturm von Canari.

Das gibt's heute noch

Seneca-Turm *Anstelle einer römischen Festung errichteten die Genueser im 16. Jahrhundert diesen Turm am Cap Corse. Sowohl die Ostküste (Ligurisches Meer) als auch die Westküste (Tyrrhenisches Meer) sind von ihm aus zu sehen. Der Legende nach soll das Fort der Verbannungsort des römischen Philosophen Seneca gewesen sein.*

Souvenir, Souvenir

Rotwein aus Patrimonio *Vor allem auf Basis der Traubensorten Niellucciu und Grenache entsteht der »Rouge« im Patrimonio-Gebiet. Manche Weinstöcke dort sind, wie jene der Domaine Montagmani, mehr als 50 Jahre alt. Handgelesen und oft biologisch angebaut, lassen die Weine den Kalksteinboden spüren.*

Retro-Moment

Mit dem Fahrrad um das Kap *Für Radfahrer seien Korsikas Straßen zwar gut und staubfrei, aber wegen der vielen Steigungen anstrengend, befand schon Karl Baedeker 1913. Auch auf den gut 160 Kilometern rund um das Cap Corse geht es noch heute immer wieder auf und ab – aber herrliche Strände und reizende Dörfer laden immer wieder zum Pausieren ein.*

Balagne

IM GARTEN KORSIKAS

Auf den Hügeln des fruchtbaren, buchtenreichen Landstrichs zwischen Calvi und L'Île-Rousse erstreckt sich zum Saum des Monte Cinto hin die Region Balagne – bekannt auch als »Garten Korsikas«. Schon vor Jahrhunderten wurden hier rund um die Dörfer Getreide und Oliven, Zitrusfrüchte und Wein angebaut.

Vor der grandiosen Landschaft von Korsikas 2000er-Bergen thronen im Nordwesten der Insel verstreute, kleine, meist trutzig wirkende Dörfer auf grünen Hügelkuppen. An ihren Hängen und Säumen liegen Felder und Haine, deren Früchte der Region einst großen Reichtum brachten. Im frühen 20. Jahrhundert warben geschichtsträchtige Küstenörtchen wie L'Île-Rousse dann bereits als »Station climatique« um erste Touristen. Calvi wiederum, auf dessen Felsspitze bereits Phönizier, Griechen und Etrusker siedelten, kann sich schon seit 1936 des ersten Nachtclubs der Insel rühmen. Wer ihn besuchen will – »Chez Tao« ist beheimatet im ehemaligen Sommersitz der Bischöfe von Sagona. Der Nachtclub-Gründer hatte das Bauwerk 1928 kurzerhand für sein Vorhaben gekauft. Sänger Jacques Higelin machte die Adresse mit seiner »Ballade de Chez Tao« unsterblich.

CALVI

La magnifique jubelt so mancher angesichts der majestätischen Zitadelle, der farbenfrohen Marina und des weißen, von Pinien beschatteten Sandstrandes, der fast die gesamte Bucht von Calvi säumt. Tatsächlich magnifique, also herrlich, ist der Blick auf die Stadt, ihre genuesische Festung – in deren Mauern auch die Familie von Christoph Kolumbus gewohnt haben soll – und ihren Golf von der Chapelle Notre Dame de la Serra aus. Das Kirchlein steht etwa 45 Spazierminuten entfernt im hügeligen Hinterland.

L'ÎLE-ROUSSE

Seinen Namen verdankt der heitere Küstenort der vorgelagerten Insel Île de la Pietra, deren Porphyrgestein vor allem bei Sonnenuntergang rötlich (rousse) leuchtet. Schon seit Langem ist das kleine Eiland durch einen Damm mit dem Festland verbunden. L'Île-Rousse selbst, im 18. Jahrhundert schachbrettartig angelegt und in der Folgezeit von regen Handelsaktivitäten geprägt, verströmt mit seiner belebten Altstadt und dem hellen Strandbad bis heute mediterranes Flair in allen Facetten.

Links: Mal kurz im Liegestuhl weggedöst? Keine Sorge, die prächtige Aussicht auf Calvi ist auch nach dem Mittagsschläfchen noch einmalig schön.

Links: Pinien, Olivenbäume Weinstöcke – die Balagne liegt im Nordwesten von Korsika und ist die fruchtbarste Region der Insel.

»Überall, zumal in der Nähe der Orte, gibt es die üppigsten, wahrhaft paradiesischen Haine von Kastanien, Walnussbäumen und Mandeln, Gärten von Orangen und Zitronen und Ölwald an Ölwald.«

(Ferdinand Gregorovius, deutscher Kulturhistoriker, 1852)

SPELONCATO

Schon in der Steinzeit, später auch von den Römern besiedelt und bekannt für seine Grotten (spelunca), denen es wohl auch seinen Namen verdankt, erblühte das Hügeldorf ab dem 17. Jahrhundert zu einem der größten der Balagne-Region. Vor allem der Anbau von Weizen und die Olivenkultur an den umliegenden Hängen verhalfen seinen einst mehr als 1000 Bewohnern zu Wohlstand. Zwei prachtvolle Kirchen und eindrucksvolle Wohnbauten zeugen in den gewundenen, steilen Gassen bis heute davon.

SANT'ANTONINO

Wie ein Adlerhorst liegt das mittelalterliche Dorf auf einer Hügelspitze in mehr als 500 Metern Höhe. Dicht drängen sich die Häuser in den labyrinthisch gewundenen Gassen mit ihren Gewölben und steilen Treppen aneinander; ein Brotbackofen, eine alte Weinpresse, einige Kirchlein und Befestigungsrelikte lassen sich in trutzigen Mauern, die auch schon als Filmkulisse dienten, entdecken. Von einer Terrasse bietet sich ein herrlicher Ausblick auf Gebirge und Meer.

Oben: Die kleine Dorfkirche von Sant'Antonino liegt verwunschen inmitten des Gassengewirrs.

Rechts: Üppige Natur, malerische Bergdörfer und immer wieder atemberaubende Panoramen auf das Meer.

Heute so gut wie damals

Sonnenbrille *Ob lässig ins Haar gesteckt oder am T-Shirt-Hals festgeklemmt: die Sonnenbrille muss einfach mit beim Urlaub in südlichen Gefilden. Natürlich kann man sie auch schlicht ihrem eigentlichen Zweck zuführen und zum Schutz der Augen auf die Nase setzen. Stylish sollte die »gafas del sol« aber schon sein.*

Das gibt's heute noch

Parc de Saleccia *Auf dem Terrain eines ehemaligen Landguts aus dem 18. Jahrhundert zwischen L'Île-Rousse und dem Strand von Lozari entstand dieser herrliche Garten zur Pflanzenwelt Korsikas und des Mittelmeeres. Kunstvoll sind die Gewächse auf seinen sieben Hektar in Szene gesetzt.*
www.useovetro.visitmuve.it

Retro-Moment

Petit Musée in Corbara *Vor mehr als 30 Jahren richtete der passionierte Hobbyhistoriker Guy Savelli in seinem Privathaus ein kleines Museum zur Geschichte Korsikas ein. Alles was mit der Insel zu tun hat, ist dort versammelt – von Musikinstrumenten, Büchern, Zeichnungen und Gemälden bis zu Karten, Briefen und Messern.*

MIT DEM REIFENMÄNNCHEN DURCH FRANKREICH

Auf der Pariser Weltausstellung von 1900 beeindruckten unter den vielen Exponaten auch automobile Neuigkeiten wie ein Hybrid- und ein Allradfahrzeug. André und Édouard Michelin, die beiden Luftreifen-Pioniere aus Clermont-Ferrand, hatten anlässlich des Jahrhundertwende-Events ebenfalls eine geniale Idee: Ein kostenloses Kompendium für die Käufer der zunehmend angesagten »pneumatischen Gefährte«, mit »allen Informationen, die einem in Frankreich reisenden Fahrer nützlich sein können, um sein Auto zu versorgen, es zu reparieren« sowie den Insassen zu ermöglichen, »Unterkunft und Verpflegung zu finden« oder »per Post, Telegraf oder Telefon zu korrespondieren«. Bald wurde aus dem rund 400 Seiten starken, eher technisch orientierten »Guide Michelin« ein Reiseführer, der auch außerhalb der Heimat seiner Erfinder Tipps gab. Insbesondere die Michelin-Gastro-Sterne für besonders herausragende Küchenleistungen wurden ab 1926 zu einem Meilenstein der Restaurantkritik.

Bild: Markenzeichen aller Michelin-Produkte ist »Bibendum«, das Reifenmännchen. Das Maskottchen des Reifenherstellers wurde 1894 von Firmengründer Édouard Michelin entwickelt.

GUIDE
du
1961
Michelin

Girolata

HINTER DEN SIEBEN BERGEN

Abgeschieden und ruhig liegt das einstige Fischerdorf in einer malerischen Bucht südlich von Calvi. Seine wenigen Häuser schmiegen sich an den sanft ansteigenden Hügel, alte Eukalyptusbäume spenden am Meeressaum Schatten. Erreichbar ist Girolata nur per Boot – oder zu Fuß.

Nahe des Naturschutzgebietes Scandola, zwischen dessen Kap und jenem von Senio, erstreckt sich das geschützte Halbrund des Golfes von Girolata. Zur Landseite ragt ein kleiner Felssporn in sein Meeresblau, an dessen Spitze die Mauern eines Forts aus dem 16. Jahrhundert den Weiler Girolata ankündigen. Vielen gilt seine Bucht als eine der schönsten des gesamten Mittelmeeres. Sein kleines genuesisches Fort wacht über kaum zwei Dutzend Granitstein-Häuser, von denen einige schlichte Lokale und Cafés bewohnen. Im Sommer ankern meist Privatjachten und kleine Ausflugsboote aus Calvi, Porto, Cargèse und Ajaccio in Girolatas Naturhafen; Wanderer kommen, wie einst der Briefträger, zu Fuß auf dem Pfad vom Col de la Croix oder über die – deutlich schwierigere – Mare e Monti-Fernwanderweg-Etappe von Galeria. Sie vor allem freuen sich bei der Ankunft über die Rast und das Baden am Strand von Focaghia. Vielleicht leisten ihnen beim Sonnen sogar ein paar Kühe Gesellschaft, die sich auch ab und an am Strand einfinden.

GENUESISCHES FORT

Nach der Schlacht von Girolata anno 1540, bei der mit Dragut einer der mächtigsten Piraten der Zeit gefangen und seine Flotte beschlagnahmt werden konnte, beschloss die Casa delle Compere di San Giorgio, das wichtigste Finanzinstitut der damals mächtigen Seerepublik Genua, den Golf von Porto gegen die wiederholten Freibeuterangriffe zu schützen. 1552 wurde daher mit dem Bau des Forts von Girolata begonnen; eindrucksvoll prägt es bis heute das Ortsbild.

LA SCANDOLA

Bereits seit 1975 steht die Halbinsel an der Westküste Korsikas unter Naturschutz; seit 1983 gehört sie zum Weltnaturerbe der UNESCO. In ihren spektakulär aufgetürmten roten Granitfelsen nistet eine Vielzahl von Vögeln, in den Meereshöhlen fanden die letzten korsischen Mönchsrobben Zuflucht – und die immergrüne Macchia des etwa 1700 Hektar großen Areals zeigt sich stolz mit mehr als 30 endemischen Pflanzen. Nur zu Fuß lässt sich der Zauber des Naturparadieses erkunden, da keine Straße über die Landzunge führt.

Fernwanderwege Mare e Monti

Weniger herausfordernd als der berühmte GR20 vom Nordosten der Insel aus gen Süden, lassen sich die korsischen Fernwanderwege zwischen »Meer und Bergen« auch von weniger sportlichen Wanderern bewältigen. Ihre Etappen verlaufen von Calenza nach Cargese (120 Kilometer) sowie von Porticcio nach Propriano (66 Kilometer). Die Pfade schlängeln sich am Saum der höchsten Berge, durch Wälder, Schluchten und idyllische Dörfer sowie an Flussufern entlang. Einfache Gites laden zum Übernachten, auch Zelten ist möglich.

Links: Der natürliche Hafen von Girolata gilt als einer der schönsten des ganzen Mittelmeerraumes. Vom Massentourismus blieb dieses Idyll bislang verschont, erreicht man es doch nur zu Fuß oder vom Wasser aus.

Das gibt's heute noch

Le sentier de Guy *Bis 2006 legte Guy Ceccaldi täglich zu Fuß den Weg vom Col de la Croix bis nach Girolata zurück, um den Menschen dort ihre Post zu bringen. Gut sieben Kilometer war der Briefträger dabei jeweils durch die Macchia unterwegs. Inzwischen ist der Sentier du Facteur für Wanderer ausgeschildert.*

Bonifacio

LA BELLE

Als »Ville de beauté« (dt. Stadt der Schönheit) präsentierte sich die spektakuläre Klippenstadt schon Anfang des 20. Jahrhunderts auf einem Vintage-Reiseplakat in Form eines Korsarenkopfes. Ihre Schönheit drängt sich auf einer schmalen Landzunge aus weißen Kalkwänden zwischen Meer und einer fjordartigen Bucht.

Schon der Held der griechischen Mythologie, Odysseus, soll auf seiner Irrfahrt an dem Île de Fazio genannten Kap von Bonifacio angelegt haben, auf dessen einer Seite die fast senkrechten Felsen dem offenen Meer trotzen, während auf der anderen die Kraft der Wellen das natürliche Hafenbecken schuf. Die offizielle Gründung der Stadt erfolgte 828 durch den toskanischen Grafen Bonifacio. Bereits 830 wurde sie befestigt und ist somit die älteste Hochburg Korsikas. Es waren allerdings die Genueser, welche die Geschicke Bonifacios mehr als fünf Jahrhunderte lenkten. Seine außergewöhnliche Lage, seine Klippen und Grotten, die berühmte Felstreppe des Königs von Aragon, Frankreichs höchste Bastion und Korsikas einzige gotische Kirche brachten sogar Dichter wie den Pariser Antoine Claude Pasquin, alias Valéry (1789–1847), ins Schwärmen. Vielleicht genoss auch er den herrlichen Blick über die Bucht von Bonifacio von der Bastion de l'Étendard oder der Kapelle Saint-Roche aus. Bei klarem Wetter lässt sich von hier sogar das nahe italienische Eiland Sardinien erspähen.

OBERSTADT

Bonifacios Ville Haute liegt auf einem langgestreckten, steil zum Meer abfallenden Kalk- und Sandsteinfelsen. An seinem seeseitigen Saum ist das markante Plateau stark ausgewaschen, sodass die schmalen, bis zu sechsgeschossigen Häuser den Eindruck vermitteln, sie stünden auf einem riesigen Balkon. Dicht säumen sie die Sträßchen, Gassen und Treppen des Festungsareals um die Kirche Sainte-Marie-Majeure. Bei ihr münden auch die historischen Schiefer-Regenrinnen in die zentrale Zisterne.

QUAI COMPARETTI

Benannt nach dem 1943 erschossenen Widerstandskämpfer Jérôme Comparetti aus Bonifacio, säumt der Quai einen Großteil des Hafenbeckens. Mit ihren Bars, Restaurants, Palmen und diversen Läden sowie einem wunderbaren Blick auf ankernde Segeljachten und das Vorgebirge, ist die quirlige und farbenfrohe Uferpromenade so etwas wie das touristische Aushängeschild Bonifacios.

Links: 60 Meter über dem Meer thront die schwindelerregende Schönheit Bonifacio und lockt mit der spektakulärsten Aussicht Korsikas.

Unten: In den Sommermonaten reiht sich im Hafen eine Luxusjacht an die nächste.

»Die korsischen Weine sind stärker und rauer als die französischen; sie eignen sich vorzüglich zur Mischung mit Wasser.«

(Baedeker's Riviera und Südost-Frankreich, 1913)

Rechts: Was für eine Treppe! 187 Stufen geht es von der Altstadt hinab ans Meer. Für alle schwindelfreien Reisenden ein absolutes Muss.

Unten: Nicht nur von außen beeindruckend anzusehen, viele der kleinen Ausflugsboote, fahren auch in Bonifacios Grotten hinein.

TREPPE DES KÖNIGS VON ARAGONIEN

In nur einer Nacht, so die Legende, schlugen die Truppen von Alphons V. während der Belagerung von Bonifacio anno 1420 die 187 Stufen in den Küstenfels. Tatsächlich ist die gut 60 Meter hohe Treppe wohl der Mühe von Franziskaner-Mönchen zu verdanken, die dank ihrer zu einer Süßwasserquelle in einer Grotte am Fuß der Klippen gelangten. Von diesem Saint-Barthélemy-Brunnen ist zwar heute nichts mehr zu sehen, aber die Aussicht von der kleinen Plattform nur wenige Meter oberhalb des Meeres ist grandios.

GROTTES ET FALAISES

Bonifacios Höhlen und Grotten am Saum des Stadtfelsens sind legendär. Über die Jahrhunderte wuschen die Wellen den weichen Sandstein aus dem Granit-Sockel in oft bizarrer Weise aus. So trägt die St.-Antoine-Grotte unweit des berühmten Gouvernail-Felsens auch den Namen Napoleon-Hut. Eine andere wird Bad der Venus genannt, eine weitere heißt »la jarre«, der Krug. Nicht mehr zugängig ist leider die Grotte von Sdragonato mit ihrer Deckenöffnung in der Form Korsikas. Mit Booten lässt sich die Grottenwelt ab Bonifacio erkunden.

Das gibt's heute noch

Leuchtturm von Pertusato *Schon seit 1844 schickt dieser gut sechzehn Meter hohe »phare« seine Lichtsignale von dem berühmten durchlöcherten Felsen (»pertüsu« bedeutet auf Korsisch »Loch«) übers Meer. Eine schöne Wanderung führt von Bonifacio längs der Küste in etwas mehr als einer Stunde zu dem historischen Leuchtfeuer.*

Souvenir, Souvenir

Strohhut *Man kann ihn weben oder flechten, aus Roggenhalmen knüpfen und auch aus Strohzöpfen nähen: Seit Jahrtausenden wissen die Menschen um die Techniken für die aus Naturmaterialien hergestellte Kopfbedeckung zum Schutz vor der Sonne. Inzwischen lässt die Modellvielfalt des Strohhuts kaum noch Wünsche offen.*

Retro-Moment

Den Anblick von Bonifacio vom Meer aus genießen *Im Rahmen eines Bootsausflugs lässt sich die eindrucksvolle Silhouette von Bonifacios Altstadt mühelos bestaunen. Wer es sportlicher mag, wählt ein Kajak und legt vor dem Stadtfelsen das Ruder für einige Momente über den Bug, um hinaufzuschauen zu den historischen Mauern.*

Porto-Vecchio

WILLKOMMEN IN DER KARIBIK

Korsikas drittgrößte Stadt ist jene des Salzes und der traumhaften Strände. Sie liegt auf einem riesigen rötlichen Felsen inmitten eines einstigen Sumpfgebietes und zeigt noch deutliche Spuren ihrer historischen Zitadellen-Struktur.

Am inneren Ende des tief eingeschnittenen Golfs von Porto-Vecchio reckt sich, nahe der Mündung des Stabiacciu-Flusses, die historische Genueser-Festung, aus der das aktuelle Porto-Vecchio erstand. Wegen der umliegenden Sümpfe und der mit ihnen verbundenen Krankheiten blieb der von Griechen aus Syrakus angelegte, von den Römern übernommene »Alte Hafen« aber lange Zeit weitgehend unbewohnt und unbehelligt. Erst ab dem 18. Jahrhundert änderte sich das. Salinen entstanden, in denen man jährlich mehr als 900 Kilo Salz gewann. Zudem wurde Porto-Vecchio ans Eisenbahnnetz angeschlossen. Erste Gäste entdeckten die zum Teil fast karibisch anmutenden Strände nahe der Stadt; Jacht- und Fährhafen wurden angelegt. In den engen Festungsgassen sowie rund um den zentralen Place de la République herrscht inzwischen quirliges Leben. Einen schönen Kontrast dazu bildet der Cimetière Marin mit seinen prächtigen Mausoleen und Gruften.

ALTSTADT

Umgürtet von den Mauern einer im 16. Jahrhundert erbauten Genueser-Festung thront die Keimzelle Porto-Vecchios auf einem roséfarbenen Felsen. Von der alten Zitadelle künden noch fünf Bastionen und das Genuesische Tor. Es bietet einen prächtigen Blick auf den Jachthafen und die historische Saline; von der Bastion de France reicht die Aussicht weit über den Golf. Im Herzen der Altstadtgassen steht an dem von Cafés gesäumten Place de la République die 1868 wiedererbaute Kirche Saint-Jean-Baptiste.

STRÄNDE

Feinkörnige Sandbänder in geschützten Buchten, Felsen zum Schnorcheln, genügend Wind zum Surfen und einmalige Ziele für Taucher: An der Küste von Porto-Vecchio reihen sich Strandperlen aller Art. Fast karibisch muten manche an, die Plage d'Acciaghju etwa oder die lagunenartige Plage Santa Guilia. Zu den Highlights der ganzen Insel zählt der weite, weiße, von Pinien gesäumte Strand von Palombaggia; von sanften Hügeln umgeben ist jener von Cala Rossa, eine Festung überragt den hübschen Strand von Benedettu.

Links: Türkisfarbenes Meer, glatt geschliffene Felsen und grüne Pinien am Ufersaum – in Porto-Vecchio kommen alle Anhänger des ausgiebigen Meeresbades auf ihre Kosten.

Heute so gut wie damals

Eisgekühlte Limonade

Am besten ist sie hausgemacht, mit frischen Zitronen, Minzblättern und Eiswürfeln: Eisgekühlte Limonade gehört zu einem Sommertag am Meer einfach dazu. Am besten schmeckt sie in einer Strandbar. Wenn dann noch die Eiswürfel im Glas klirren, ist die Urlaubsstimmung perfekt.

WESTFRANKREICH

Von der Girondemündung mit der nahen, anmutigen Île de Ré über das für seine Weine berühmte Bordelais und das Land der Pflaumen um Agen bis zur Côte Basque, kurz vor der Grenze zu Spanien, präsentiert Frankreichs Westen eine Fülle an Attraktionen – sowohl landschaftlicher Art als auch in Sachen Kulinarik und Architektur. Und so verwundert es kaum, dass Ortsnamen wie Arcachon, Biarritz oder Saint-Émilion die Herzen der Reisenden schon seit dem 19. Jahrhundert höherschlagen ließen; man erholte sich in stilvollen Kur- und Badestädtchen, genoss die großartigen Winzerprodukte und den Augenschmaus aus allen Epochen; ab den 1960er-Jahren ging es dann zum Wellenreiten auf den Atlantik. Viele dieser Orte und Dinge verströmen auch heute noch ihren ganz besonderen französischen Charme, seien es Naturwunder wie Europas höchste Wanderdüne oder Bestseller wie die Baskenmütze. Im Grand Ouest buchstabiert sich Nostalgie einfach auf vielerlei Weise.

Bild: »La Grande Plage à Biarritz«, Gemälde von Jacqueline Marval, 1923.

Salies-de-Béarn

SALZ LIEGT IN DER LUFT

Bereits in vorgeschichtlicher Zeit verlief ein Salzpfad durch die Region des heutigen Thermalortes. Nachdem die Römer das Béarn besetzt hatten, verbanden sich die Geschicke von Salies dann immer enger mit dem aus jahrmillionenalten unterirdischen Gewässern gewonnenen weißen Gold.

Mehr Salz als das Tote Meer enthält die Sole aus den Quellen von Salies-de-Béarn – und ihr Salzgehalt ist auch zehnmal höher als jener des Atlantiks und anderer Ozeane. Kein Wunder, dass das schneckenförmig angelegte Städtchen am Ufer des Saleys bald weit über seine Grenzen hinaus Furore machte. Sein Salz entwickelte sich rasch nicht nur zum begehrten Handelsprodukt – der Schinken von Bayonne etwa wird bis heute damit eingerieben –, sondern die Sole wurde bedingt durch ihre günstige Zusammensetzung von Mineralien und Spurenelementen auch als Heilmittel anerkannt. Im 19. Jahrhundert entstand daher das erste Thermalbad – und noch heute bildet der erste Sole-Brunnen das Zentrum der Stadt. Das Salzmuseum, das Kurviertel mit den Thermen im maurischen Stil und seinen Belle-Époque-Bauten ebenso wie die alten Häuser auf Pfeilern am Fluss verleihen Salies-de-Béarn bis heute einen ganz besonderen Charme. Und jedes Jahr wird natürlich auch ein Salzfest gefeiert.

ALTSTADT

Am Place du Bayaà stand der erste Salz-Brunnen von Salies; um ihn entwickelte sich spiralförmig der historische Kern der Stadt. Aus dem offenen Becken schöpften die Tiradous zu festgesetzten Zeiten die Sole und eilten zu den Coulédés, den Steintrögen vor den Häusern der Sälzer, um ihre Krüge dort zu entleeren. Parallel zum Salzarbeiter-Viertel erwuchs im 19. Jahrhundert die Bäderstadt, zu deren architektonischem Glanz ab 1893 auch das Grand Hotel du Parc beitrug. Inzwischen beherbergt es das Casino.

MUSÉE DU SEL

Untergebracht im Maison Darrémoudine, einem restaurierten typischen Béarnaise-Fachwerkhaus aus dem 17. Jahrhundert, erzählt das Museum zum einen die mehr als 4000 Jahre alte Geschichte des Salzes und seiner Gewinnung in der Region. Zum anderen widmet es sich der Entwicklung des örtlichen Bädertourismus dank der Salzquellen ab Mitte des 19. Jahrhunderts. Zu den Exponaten zählen u.a. Nachbauten sowohl einer historischen Salzmacher-Werkstatt als auch einer maurisch inspirierten Thermal-Badekabine aus der Zeit der Belle Époque.
www.museedusel64.fr

»Hast beim Servieren und Essen ist dem Franzosen unbekannt, sodass man wenigstens eine Stunde dafür ansetzen muss.«
(Baedeker's Autoreiseführer Frankreich, 1959)

Links: 1857 im maurischen Stil errichtet, ist das historische Gebäude des Thermalbads noch heute der architektonische Glanzpunkt von Salies-de-Béarn.

Retro-Moment

Eine Runde Blackjack spielen *Splitten oder nicht? Auch in der eleganten Atmosphäre des Casinos von Salies-de-Béarn stellt sich diese Frage an den halbkreisförmigen Blackjack-Tischen immer wieder.* **www.grandcasinoknokke.be**

Saint-Jean-de-Luz

BASKISCHES GOLDSTÜCK

Einst ein Seeräubernest, später vom Fischfang geprägt, im 17. Jahrhundert dann Kulisse für die Hochzeit des Sonnenkönigs mit der spanischen Infantin, gilt Saint-Jean-de-Luz an der Mündung der Nivelle heute als schönstes Badeziel an der nordbaskischen Küste.

Donibane Lohizune – so lautet der alte baskische Name für die Siedlung im Schwemmland am Saum des südlichen Atlantiks. Doch Saint-Jean-in-der-Marsch klingt nach Sumpf und Mücken. Luz indes, die Verballhornung von Lohizune, lässt an Licht denken, an goldenen Schimmer. Wie jener des langen Strandbandes, das sich vom Hafen aus vor teils noblen Belle-Époque-Bauten bis zur Digue-aux-Cheveaux erstreckt. Noblesse und Weltläufigkeit strahlen auch die stattlichen Palais an den Hafenkais aus. In zwei von ihnen logierte 1660 das künftige französische Königspaar Louis XIV. und Maria Teresa von Spanien. Anlässlich der hochherrschaftlichen Hochzeit schuf ein örtlicher Patissier übrigens die baskische Variante der Macarons: lichtgolden, ungefüllt und größer als ihre französischen Brüder. Bis heute erinnern die süßen Taler aus Eischnee, Zucker und Mandeln ebenso wie der schöne Place Louis XIV. an den wohl großartigsten Moment in der Geschichte von Saint-Jean-de-Luz.

ALTSTADT & GRANDE

Dicht schmiegt sich der historische Kern des Küstenstädtchens, in dessen Kirche Saint-Jean-Baptiste der Sonnenkönig 1660 seine Hochzeit feierte, an die Mündung der Nivelle und den von hohen Mauern zum Atlantik hin geschützten Hafen. Gleich dahinter erstreckt sich der traumhafte Grande Plage. Mehr als ein Kilometer feinster, heller Sand – weitgehend gesäumt von einer begrünten Fußgänger-Promenade und teils eindrucksvollen historischen Bauten wie dem Grand Hôtel Thalasso & Spa, das unter dem Namen »Hotel Moderne« bereits in der Belle Époque seine ersten Gäste begrüßte.

CIBOURE

Nur knapp zwei Kilometer trennen Saint-Jean-de-Luz von seiner charmanten kleinen Schwester am Südufer der Nivelle. Zwischen dem vom trutzigen Socoa-Fort geprägten Fischerhafen und dem Hügel des Bordagain-Turmes birgt der Geburtsort des Komponisten Maurice Ravel (1875–1937) – sein Elternhaus ist erhalten – ein reiches architektonisches Erbe. Das Kloster der Récollets zählt ebenso dazu wie das Art-déco-Juwel Villa Leihorra und die barocke Kirche Saint-Vincent.

Piment d'Espelette Ein baskischer Seemann, so heißt es, der Kolumbus auf seinen Reisen nach Südamerika begleitete, brachte die ersten Gorria-Schoten mit ins heimatliche Tal der Nive. Nachweisbar ist der Anbau dieser Capsikum-Planze in der Region jedoch erst ab etwa 1650. Vor allem in Espelette, einer mittelalterlichen Gründung der Herren von Ezpeleta, werden die »Roten« seither – und noch immer in Handarbeit – kultiviert. Getrocknet und gemahlen gaben sie dem baskischen Chiligewürz Piment d'Espelette seinen Namen.

Retro-Moment

Die Fischer beim Entladen ihres Fangs beobachten *Früh aufstehen heißt es, um zu sehen, wie frischer Thunfisch, Knurrhahn, Seehecht oder Langusten von den Barkassen der Fischer zur criée, der Versteigerungshalle, gebracht werden. Nur drei Grad beträgt dort die Temperatur um 6 Uhr morgens – also vielleicht besser einen Pullover mitnehmen zum Hafengang.*

Links: Bei Sonnenanbetern, Badenixen und Strandläufern seit jeher beliebt – der endlos lange Sandstrand von Saint-Jean-de-Luz

EIN HOCHGESANG AUF DIE BASKENMÜTZE

Catherine Deneuve trug sie ebenso wie Picasso oder Che Guevara. Aber schon zu früheren Zeiten und in anderen Kulturen bedeckten flache, gefilzte Wollmützen das menschliche Haupt. Ihre »moderne« Variante entwickelte sich um 1540 aus der Kopfbedeckung der Bauern und Hirten in den Pyrenäen. Seinen heutigen Namen aber erhielt das traditionell in einem Stück ohne Naht oder Bindung gefertigte »béret basque«, so heißt es, erst zu Zeiten von Napoleon III. Beim Beobachten der Baufortschritte für seine Sommervilla in Biarritz soll der Kaiser gestaunt haben über die »baskischen Hauben« der Arbeiter. Als erste Instanz in Sachen Baskenmütze gilt seit 1858 die Firma Elosegui. Allerdings sitzt sie im südlichen, also spanischen Teil des Baskenlandes. Im nördlichen, französischen wird das ach so typische béret nicht mehr hergestellt. Aber mit Laulhère existiert zumindest noch eine bereits 1840 gegründete Manufaktur in der Nachbarregion Béarn. Dort gibt es auch ein handwerkliches Mützenatelier – und, in Nay, das sehenswerte Musée du Béret.

Bild: Bei einer Reise durch Frankreich erblickt man nicht nur bei der älteren Generation die typische Kopfbedeckung, auch bei der Jugend ist sie wieder zunehmend en vogue.

Biarritz

MAGNIFIQUE!

Victor Hugo beschrieb das einstige Walfängerdorf am Golf von Biskaya bereits 1843 als »charmanten und prächtigen Ort«, fürchtete aber bereits da, dass er in Mode kommen würde. Da die Gattin von Napoleon III. Biarritz wenig später zu ihrem Lieblingsbad erkor, ließ der Zustrom der betuchten Besucher nicht lange auf sich warten.

Gekrönte Häupter aus ganz Europa reisten dank des französischen Kaiserpaares während der Belle Époque regelmäßig an die Küste nahe der spanischen Grenze und leiteten damit die touristische Blüte von Biarritz ein. So manches Hotel erinnert noch heute an diese Zeit, in der Coco Chanel ihr zweites Modegeschäft am Atlantik eröffnete und bis 1922 mit Großherzog Dimitri Pavlovitsch häufig Gast in einer der vielen russischen Villen der Stadt war. Auch Charlie Chaplin, Pablo Picasso und Winston Churchill konnte das Seebad willkommen heißen – das ob all der Berühmtheiten bald im Ruf der Exzentrik stand. Denn der durchbohrte Jungfrauenfelsen mit seinem neuen Steg und der Art-déco-Bau des Musée de la Mer riefen bei vielen anfänglich nur Kopfschütteln hervor. Gleiches galt für die kühnen Männer, die sich auf einem langen Brett stehend in die Atlantikwellen wagten. Ganz nostalgisch geht es desweilen im Musée Historique de Biarritz zu, das sich ganz dem goldenen Zeitalter der Stadt widmet, als die Damen noch in Reifröcken barfuß am Strand flanierten.

GRANDE PLAGE

Schon viele Namen trug der Postkartenstrand zwischen dem Hôtel du Palais und dem Rocher du Basta: »Plage de l'Impératrice«, nach Napoleons Gattin, Kaiserin Eugénie de Montijo (1826–1920); »Place Central« wegen seiner nahen Lage zu Hotels, Restaurants und Geschäften – und Anfang des 19. Jahrhunderts »Plage des Fous«. Denn hier versuchte man mit Meeresbädern psychisch Kranke zu heilen. Sein goldenes Sandband, der Uferpark und der schattige Quai de la Grande Plage sorgen noch für Wohlbefinden.

ROCHER DE LA VIERGE

Bis ihn Napoleon III. für den Bau eines Schutzhafens und Deichs durchbohren ließ, war der Felsen eine Halbinsel, trug den Namen Cucurlon und diente den Fischern als Beobachtungspunkt. Seit 1863 verbindet ihn ein 75 Meter langer Steg mit der Küste. Die Bezeichnung »Jungfrauenfelsen« geht ebenfalls zurück auf diese Zeit: Damals wurde die schneeweiße, geweihte Statue einer Madonna mit Kind aufgestellt. Von der Spitze des markanten Riffs reicht der Ausblick über die Bucht von Biarritz bis zu den Pyrenäen.

Surfing à la France Auf dem Bauch liegend oder auf einer kleinen gebogenen Sperrholzplanke (»Planky«) in die Wellen gleiten: das kannte man in Biarritz seit Langem. Aber aufrecht, auf einem langen Brett stehend? Das wurde erst in den 1950er-Jahren populär, als mit einem Filmteam aus Hollywood auch ein »longboard« an den Atlantik gelangte. Drehbuchautor Peter Viertel probierte es mühsam aus. Schon bald mehrten sich die Fans dieses neuen Surfbretts und es wurde vor Ort nachgebaut. Europas erster Surfspot war geboren.

Links: Biarritz gehört zu den berühmtesten Seebädern Frankreichs. Nicht nur die Kulisse ist hier einmalig.

Unten: Schon seit den 1950er-Jahren ist Biarritz aus der Surferszene nicht mehr wegzudenken.

MUSÉE DE LA MER

Schon Ende des 19. Jahrhunderts schlug der Malakologe und Expeditionsreisende Alexandre de Folin ein ozeanographisches Studienzentrum in Biarritz vor. Doch erst Anfang der 1930er-Jahre konnte das »Musée de la Mer« nahe des Rocher de la Vierge seine Pforten öffnen. Inzwischen wurde das Art-déco-Gebäude mehrfach erweitert. Auf seinen heute mehr als 7000 Quadratmetern veranschaulicht es sowohl die Charakteristika von Nordatlantik und Golfstrom als auch jene des Karibischen Meeres und des Indo-Pazifischen Ozeans.

Oben: »Sonnenschirme mit Leuchtturm« könnte dieses sommerliche Stimmungsbild aus Biarritz heißen.

Rechts: Auch historische Taucheranzüge kann man im Musée de la Mer bewundern.

PHARE DE BIARRITZ

1834 wies der Leuchtturm von Biarritz erstmals den Schiffen den Weg. Und bis heute ist er ein Wahrzeichen der Stadt. Unweit des Grande Plage steht er auf einer felsigen Ausbuchtung. Schlank und schneeweiß ragt er über 70 Meter hoch in den Himmel. In seinem Inneren winden sich 248 Stufen empor – und es lohnt sich, diese zu überwinden. Denn von oben bietet sich ein einmaliger Blick über Biarritz und das Meer.

Retro-Moment

Besuch der »Bar de la Côte« *Meeresrauschen und ein grandioser Ausblick auf den legendären Surf-Strand Côte des Basques: bei einem Drink, Lunch oder Dinner auf der Terrasse des Art-déco-Palastes, der einst als Badeanstalt diente, lässt sich bestens die Zeit vergessen.*
www.bardelacotedesbasques.com

Das gibt's heute noch

Hôtel du Palais *Um seine Gäste stilvoll empfangen zu können, ließ Napoleon III. an der von seiner spanischen Gattin Eugénie geliebten Küste 1855 eine Villa erbauen, die ihren Namen trug. Um 1880 wurde der kaiserliche Sommersitz verkauft und umgewandelt in ein Casino-Hotel. Heute vereint das Hôtel du Palais Tradition und Moderne.*
hoteldupalaisbiarritz.com-hotel.com

Heute so gut wie damals

Wellenreiten *Seinen Ursprung hat diese besondere Begegnung von Mensch und Meer auf Hawaii. Dort glitt man schon früh auf einem schlichten Brett stehend durch die Wellen. Ab den 1950er-Jahren begeisterten sich dann auch viele US-Amerikaner für den »Ritt« auf dem Ozean und bald wurde er auch in Europa zu einem echten Trendsport.*

Agenais

IM LAND DER PFLAUMEN

Um Agen, die Hauptstadt des heutigen Départements Lot et Garonne, erstreckt sich das weitgehend flache Territorium der ehemaligen historischen Provinz Agenais. Sie zählt zum okzitanischen Sprachraum und ist heute vor allem für ihre Pflaumenprodukte bekannt.

Mit dem 1856 als Umgehung für die schwierig zu befahrende Garonne in Betrieb genommenen Kanal zwischen Toulouse und Castets-en-Dorthe südlich von Bordeaux verfügt das Argenais heute über einen Anschluss an den Atlantik ebenso wie an das Mittelmeer. Zwar brachten auch in früheren Zeiten schon Schiffe die Erzeugnisse der von Feldern, Wäldern und Rebgärten geprägten Region bis nach England und Nordeuropa, der Canal latéral freilich vereinfachte Schifffahrt und Handel – auch jenen mit Kork von den unzähligen Eichen, die vor allem das Gebiet um Mézin prägten. An den Ufern des Lot indes liegt die Keimzelle der berühmten Prune d'Agen; hier pflanzten bereits die Römer erste Pflaumenbäume. Im 12. Jahrhundert brachten Kreuzritter bei ihrer Rückkehr aus Syrien dann Damaszener Setzlinge mit, welche die Mönche der Abtei von Clairac zum Veredeln der lokalen Sorten nutzten.

AGEN

Gut 2000 Jahre Geschichte atmet die Hauptstadt der Pflaumen; ein Großteil lässt sich ablesen an den Bauten der Rue des Cornières. Vom 13. bis zum 19. Jahrhundert war die Straße zwischen der Kathedrale St. Caprais und dem Marktplatz die wirtschaftliche Hauptader Agens. Ihre Verlängerung führt zum prächtigen Rundbau des Theaters (1907) und den vier Renaissance-Palais des Musée des Beaux Arts mit mehr als 3000 Kunstwerken. Von historischer Ingenieurskunst zeugt die schiffbare Kanal-Brücke über die Garonne.

KORKENMUSEUM

Korkeichen prägten bis ins 20. Jahrhundert das Bild und die Wirtschaft des Albaret – vor allem im Dorf Mézin. Das dortige Museum zeigt anhand einer Sammlung von Werkzeugen, Maschinen und Fotos die Geschichte der Herstellung und Verwendung des Naturprodukts Kork auf. Ein handwerkliches Atelier zählt ebenso zu den Exponaten wie das Foto zweier Triumphbögen aus Kork, mit denen Mézin 1906 den aus der Region stammenden französischen Präsidenten Armand Fallières einst begrüßte.

CHATEAU DE DURAS

Im Mittelalter als Festung errichtet, um das Tal des Dropt zu verteidigen, wandelte sich das Château de Duras im 18. Jahrhundert zum herzoglichen Lustschloss. Vom damaligen Prunk zeugen noch der Saal der Drei Marschälle, der Speisesaal mit seiner Terrasse und der Saal der Geheimnisse. Auch die Bäckerei und der Kerker sind erhalten. Zudem birgt das Schloss heute wieder eine große Sammlung historischer Möbel und Kunstwerke sowie archäologische und ethnologische Exponate aus der Region.
chateau-de-duras.com

Links: Hier hängt sie noch prall und saftig am Baum, doch die meisten der Pflaumen aus dem Agenais werden zu Trockenfrüchten verarbeitet. Am besten schmecken sie dann zum Aperitif oder mit einer Scheibe geräuchertem Speck umhüllt.

Saint-Émilion

WEINSELIG

Seit der Antike prägen Reben die Landschaft um das inzwischen berühmteste Städtchen des Bordelais. Als Zentrum einer intakten, historischen Weinbaulandschaft wurde es schon vor einem Vierteljahrhundert von der UNESCO zum Welterbe erklärt, als erste Weinbaulandschaft überhaupt.

Ein Einsiedler namens Aemilianus, identisch vielleicht mit dem spanischen Eremiten und Benediktinerabt aus dem Rioja-Gebiet, soll der Gründungsvater des heutigen Saint-Émilion sein. Tatsächlich ließen sich im Laufe der Zeit viele christliche Ordensbrüder und -schwestern in dem einst Ascumbas genannten Ort nieder. Er wurde zur wichtigen Etappe für Pilger auf einer Nebenstrecke des Jakobswegs. Und sein Kalkstein nährte nicht nur Reben, sondern diente auch als Baumaterial – sogar in Bordeaux. Außer der berühmten mittelalterlichen Felskirche Saint-Émilions zeugen bis heute 200 Kilometer unterirdischer Stollen von der Extraktion der Steine. Anfang des 17. Jahrhunderts sorgten Rebkultur und Klosterpräsenz für die Blüte eines weiteren Exportgutes: der Macarons. Ursulinen brachten das Rezept mit nach Saint-Émilion – und bald reichte ihr Ruhm weit über den Ort hinaus. Bei der Weltaussstellung 1897 in Brüssel wurden die Küchlein bei der Verkostung der besten Weine des Bordelaiser Gebietes gereicht.

ALTSTADT

Europas größte Felsenkirche, im 12. Jahrhundert geschaffen und im 14. ausgemalt, und das castel daou rey, der viereckige mittelalterliche Königsturm, setzen die beiden architektonischen Ausrufezeichen im Herzen des heutigen 2000-Seelen-Ortes. 118 Stufen führen hinauf auf den Tour du Roi, dessen genaues Baudatum bis heute ebenso ungeklärt ist wie seine Funktion. Von seiner Plattform indes bietet sich ein grandioser Blick über die kleine, befestigte Weinmetropole und ihren Rebenschatz.

WEINGÜTER

Rund 800 Kellereien umfasst heute das Weinbau-Gebiet Saint-Émilion; um den Ort selbst finden sich mindestens zwei Dutzend der eher kleinen, meist noch privat geführten Domainen. Bei einer Tour zu diesen Châteaux beeindruckt neben dem Wein oft auch die Architektur: wahre historische »Rebschlösser« lassen sich ebenso entdecken wie farbenfrohe Moderne in puristischer Gestalt. Aber unbedingt anrufen vor dem Besuch: Winzer sind immer mit ihrem Wein beschäftigt, sie kennen weder Wochenende noch Jahreszeiten.

Weintourismus Organisierte Reisen mit mehrsprachigen Spezialisten zu ausgewählten Domänen der UNESCO-Kulturlandschaft Saint-Émilion oder die individuelle Fahrt auf der von einer AOC-Biowinzer-Gruppe gegründeten »Route du Vin de Bordeaux en Saint-Émilion, Pomerol, Fronsac«: der Weintourismus in der berühmtesten Region des Bordelais hat viele Facetten. Je nach Interessenlage und verfügbarer Zeit lassen sich in dem landschaftlich homogenen Gebiet mit hoher Dichte von vorwiegend kleinen Gütern erfüllte Stunden verbringen.

Links: Saint-Émilion zog schon früh Weinkenner und Feinschmecker in seinen Bann, denn nicht nur edle Tropfen kann man hier verkosten, sondern auch überaus erlesen speisen.

Dax

JUNGBRUNNEN

Frankreichs zweitgrößter Kurort begann seine Karriere bereits zu Zeiten der Römer. Erst im 19. Jahrhundert jedoch erblühte das kleine Städtchen am Ufer des Adour dank seiner Thermalquellen und des Heilschlamms zum noblen Gesundheitsziel.

Julia, die Tochter des römischen Kaisers Augustus, so heißt es, kurierte in Dax schon ihre rheumatischen Beschwerden – und auch der Hund eines römischen Legionärs, der kaum noch laufen konnte, soll geheilt worden sein in der Cité Landaise. An das legendäre Wunder erinnert heute ein großes Bronzedenkmal auf der Place de la Cathédrale. Das namensgebende Gotteshaus an dem von uralten Olivenbäumen beschatteten Platz beeindruckt ebenso wie die Wehrmauern aus dem 4. Jahrhundert und das fast tempelartige Quellenensemble. In drei Fontänen schießt hier die 64 Grad heiße Source de la Néhe in einem säulengeschmückten Becken aus neun Löwenmäulern. Frankreichs Staatschef Georges Clemenceau beeindruckte das einst ebenso wie die Schauspielerin Sarah Bernhardt und viele andere Berühmtheiten. Dank ihrer avancierte Dax zum Kurort der Luxusklasse mit eleganten Straßen, Art-déco-Restaurants und prachtvollen Hotels wie dem in seiner Gestalt von einem Transatlantik-Liner inspirierten »Le Splendid«.

BALCON D'ADOUR

Geschäftiges Markttreiben herrschte einst an den Ufern des Adour; doch nach 1945 vergaß die Stadt ihren Fluss zunehmend. Mit der terrassenförmigen, gut 300 Meter langen Fußgängerzone vor der Kulisse des Art-déco-Hotels »Le Splendid« und des markanten Kurhausgebäudes ist er heute zurück im Herzen der Stadt. Im Sommer poppen Sandstrände mit Liegestühlen unter Palmen auf; ein breites Holzdeck lädt ebenfalls zum Verweilen, dient aber auch als Schutz vor Überschwemmungen.

LE SPLENDID

Schon bei der Einweihung 1929 machte die noble Herberge mit ihren 146 Zimmern und drei prächtigen Suiten ihrem Namen alle Ehre. Wie ein Ozeandampfer »ankert« das Art-déco-Monument bis heute am Südufer des Adour, dort wo bis 1891 eine mittelalterliche Festung stand und danach, bis es niederbrannte, das Dax-Salinen-Thermal-Etablissement. Berühmtheiten wie Ernest Hemingway oder der Schauspieler und Regisseur Sascha Guitry logierten im Splendid; seit seiner Renovierung birgt es auch ein Spa.

Links: Der historische Thermalbrunnen La Fontaine Chaude wurde im 19. Jahrhundert an der Stelle eines römischen Thermalbades errichtet. Die Quelle fördert täglich 2,4 Millionen Liter Wasser mit 64 Grad an die Oberfläche.

CATHÉDRALE NOTRE-DAME

Auf romanischem Fundament in der Barockzeit im Renaissance-Stil errichtet, verblüfft das massive, von außen recht nüchtern wirkende Gotteshaus sowohl durch seine lange, von Abriss und Einsturz geprägte Baugeschichte als auch durch seinen reichen Innenraumschmuck. Besonders schön muten die Malereien und Ornamente der Kuppel an sowie das gotische Portal der Apostel mit seinen zahlreichen Skulpturen.

Das gibt's heute noch

La Grande Brasserie de l'Atrium *Eindrucksvoll in seinen Ausmaßen ebenso wie im Dekor atmet dieses Restaurant bis heute Art-déco-Atmosphäre. Ob im hohen Hauptraum oder im schattigen Patio – französische Klassiker wie Langustenschwänze oder Salade Landaise munden in beiden.* ***www.la-grande-brasserie-de-latrium-restaurant-dax.com***

Küste des Médoc

ZWISCHEN MEERESBLAU UND KIEFENRGRÜN

Sowohl bei Surfern wie bei Weinkennern leuchten die Augen, wenn von dem Abschnitt der Côte d'Argent an der Gironde-Mündung die Rede ist. Atlantikbrandung, Pinienduft und rote Spitzengewächse bilden hier ein einzigartiges Trio.

Von den Medules, ihren ursprünglichen Bewohnern, hat die Halbinsel Médoc ihren Namen. Die keilförmige Region im Süden von Europas breitester Flussmündung zeichnet sich durch eine außergewöhnliche landschaftliche Vielfalt aus. Sie reicht von den weltberühmten Rebgebieten des Haute Médoc bis zu den weiten Pinienwäldern, die die Küste vom einstigen Pilgerort Soulac-sur-Mer bis zum Cap Ferret säumen. Ein Großteil dieser einzigartigen Natur zählt inzwischen zum Regionalen Naturpark Médoc. Im Osten grenzt sein mehr als 200 Hektar umfassendes Territorium bis an die Tore von Bordeaux. Sein Südzipfel reicht beinahe an den Saum des Bassins von Arcachon, jener Stadt, die bekannt ist für ihre exzentrisch-elegante Ville d'Hiver aus dem 19. Jahrhundert – und für Europas größte Wanderdüne. Ebenfalls weit über die Grenzen des Médoc hinaus bekannt ist der Phare de Cordouan, Frankreichs ältester Leuchtturm. Seit dem 17. Jahrhundert ragt er an der Girondemündung aus den Atlantikwellen.

PHARE DE CORDOUAN

Seit 1611 bereits schickt der aus weißen Kalksteinblöcken errichtete Leuchtturm von Cordouan sein Signalfeuer aus. Er steht auf einem flachen Felsplateau vor der Atlantikküste etwa in der Mitte der Gironde-Mündung. Seit 2021 zählt Frankreichs ältestes Meeressignal zum Welterbe der UNESCO. Seine prächtige Innenausstattung im kapellenartigen unteren Bereich, mit Stuck, Bodenmosaiken und Fresken, brachte dem einst auch äußerlich aufwendig verzierten Bauwerk den Beinamen Versailles des Meeres ein. *www.phare-de-cordouan.fr*

»*Die Scheinwerfer sind in Frankreich gelb, müssen dies bei ausländischen Fahrzeugen aber nicht sein. Parklichter sind auch unter brennenden Laternen vorgeschrieben.*«

(Baedeker's Autoreiseführer Frankreich, 1959)

SOULAC-SUR-MER

Im Mittelalter – ob seiner noch heute in der Kirche Notre-Dame-de-la-Fin-des-Terres bewahrten Reliquien – Startpunkt für die Pilgerreise nach Santiago de Compostela, drohte dem Hafenstädtchen im 16. Jahrhundert die Versandung. Erst im 19. Jahrhundert hauchte der Badetourismus Soulac wieder Leben ein. Zahlreiche, mit Türmchen und Holzschnitzereien verzierte Backsteinvillen sind aus dieser Zeit noch erhalten.

Links: Schon Ende des 19. Jahrhunderts entwickelte sich Soulac-sur-Mer zu einem beliebten Badeort. Umgezogen wurde sich damals noch in sogenannten Umkleidezelten. Auch Postkarten (im Bild) gab es schon zu kaufen.

Unten: Pech, Teer, Holz, Kohle, Rapsöl – es gibt kaum einen Brennstoff mit dem der Phare de Cordouan noch nicht befeuert wurde.

Rechts: Hat man die Dune du Pilat erklommen, wird man mit einer grandiosen Aussicht belohnt.

Unten: Im 19. Jahrhundert war Arcachon für betuchte Bordelais sommers wie winters ein beliebtes Ausflugs- und Urlaubsziel.

ARCACHON

Schon im 19. Jahrhundert stand Arcachon im Ruf eines mondänen Seebads für die betuchte Klientel aus Bordeaux. Die lange Strandpromenade in der »Sommerstadt«, der Ville d'été, avancierte zum beliebten Treffpunkt. In der »Winterstadt«, der Ville d'hiver, etwas weiter vom Küstensaum entfernt, logierte man in der kühleren Jahreszeit, genoss die frische Seeluft, schlürfte Austern und traf sich zum Spiel im prächtigen Casino, dem Château Deganne, oder machte einen Ausflug auf die Halbinsel Cap Ferret.

DUNE DU PILAT

Mehr als 100 Meter ragt Europas höchste Wanderdüne südlich von Arcachon auf zwischen Meeresblau und Seekiefergrün. 60 Millionen Kubikmeter Sand, die aufgrund der starken Biskaya-Winde mit einer Geschwindigkeit von einem bis fünf Metern pro Jahr unaufhaltsam Richtung Osten wandern. Schon 1978 wurde die fast drei Kilometer lange Dune du Pilat zum Naturdenkmal erklärt; hölzerne Treppenstufen, die stets freigeschaufelt werden müssen, führen hinauf zu ihrem Kamm. Der Ausblick bleibt unvergesslich.

Retro-Moment

Im Observatorium von Arcachon die Sterne zählen *Ein junger Ingenieur namens Eiffel wirkte mit an dem Bau dieses filigranen, 25 Meter hohen Aussichtsturms aus Metall, der sich seit 1863 über der Winterstadt reckt. Von der Plattform des Observatoire St. Cécile lässt sich der Nachthimmel ebenso bestaunen wie tags das Panorama Archachons und seiner Bucht.*

Das gibt's heute noch

Villa Faust *Seinen Namen hat das neogotische Hôtel Privé, das in der sogenannten »Winterstadt« Arcachons steht, von Charles Gounods erfolgreicher Oper »Faust«. Diese war 1859, drei Jahre vor Baubeginn der Villa, in Paris uraufgeführt worden. In »teuflischen« Lettern wacht bis heute ihr Protagonist über dem Eingang.*

Heute so gut wie damals

Wohnwagen *In den Anfangsjahren noch »Wohnauto« genannt, entwickelte der Campingpionier Arist Dethleffs das erste deutsche Modell im Jahr 1931 und machte es seiner Verlobten zum Hochzeitsgeschenk. Von diesem Zeitpunkt an war der Siegeszug des rollenden Zuhauses nicht mehr zu stoppen.*

DIE WINTERSTADT VON ARCACHON

Émile und Isaac Pereire, zwei Großunternehmer aus Bordeaux mit portugiesischen Wurzeln, hatten um 1860, also zu jener Zeit als die Tuberkulose noch weit verbreitet war und Sanatorien in den Bergen oder an der Côte d'Azur erblühten, die Idee, auch an der Atlantikküste eine Möglichkeit für die Betroffenen zu schaffen, ihr Leiden zu lindern und ihre Gesundheit zu stabilisieren. In einem großen Pinienhain oberhalb der Sommerstadt von Arcachon ließen die Brüder daher quasi in einem Wurf rund 300 extravagante, noch heute weitgehend erhaltene Villen erbauen – im Stil von Chalets, maurischen Pavillons und neogotischen Palais. So entstand eine Art weitläufiges, offenes Sanatorium, in dem man sich mit der Familie und den Domestiken einmieten (oder einkaufen) konnte. Die Bäume und eine geschickte Straßenführung brachen den Wind; nur noch die würzige Seeluft und der harzige Pinienduft stärkten die Lungen der Gäste. Bald gesellten sich Hotels zu den Villen und eine betuchte internationale Klientel reiste in die Ville d'Hiver (Winterstadt) zur Kur.

Bild: Eines der berühmten Häuser in der Winterstadt ist die Villa Alexandre Dumas, die von einem prächtigen exotischen Garten umgeben ist.

Bordeaux

LA VILLE BLONDE

»Eine Mischung aus Versailles und Antwerpen« nannte der Schriftsteller Victor Hugo einst die vornehme Weinhandelsmetropole des Bordelais. Andere gaben der Stadt an der Garonne auch Namen wie »La Porte de la Lune« (vom halbmondförmigen Zentrum) oder »La Ville Blonde« wegen der wunderschönen, goldgelben Steinhäuser.

Von wehrhaften Mauern eng umschlungen gab sich Bordeaux noch bis ins 18. Jahrhundert. Erst der Hofarchitekt von Louis XV. sorgte für die Öffnung des Festungsrings und schuf am Flussufer einen weiten, königlichen Platz – der heutige, auch wegen seines kunstvollen Wasserspiegels weltberühmte, Place de la Bourse. In den Gassen hinter ihm blieb der Atem des Mittelalters aber noch teilweise erhalten – mit der Kathedrale etwa und den Stadttoren wie der Porte Saint-Éloi, deren Glocke sogar das Stadtwappen ziert. Doch dank seines florierenden Handels, vor allem mit Wein, vom heutigen UNESCO-Welterbe Port de la Lune aus, paarten sich Vergangenheit und Zukunft auch in der baulichen Entwicklung der Handelsmetropole bald aufs Prächtigste. Fast 400 denkmalgeschützte Momumente aus diversen Epochen machen Bordeaux heute zu einem lebendigen Architekturbrevier, das immer wieder neue Kapitel aufschlägt.

ALTSTADT

Flankiert von der alten Seehandelsbörse und dem Hôtel des Douanes bildet der weite Place de la Bourse seit dem 18. Jahrhundert das Entree zum historischen Kern der Stadt. Das harmonische Ensemble innerhalb der ehemaligen Stadtmauern gilt als das größte, geschlossenste und schönste seiner Art in ganz Frankreich. Akzente darin setzen vor allem die Kathedrale St.-André und ihr frei stehender Glockenturm Pey-Berland sowie das Grand Théâtre. Den besonderen Flair der Altstadt erlebt man am besten im Rahmen des jährlich stattfindenden Wein-Festivals, bei dem sich die ganze Stadt in eine riesige Weinverkostung verwandelt.

GRAND THÉÂTRE

Nach fünfjähriger Bauzeit 1780 mit Jean Racines Tragödie »Athalie« eingeweiht, gilt das Große Theater als schönstes der öffentlichen Gebäude von Bordeaux. Sein Bühnensaal wird oft in einem Atemzug mit jenem der Opernhäuser von Versailles und Turin genannt. Die Hauptfassade zum Place de la Comédie schmückt ein hoher Säulengang, der eine von den Statuen der neun Musen und dreier Göttinnen gekrönte Balustrade trägt. Ein wahrer Tempel des (Musik-)Theaters.

Links: Ferienstimmung auf dem Place de la Bourse, der im Sommer von den Kindern der Stadt auch gerne mal als Ort der Erfrischung genutzt wird.

Unten: Großes Theater – der opulente Bühnensaal des Grand Théâtre ist an sich schon eine Schau.

MUSÉE MER MARINE

Schon seit Jahrhunderten ist Bordeaux aufs engste mit dem Meer verbunden. Der Beziehung zwischen Stadt und Atlantik in all ihren Facetten widmet sich seit 2019 am historischen Hafen das Musée Mer Marine auf insgesamt 6000 Quadratmetern Ausstellungsfläche. Hunderte von Karten, Schiffsmodellen, nautischen Geräten und maritimen Kunstwerken zeichnen die Geschichte des Meeres und die Beziehung des Menschen zu ihm nach, vom Traum der Eroberung bis zum Wunsch nach Bewahrung. *www.mmmbordeaux.com*

MUSÉE DU VIN ET DU NÉGOCE

Fässer und Küferwerkzeugte, aber auch historische Maschinen zum Abfüllen des Weins und zur Verkorkung der Flaschen zählen zu den Schaustücken des Wein- und Handelsmuseum. Untergebracht ist die von der Gesellschaft Bordeaux Historia Vini initierte Sammlung in den Kellergewölben eines typischen Handelspalais' aus dem 18. Jahrhundert. Zum Abschluss des Rundgangs darf natürlich eine Verkostung nicht fehlen. *www.museeduvinbordeaux.com*

»*Die Luft, die Trauben und der Wein von den Ufern der Garonne sind ein ausgezeichnetes Gegenmittel gegen Melancholie.*«

(Charles Louis de Montesquieu)

Oben: Modelle historischer Segelschiffe im Musée Mer Marine.

Rechts: Ganz viel zur Geschichte des Weins erfährt man im Musée du Vin.

Das gibt's heute noch

Maison Gobineau *Als Teil der Neubebauung des einstigen Château-Trompette-Geländes erlebte das Dreiecksgebäude von 1816 diverse Veränderungen. Auch die Funktionen wechselten, vom Privat-Palais bis zum Hotel mit Café und Kinosaal. Heute ist in dem markanten Bau das Maison du Vin de Bordeaux samt Weinbar untergebracht.*

Retro-Moment

Austern schlürfen in La Boite à Huitres *Seit gut drei Jahrzehnten treffen sich die Bordelaiser in den Gewölben des Spezialitäten-Restaurants nahe des Theaters, um die köstlichen Schalenweichtiere von der nahen Küste zu genießen. Eine »Schachtel« also voller kulinarischer Schätze.*
boiteahuitres.com

Heute so gut wie damals

Canelés de Bordeaux *Als Festtagsküchlein, so heißt es, buken die Ordensfrauen des Annonciade-Klosters im 16. Jahrhundert erstmals die innen weiche, außen karamellkrustige Köstlichkeit. Rum und Orangenschale verleihen den saftigen, gugelhupfförmigen Winzlingen bis heute ihr besonderes Aroma.*

Les Landes

MEERESLIEBELEI

Gold, Grün und Blau: Die Farbe kilometerlanger, sandiger Strände, lichter Seekiefernwälder und atlantischer Wellen prägt die idyllische Landschaft südlich von Bordeaux. Seit dem frühen 20. Jahrhundert entzückt sie mit ihren Badeorten wie Biscarrosse oder Mimizan Wassersportfans ebenso wie Sonnenanbeter.

Nach der Aufforstung der einstigen Heidelandschaft zu Zeiten Napoleons III. war die Gewinnung von Harz ein wichtiger Wirtschaftsfaktor in »las Lanas«, wie die flache Küstenregion auf gasconisch heißt. Der Kaiser gab auch den Anstoß zum Bau der berühmten Seebrücke von Capbreton; Hunderte von Kiefern aus dem Gemeindewald wurden dafür gefällt. Ganz aus Stein indes wuchs 1862 bei Contis der einzige Leuchtturm zwischen Cap Ferret und Capbreton in den Himmel; am Ende seiner 183 Stufen bietet sich aus etwa 50 Meter Höhe ein herrlicher Panoramablick über die Küste und die Wipfel des hinter ihr liegenden Seekiefernforstes. Ein ebenfalls guten Eindruck von der Region bekommt man während einer Bootsfahrt über den kleinen, in einem Naturschutzgebiet liegenden Meeresarm Courant d'Huchet, der von den Dünen von Moliets bis zum Lac de Léon führt. Und nicht zu vergessen: die zahlreichen mittelalterlichen Festungsstädtchen wie Labastide-d'Armagnac.

BISCARROSSE

Bourg, Lac und Plage heißen die drei Gemeindeteile: Dorf, See und Strand. Ersteres ist geprägt von der Festungskirche Saint Martin und dem durch den dort beherbergten »schwarzen Prinzen« berühmten Schloss Montbron, beide aus dem 14. Jahrhundert. Das durch Kanäle verbundene Seen-Trio bietet Bade-, Angel- und Wassersportmöglichkeiten; eines der Gewässer ist auch eine historische Wasserflugzeug-Basis. Und fünf Kilometer feinster Sand lockt am dünenbestandenen Meeressaum sogar im Winter zum Spaziergang.

MIMIZAN

Wer Mimizan sagt, meint meist Mimizan-Plage, den kilometerlangen Strand der kleinen Gemeinde. Denn hier landete 1929 nach 30 Stunden in der Luft der »Kanarienvogel«, ein knallgelbes Holzflugzeug, in dem drei Pioniere (und ein blinder Passagier) zuvor den Atlantik überquert hatten. Im Ort selbst erinnert der inzwischen zum UNESCO-Welterbe französischer Jakobswege zählende prächtige Portal-Glockenturm der Sainte-Marie-Kirche an das einstige Benediktinerkloster aus dem 12. Jahrhundert.

»In allen Landesgebieten und vielen Orten gibt es Spezialitäten, die so zahlreich sind, dass man sie nicht im Einzelnen aufführen kann. Man erkundige sich jeweils beim Wirt.«

(Baedeker's Autoreiseführer Frankreich, 1959)

Links: Die »Seebrücke« von Capbreton stammt aus der Zeit Napoleons III.

Unten: Biscarrosse gilt als einer der Surfer-Hotspots in Europa.

HOSSEGOR

Meist sind es weder die eleganten, im Schatten ausladender Kiefern stehenden neobaskischen Villen aus den 1920er-Jahren noch das Casino oder die mittelalterliche Kirche, die Besucher in den als Parkstadt angelegten, einst von vielen Schriftstellern besuchten historischen Badeort ziehen. Nach Hossegor kommt man hauptsächlich wegen des scheinbar unendlichen Strandes – und Surfer aus aller Welt wetteifern hier regelmäßig in der ungewöhnlich starken, besondere Wellenformen bildenden Brandung.

MUSÉE DE L'HYDRAVIATION

Anhand von mehr als 1000 Objekten erzählt das Wasserflugzeugmuseum die Geschichte der französischen Luftfahrt ab dem frühen 20. Jahrhundert, vor allem aber der »Himmelsschiffe«, die eng mit dem kulturellen Erbe der Landes verbunden sind. Höhepunkt der Sammlung ist der in Frankreich einzigartige »Grumman Albatross«, ein historisches Amphibienflugzeug des US-amerikanischen Herstellers Grumman. Wechselausstellungen ergänzen die Kollektion. *www.hydravions-biscarrosse*.com

Oben: Erster Anlaufpunkt für Besucher von Hossegor ist das beliebte Restaurant »La Plage«. Hier kann man auch übernachten.

Rechts: So komfortabel reiste man einst in den historischen Wasserflugzeugen, die im Musée de l'Hydraviation zu bestaunen sind.

Souvenir, Souvenir

Armagnac
Frankreichs älteste Spirituose wird oft als kleiner Bruder des Cognac angesehen. Produziert wird der Branntwein mit dem DOC-Siegel in der Gascogne, auf der Basis von Weißwein aus den regionaltypischen Trauben wie Colombard, Ugni Blanc und Folle Blanche.

Heute so gut wie damals

Courses landaises
Unblutig und akrobatisch geht es zu bei dem auf den antiken Stiersprung zurückgehenden Rinderwettkampf in den Landes. Die Torreros dürfen die Tiere nicht einmal berühren. Im spielerischen Teil der Cour mixtes für Amateure kann sogar das Publikum teilnehmen.

Retro-Moment

Im Kino in Contis-Plage einen Regennachmittag verbringen
Es habe eine »besondere Seele« sagen viele über das Cinéma de Contis-Plage. Das Programm des strandnahen Lichtspielhauses jedenfalls ist breit gefächert, umfasst Kunstfilme ebenso wie Leinwandhits. Vielleicht muss der Himmel also gar nicht weinen, um einige Zeit an diesem magischen Ort zu verbringen. ***www.cinema-contis.fr***

Île de Ré

DIE WEISSE INSEL

»La Blanche« wird sie aufgrund ihrer hellen, langen Strände und der weißen Fassaden der Dorfhäuser oft genannt. Die Île de Ré zählt zu den schönsten Inseln der Charente-Maritime. Wein- und Salzgärten prägen ihr Bild – und eine UNESO-Welterbe-Festung, erbaut nach den Plänen des Sonnenkönig-Architekten Vauban.

Jahrhundertelang war das flache, gut 30 Kilometer lange Eiland vor der Küste von La Rochelle nur per Boot erreichbar. Erst in der Neuzeit erfolgte ein kühner Brückenschlag zwischen dem Festland und dem, so die Legende, ursprünglich viergeteilten Überrest der römischen Siedlung Antiochia, welche durch ein Erdbeben verschlungen worden war. Die Gebiete der heutigen Gemeinden Saint-Martin, Ars, Loix und Les Portes bildeten, so heißt es, als eigenständige Inseln das mystische Quartett. Wahre Tradition indes bezeugen neben der Zitadelle von St.-Martin und dem wiederbelebten Salzabbau vor allem die Fischschleusen der Île de Ré. Schon im 13. Jahrhundert wurden die ersten dieser mehr als 1000 Meter langen Küstensteinwälle aufgeschichtet, hinter denen bei Ebbe allerlei Meeresgetier strandete. Etwa ein Dutzend dieser einst mehr als 100 Fanganlagen existieren bis heute; etwa in Saint-Clément-des-Baleines, wo auch die berühmten beiden Leuchttürme stehen.

LA FLOTTE

Nachdem Zisterzienser-Mönche im Mittelalter an der Südostküste der Insel die Abtei Nôtre-Dame-de-Ré (später Châtelliers genannt) gegründet hatten, prägte neben Fischfang und Salzhandel bald auch der Wein das Leben in dem Dörfchen La Flotte. Heute lockt sein Hafen (1756) vor allem Jachten und der im mittelalterlichen Stil 1804 erbaute Marktplatz bietet nicht nur den Inselgästen gute Einkaufsmöglichkeiten. Als kleines Museum erhellt das Maison du Platin Geschichte und Traditionen der Insel.

ST.-MARTIN-DE-RÉ

Rund um ihren – heute von charmanten Bistrots und Lädchen gesäumten – einstigen Fischerhafen angelegt und von trutzigen Mauern beschützt, birgt das historische Inselhauptstädtchen zahlreiche architektonische Schätze. So lassen sich in den Gassen und Gässchen hinter den Kais eindrucksvolle Palais aus diversen Jahrhunderten ebenso entdecken wie Fachwerkbauten. Absoluter Star ist natürlich die von dem berühmten Festungsbaumeister Vauban im 17. Jahrhundert errichtete Zitadelle.

PHARE DES BALEINES

Mit seinen fast 60 Metern zählt der zwischen 1849 und 1854 erbaute Leuchtturm an der Nordwest-Spitze der Insel zu den höchsten Seezeichen Frankreichs. Seinen Namen verdankt er den Walen, die einst hier strandeten; das Eröffnungsdatum steht im zentralen Stern des schwarz-weißen Bodenmosaiks. 257 Stufen führen hinauf bis zur Aussichtsplattform unter der Laterne. Auf dem Areal des Grand Phare steht auch der runde, etwa halb so hohe Vaubansche Vorgängerbau von 1682 sowie das Musée du Phare. *www.pharedesbaleines.com*

Links: Neben dem Tourismus ist auch der Fischfang in La Flotte nachwievor eine wichtige Erwerbsquelle.

Retro-Moment

Ein Picknick im Forêt du Bois Henri IV. machen *Hinter dem langen Strandband zwischen La Couarde und Les Prises lockt der kleine Pinien- und Tamarisken-wald zur schattigen kulinarischen Rast. Also bitte Baguette, Inselwein und Käse einpacken und Ausschau halten nach einem netten Plätzchen im königlichen Grün.*

Links: Mit Schirm, Badekappe und Sonnenhut – Ferienstimmung herrschte schon um 1900 an der Küste Westfrankreichs.

G = Getty, M = Mauritius,

Cover: Vorderseite: Patrick Tümmers, Delpixel/Shutterstock.com (traditionelle Strandzelte in Deauville, Normandie); Rückseite: Picsfive/Shutterstock.com , orangeberry/Shutterstock.com

S. 1 Patrick Tümmers, S. 2-3 G/AFP, S. 8 G/STF, S. 9 Alamy/edpics, S. 10 G/Paul Popper, S. 11 kipgodi/Shutterstock.com, S. 12-13 G/CAP, S. 14 Look/Hemis, S. 15 Rroselavy/Shutterstock.com, S. 16 Laif/Benoit Decout, S. 17 simpleArtist/Shutterstock.com, S. 18 G/Roger Viollet Collection, S. 19 G/Andia, S. 20 G/Atlantide Phototravel, S. 21 kipgodi/Shutterstock.com, S. 21 Daria Rosen/Shutterstock.com, S. 22 andre quinou/Shutterstock.com, S. 23 G/Andia, S. 23 Elmira/Shutterstock.com, S. 24-25 M/Alamy, S. 26 RossHelen/Shutterstock.com, S. 27 M/Peter Willi, S. 28 Look/Hemis, S. 29 orangeberry/Shutterstock.com, S. 29 G/JARRY/TRIPELON, S. 30 M/Sylvain Sonnet , S. 31 G/Galerie Bilderwelt, S. 32 M/Eric Audras, S. 32 Anton_Ivanov/Shutterstock.com, S. 33 orangeberry/Shutterstock.com, S. 33 G/Aurore Kervoern, S. 34 M/Rene Mattes, S. 35 orangeberry/Shutterstock.com, S. 36 G/adoc-photos, S. 37 orangeberry/Shutterstock.com, S. 38 M/Hilke Maunder, S. 39 M/Bill Waterson, S. 40 Alamy/Photo 12, S. 41 Gorbash Varvara/Shutterstock.com, S. 41 M/Sylvain Grandadam, S. 41 Pack-Shot/Shutterstock.com, S. 42-43 Alamy/Herve Lenain, S. 44 M/Eric Audras, S. 45 M/Rene Mattes, S. M/John Kellermann, S. 47 G/barmalini, S. 47 M/Eddie Linssen, S. 47 Limolida Design Studio/Shutterstock.com, S. 48 M/Alamy, S. 49 Sergey Titov/Shutterstock.com, S. 50-51 M/Alamy, S. 52 ldgfr photos/Shutterstock.com, S. 53 Rawpixel.com/Shutterstock.com, S. 53 M/Alamy, S. 54 M/Alamy, S. 55 sigurcamp/Shutterstock.com, S. 55 M/Stephan Krudewig, S. 56-57 Alamy/SuperStock, S. 58 G/Thanapol Tontinikorn, S. 59 M/Alamy, S. 60 M/David Burton, S. 60 M/Sunny Celeste, S. 61 GagliardiPhotography/Shutterstock.com, S. 61 mamita/Shutterstock.com, S. 62 Oleg Anisimov/Shutterstock.com, S. 63 Irina Crick/Shutterstock.com, S. 64 wjarek/Shutterstock.com, S. 65 Dharsi/Shutterstock.com, S. 65 elena moiseeva/Shutterstock.com, S. 66 Boris Stroujko/Shutterstock.com, S. 67 M/Joel Douillet, S. 67 murmurbear/Shutterstock.com, S. 68 Rolf E. Staerk/Shutterstock.com, S. 69 orangeberry/Shutterstock.com, S. 70-71 M/Lourens Smak, S. 72 Kluciar Ivan/Shutterstock.com, S. 73 voyageur8/Shutterstock.com, S. 74 G/Apic, S. 75 Foodio/Shutterstock.com, S. 75 vectorimage/Shutterstock.com, S. 75 mimpki/Shutterstock.com, S. 76 Kluciar Ivan/Shutterstock.com, S. 77 textile print designs/Shutterstock.com, S. 78 Look/Daniel Schoenen Fotografie, S. 79 Moab Republic/Shutterstock.com, S. 80 Massimo Santi/Shutterstock.com, S. 81 orangeberry/Shutterstock.com, S. 82-83 Ralf Liebhold/Shutterstock.com, S. 84 M/Udo Siebig, S. 85 M/Alamy, S. 86 G/Print Collector, S. 86 M/Claude Thibault, S. 87 G/DEA PICTURE LIBRARY, S. 87 G/Arterra, S. 87 Efefne DEsign/Shutterstock.com, S. 88 G/Daniele Schneider, S. 89 G/James Osmond, S. 90 M/Richard Fink, S. 91 Elena Kamitskays/Shutterstock.com, S. 91 Neta Livne/Shutterstock.com, S. 91 andrewtit/Shutterstock.com, S. 92 M/Rene Mattes, S. 93 Look/Hemis, S. 94 M/Alamy, S. 94 Pavel Ilyukhin/Shutterstock.com, S. 95 Gregory Valle/Shutterstock.com, S. 95 Nezabudkina/Shutterstock.com, S. 96 Look/Brigitte Merz, S. 97 Sur/Shutterstock.com, S. 98-99 M/Busse & Yankushev, S. 100 Look/Hemis, S. 101 Look/Photononstop, S. 102 Look/Brigitte Merz, S. 102 M/Alamy, S. 103 Look/Hemis, S. 103 akilev/Shutterstock.com, S. 103 oksana.perkins/Shutterstock.com, S. 104-105 Look/ClickAlps, S. 106 M/Alamy, S. 107 Sergey Titov/Shutterstock.com, S. 108-109 M/Alamy, S. 110 DaLiu/Shutterstock.com, S. 111 anek.soowannaphoom/Shutterstock.com, S. 112 Look/Karl Johaentges, S. 112 Nikonaft/Shutterstock.com, S. 113 sigurcamp/Shutterstock.com, S. 113 EQRoy/Shutterstock.com, S. 113 luca85/Shutterstock.com, S. 114-115 M/Juergen Held, S. 116 G/RossHelen, S. 117 HUANG Zheng/Shutterstock.com, S. 118 M/Patrick Escudero, S. 118 M/Patrick Escudero, S. 119 Dharsi/Shutterstock.com, S. 119 M/Ivan Vdovin, S. 119 Bart Fajer/Shutterstock.com, S. 120 HUANG Zheng/Shutterstock.com, S. 121 Sergey Novikov/Shutterstock.com, S. 122 Look/Katharina Jaeger, S. 122 canadastock/Shutterstock.com, S. 123 M/Sergii Koval, S. 123 tommaso lizzul/Shutterstock.com, S. 124 M/Didier Zylberyng, S. 125 Naturamentum/Shutterstock.com, S. 126 Leonid Andronov/Shutterstock.com, S. 127 biese/Shutterstock.com, S. 128 M/Bernard Jaubert, S. 129 Moab Republic/Shutterstock.com, S. 130-131 G/API, S. 132 Look/age fotostock, S. 133 M/Alamy, S. 133 M/Alamy, S. 134 G/Fabian Gammenthaler, S. 134 irisphoto1/Shutterstock.com, S. 135 G/Bareta, S. 135 Look/Hemis, S. 135 Elena Kamitskays/Shutterstock.com, S. 136 M/Julia Gavin, S. 137 Nerefhar/Shutterstock.com, S. 138-139 G/G. DAGLI ORTI, S. 140 Look/Hemis, S. 141 M/TPG RF, S. 142 Pearl Media/Shutterstock.com, S. 143 orangeberry/Shutterstock.com, S. 143 Giuseppe Piazzese/Shutterstock.com, S. 143 Daily Travel Photos/Shutterstock.com, S. 144 G/LL, S. 145 Steve Allen/Shutterstock.com, S. 146 M/Günter Lenz, S. 147 orangeberry/Shutterstock.com, S. 147 M/Alamy, S. 147 MykhayloPavlov/Shutterstock.com, S. 148 Look/Hemis, S. 149 Look/Hemis, S. 150 Look/Hemis, S. 150 M/Daniel Valla FRPS, S. 151 Arina Ulyasheva/Shutterstock.com, S. 151 Moab Republic/Shutterstock.com, S. 151 Pierre Jean Durieu/Shutterstock.com, S. 151 Pierre Jean Durieu/Shutterstock.com, S. 152-153 G/Manuel Litran, S. 154-155 G/R. Gates, S. 156 M/Wolfgang Kaehler, S. 157 G/John Miller, S. 158 Le Figaro Magazine/laif, S. 159 Alamy/Chris Hellier, S. 159 Anastasia Lembrik/Shutterstock.com, S. 160 Look/robertharding, S. 161 Look/Hemis, S. 162 Look/Hemis, S. 162 Alamy/Historisches Auge Ralf Feltz, S. 163 G/Emportes Jm, S. 163 Sur/Shutterstock.com, S. 164-165 G/Adrian Ace Williams, S. 166 Dmytro Surkov/Shutterstock.com, S. 167 Rawpixel.com/Shutterstock.com, S. 168 M/Olga Niekrasova, S. 169 EQRoy/Shutterstock.com, S. 170 M/Alamy, S. 171 Gorbash Varvara/Shutterstock.com, S. 171 George Wirt/Shutterstock.com, S. 171 Song_about_summer/Shutterstock. Com, S. 172-173 M/Harald Schön, S. 174 M/Pierre Jacques, S. 175 alaver/Shutterstock.com, S. 176 BTWImages/Shutterstock.com, S. 177 Gundu Dayanand/Shutterstock.com, S. 177 Look/Thomas Stankiewicz, S. 177 Look/Hauke Dressler, S. 178-179 G/Jean_Claude Sauer, S. 180 Look/Hemis, S. 181 Msnty studioX/Shutterstock.com, S. 182 G/Keystone-France, S. 183 G/Loic Lagarde, S. 184 nito/Shutterstock.com, S. 185 M/Eleanor Scriven, S. 185 M/Alamy, S. 185 Daniela Iga/Shutterstock.com, S. 186-187 IG/magno, S. 188 M/Duncan Grove, S. 189 M/Michel Cavalier, S. 190 M/John Kellerman, S. 191 M/imageBROKER, S. 191 Daniela Iga/Shutterstock.com, S. 191 Danist/Shutterstock.com, S. 192 Margarita Hintukainen/Shutterstock.com, S. 193 Sur/Shutterstock.com, S. 194 G/Denis BRINGARD, S. 195 Fotema/Shutterstock.com, S. 196 G/Apic, S. 197 Nataliia Kucherenko/Shutterstock.com, S. 197 M/imageBROKER, S. 198 ivan bastien/Shutterstock.com, S. 199 orangeberry/Shutterstock.com, S. 200 G/Chris Hellier, S. 201 Sergey Titov/Shutterstock.com, S. 202-203 G/Photo Josse/Leemage, S. 204 Look/robertharding, S. 205 G/CAP, S. 206 G/Photo Josse/Leemage, S. 206 Look/travelstock44, S. 207 margouillat photo/Shutterstock.com, S. 207 Nataliya Dolotko/Shutterstock.com, S. 208 M/Peter Richardson, S. 209 Look/travelstock44, S. 210 G/ANNE-CHRISTINE POUJOULAT, S. 210 Lenush/Shutterstock.com, S. 211 M/Camille Moirenc, S. 211 Olga_Narcissa/Shutterstock.com, S. 211 Olga Korneeva/Shutterstock.com, S. 212-213 G/Chris Hellier, S. 214 C/Scott Stulberg, S. 215 Rawpixel.com/Shutterstock.com, 216S. M/Alain Le Bot, S. 217 Gabriela Simon/Shutterstock.com, S. 218 Look/travelstock44, S. 219 kokoshka/Shutterstock.com, S. 220 M/Noel Bennett, S. 221 Elena Kamitskays/Shutterstock.com, S. 222-223 G/Andia, S. 224 G/Print Collector, S. 225 Sergey Titov/Shutterstock.com, S. 226 Look/Hemis, 227S. Aperture75/Shutterstock.com, S. 227 cynoclub/Shutterstock.

com, S. 228-229 M/Alamy, S. 230 FredP/Shutterstock.com, S. 231 G/Daniela White Images, S. 232 G/Gerard SIOEN, S. 232 Alamy/age-fotostock, S. 233 Look/Hemis, S. 233 Dreams_and_Travels_Art/Shutterstock.com, S. 234-235 Look/Bethel Fath, S. 236 Armando Oliveira/Shutterstock.com, S. 237 G/INA, S. 238 Look/Hans Georg Eiben, S. 238 Stephane Bidouze/Shutterstock.com, S. 239 M/Steve Parkins, S. 239 Gali Gali/Shutterstock.com, S. 240-241 M/V. Dorosz, S. 242 M/Bertrand Gardel, S. 243 M/Federico Eidlitz, S. 244 M/Nicolas Thibaut, S. 244 M/Alamy, S. 245 Alamy/SFL Travel, S. 245 Elena Kamitskays/Shutterstock.com, S. 246 M/SuperStock, S. 247 Pani Garmyder/Shutterstock.com, S. 248 Look/Photononstop, S. 249 M/Simon Furlong, S. 249 gudinny/Shutterstock.com, S. 250 M/Juan Bautista, S. 251 AnnaColours/Shutterstock.com, S. 252-253 M/Melvyn Longhurst, S. 254 G/zodebala, S. 255 Balate Dorin/Shutterstock.com, S. 256 M/imageBROKER, S. 256 Naeblys/Shutterstock.com, S. 257 M/Niels van Kampenhout, S. 257 lotos_land/Shutterstock.com, S. 258 Brum/Shutterstock.com, S. 259 Jon Ingall/Shutterstock.com, S. 260 CELINE NAEGELEN/Shutterstock.com, S. 260 Jon Ingall/Shutterstock.com, S. 261 lotos_land/Shutterstock.com, S. 261 Eugenia Porechenskaya/Shutterstock.com, S. 262-263 M/Roussel Bernard, S. 264 Andrew Mayovskyy/Shutterstock.com, S. 265 Rawpixel.com/Shutterstock.com, S. 266 Look/age fotostock, S. 267 G/Vincent Lebret, S. 268 Kevin Sarcelle/Shutterstock.com, S. 268 Valery Rokhin/Shutterstock.com, S. 269 Nikita Burdenkov/Shutterstock.com, S. 269 Efefne Design/Shutterstock.com, S. 269 Ventura/Shutterstock.com, S. 270 Look/Hemis, S. 271 Evgeny Karandaev/Shutterstock.com, S. 271 orangeberry/Shutterstock.com, S. 272-273 M/Peter Horree, S. 274 BLANCHOT Philippe / hemis.fr, S. 275 Gundu Dayanand/Shutterstock.com, S. 275 Everett Collection/Shutterstock.com, S. 276 nito/Shutterstock.com, S. 277 orangeberry/Shutterstock.com, S. 278-279 M/TopFoto, S. 280 Thomas Dutour/Shutterstock.com, S. 281 M/Perry van Munster, S. 282 Oscar Martinez Diego/Shutterstock.com, S. 282 Vladimir Wrangel/Shutterstock.com, S. 283 J. Baxe/Shutterstock.com, S. 283 Arina Ulyasheva/Shutterstock.com, S. 283 Sun_Shine/Shutterstock.com, S. 284 sylviane decleir/Shutterstock.com, S. 285 Olga Korneeva/Shutterstock.com, S. 286 artem evdokimov/Shutterstock.com, S. 287 InnaFelker/Shutterstock.com, S. 288 M/Nicolas Thibaut, S. 289 Leavector/Shutterstock.com, S. 290 M/Danvis Collection, S. 291 Look/Hemis, S. 292 G/swim ink 2 llc, S. 292 Look/Katherina Jaeger, S. 293 Federico Zovadelli/Shutterstock.com, S. 293 Elena Kamitskays/Shutterstock.com, S. 293 JeanLucIchard/Shutterstock.com, S. 294-295 JeanLucIchard/Shutterstock.com, S. 296 Look/Hemis, S. 297 M/Jean-Bernard Nadeau, S. 298 M/J.D. Dallet, S. 298 M/Pascale Et Bruno Boigontier, S. 299 Sur/Shutterstock.com, S. 299 Look/Katharina Jaeger, S. 299 Jennifer Gauld/Shutterstock.com, S. 300 Look/Hemis, S. 301 Ludovic Farine/Shutterstock.com, S. 302 M/Nicolas Thibaut, S. 302 M/Ludovic Maisant, S. 303 tommaso lizzul/Shutterstock.com, S. 303 M/Alamy, S. 304 M/Jean-Pierre De Mann, S. 305 Kolesnikov Vladimir/Shutterstock.com, S. 309 G/adoc-photos, S. 312 Efefne Design/Shutterstock.com

– MAIRDUMONT GmbH & Co. KG, Ostfildern
Kistlerhofstraße 111
81379 München
Telefon +49.89.45 80 20-0
www.kunth-verlag.de
info@kunth-verlag.de

ISBN 978-3-96965-098-1
1. Auflage

FSC www.fsc.org MIX Papier | Fördert gute Waldnutzung FSC® C015829

Printed in Italy

Verlagsleitung: Grit Müller
Idee & Konzept: Stefanie Schuhmacher, Verena Ribbentrop
Redaktion: Stefanie Schuhmacher
Grafik & Bildrecherche: Verena Ribbentrop
Texte: Rita Henss, Stefanie Schuhmacher

LUST AUF NOCH MEHR RETRO-REISEN?